# THRIVING TOGETHER

## 문화로 완성하는 지속가능경영의 심포니

최동욱·이정민 지음

서울경제경영

# 목 차

## 프롤로그
Prologue



## 제1막. 지속가능한 교향곡 만들기
Building the Sustainable Symphony

# 제2막. 지속가능성 교향곡 지휘하기 — 문화로 내재화

Conducting the Sustainability Symphony — Embedding Practices into Culture

## 에필로그. 앙코르 — 모두를 위한 지속가능한 미래

Epilogue: The Encore — A Sustainable Future for All

# 프롤로그

## Prologue

프롤로그
1

# 변두리에서 시작된 조율

## Tuning from the Margins

*- 이정민 -*

생존은 단지 전략의 문제가 아니다. 그것은 이야기의 힘이다. 문화의 흐름이다. 우리가 예상하지 못한 곳에서 서로를 이어주는 보이지 않는 끈이다.

열다섯 살, 나는 어떤 계획보다도 '끌림'에 이끌려 한국을 떠났다. 압구정의 비교적 경쟁적인 공립학교에 다니며 매일 아침 미사에 참석해 기도문을 외웠던 것이, 훗날 미국의 가톨릭 보딩스쿨(boarding school)에서 접한 라틴어 수업을 낯설지 않게 만들었다. "In nomine Patris, et Filii, et Spiritus Sancti." 나에게는 영어 문법보다 라틴 문법이 쉽게 다가왔다. 라틴 수업을 가르치던 신부님은 내가 견진 성사를 받을 때 대부가 되어 주셨고, 제2의 고향에서 내 "아빠"가 되어 주신 신부님은 20년 후 미국을 떠나기 전, 뉴멕시코 '그리스도 사막 수도

원(Christ in the Desert)'에서 마지막으로 찾아 뵈었을 때 "다 괜찮을 것이다"라는 한마디로 내가 하염없이 눈물을 흘리며 오랜 여정을 정리할 수 있도록 도와 주셨다.

로드아일랜드에 처음 도착했을 때, 누군가 "What's up?"이라고 인사하면 나는 하늘을 올려다보며 "...Sky?"라고 대답했다. 한국에서 교과서와 디즈니 영화로 배운 영어만으로는 속어도, 뉘앙스도, 농담도 이해하기 어려웠다. 9학년 모두가 본국으로 돌아가던 추수감사절 방학 때 로컬 친구 집에 초대받아 처음 먹어본 스모어(s'more)를 기숙사에 돌아와 혼자 만들어 보겠다고 모든 재료를 그릇에 넣고 전자레인지에 돌렸을 때, 모닥불이 필요하다는 사실조차 몰랐다. 25년이 지난 아직까지도 그때 같은 기숙사를 썼던 친구들은 내 덕분에 웃었던 어이없던 해프닝들을 함께 꺼내 보며 웃는다.

사실 수없이 실패했다. 하지만 그 실패 속에서 참 많이 배웠다. 그러면서 몸으로, 눈으로, 그리고 마음으로 익혀 나갔다.

그 당시, 말을 타는 법보다 먼저, 마굿간을 청소하며 말을 관찰했다. 말을 타고 걷고 달리는 법을 배우기 전 몇 주간은 끝없이 떨어지고 제대로 착지하는 연습만 반복해서 배웠다. 말들을 대하며 서로 언어는 통하지 않았지만, 눈빛과 터치, 리듬을 통해 그들과 소통할 수 있다는 것을 배웠다. 그저 함께 있는 것만으로도 말이 필요하지 않은 순간들이 있었다.

내가 만난 선생님들은 시험 점수 밖에서의 배움을 중요하게 여겼다. 고등학교에서 삶의 지혜를 포함해 가장 많은 것을 가르쳐 주신 인문학(Humanities) 선생님부터 인류학과 교육학을 함께 엮어서 "성공적인 실패"가 무엇인지를 몸소 체험할 수 있는 기회를 주신 박사과정 지도 교수님까지 모두 실패를 통한 배움을 원 없이 경험해 볼 수 있도록 많이 응원해 주시고 보호막과 방패를 쳐주셨다. 늘, 가족과 낯선 이들, 그리고 그 사이에서 우리가 배우는 '보이지 않는 교육과정(invisible curriculum)'을 성찰하라고 말씀하셨고, 문화인류학은 리서치 방법론 뿐 아니라 올바른 질문을 던지는 법, 신뢰를 쌓는 법, 공동체 내 반복되는 행동 패턴을 읽는 법, 그리고 실패를 통찰로 전환하는 법이라는 것을 가르쳐 주었다. 그 속에서 나는 이야기를 '연구'하는 것이 아니라 '함께 살아내는 것'임을 배웠다.

돌아보면, 시카고에서의 대학 시절은 격렬하고도 벅찼다. 겨울이면 추위를 피해 로스앤젤레스나 샌프란시스코로 떠나 당일치기 비행기 안에서 30~50페이지 분량의 Human Development 전공 페이퍼를 벼락치기로 마무리하곤 했다. In-N-Out 버거의 'Animal Style' 감자튀김과 'Inside-Out' 버거를 생각하면 늘 생각의 흐름과 속도가 빨라졌다. 그때의 추억을 떠올리며 시카고 졸업 후에도 매년 문득 생각날 때마다 당일치기 혹은 주말에 잠시 캠퍼스를 다시 찾곤 했다. 짧은 2~3시간의 캠퍼스 방문 동안 예전의 루틴대로 근처 누들스(Noodles) 음식점의 팟타이와 메디치(Medici) 베이커리의 피칸파이와 모카치노가 나를 다시 예전의 리듬으로 데려다주는 듯했기 때문이다. 물론 돌아가는 길에 아무런 짐 없이 피칸파이 세 개만 사 들고 공항 검색대를 지났을 때는 이상하게 생각한 공항 직원이 가방 수색을 요구하면 피칸파이 한 개 주며 먹어보면 당일치기로 다녀오는 것을 이해할 것이라며 내 스토리를 한참 풀어내야 했지만 분명 내가 지속적으로 캠퍼스에 돌아가게끔 하는 하나의 중요한 요소였다.

경제학 전공 수업에서 팀 프로젝트를 함께하던 친구들과는 매주 나오는 과제 핑계로 자연스럽게 매일 밤 모여 삶의 이야기를 나누게 되었다. 내 투베드룸 아파트는 어느새 유학생들과 타지 생활을 하는 이들의 비공식 거점 공간이 되었다. 사람들에게 집 비번은 공개했지만 음식 제공에 있어서는 내가 막상 레시피를 따라 하지 못하고 타이밍을 자주 바꾸어 요리를 잘하지 못했기에, 대신 요리를 잘하는 동생이나 친구들에게 요리를 부탁하거나 음식을 주문했다. 나는 중요한 것은 음식보다, 함께 나누는 시간이었다고 믿으려 한다.

매일 밤 우리 집에 20~30명이 모였고, 선후배, 친구의 친구, 외로운 유학생들까지 다양한 이들이 서로의 실패와 고민, 농담과 위로를 함께 나눴다. 선배들이 쟁여준 소주와 보드카와 함께 남긴 "우리한테 되갚지 말고 내리사랑으로 베풀어줘라"는 말은 나에게 지속가능한 공동체란 무엇인지를 가르쳐 주었다.

이후 대학원 때 맨해튼에서 페리로 10분 거리에 있는 뉴저지로 이사한 후에도 매주 주말이면 친구들이 내 집을 찾았다. 로펌, 대학병원, 투자은행, 학교 등 다양한 분야에서 일하는 많은 친구, 선후배들이 정장을 입은 채 퇴근 후 곧장 모였고, 나는 사이즈별로 준비해 둔 후드티와 츄리닝을 제공하여 아무것도 꾸미지 않고 편히 머무르다 갈 수 있도록 내 역할을 했다. 밤새도록 마음껏 웃고 울고 함께 떠들며, 스스로에게 솔직할 수 있는 공간을 만들어 갔다. 그 공간이 커질수록, 그 안의 소속감도 더욱 깊어진 것 같았다.

우리 모두 늘 성공적이지는 않았지만 언제나 서로의 공간에서만큼은 안전했다. 그리고 그 '심리적 안전함'이야말로 지속가능성을 위한 진정한 변화의 시작이라는 사실을 배웠다.

필라델피아와 뉴욕에서 교육학과 문화인류학을 전공하며 낮에는 난민 공동체와 함께하고, 밤에는 스튜디오와 지하철, 도시의 거리에서 사람들의 삶을 관찰했다. 필라테스(Pilates)와 바르(Barre) 클래스에서 만난 브로드웨이 무용수들은 완벽한 조화를 위해 매일 훈련했고, 거리의 노점상들은 고객층에 따라 전략적으로 타이밍을 조절하는 것을 보았다. 그리고 현금이 많은 중국 관광객들은 지역 상권의 가격 구조마저 바꾸는 영향력을 지니고 있는 것도 목격했다. 문화인류학은 나에게 단순한 연구가 아닌 삶 그 자체였다.

대학원 시절, 기억에 남는 여행도 많았다.

볼리비아 우유니 사막에서는 고산병을 참고 머물렀다. 낯선 이들과 함께 마테차를 마시며 하늘의 별과 달이 지면의 물에 반사되어 만들어낸 거울 같은 풍경을 바라보며 감탄했던 기억이 난다.

미국에서 제대로 된 영어를 처음 배우도록 도와준 『해리포터』 책이 쓰여진 스코틀랜드 작은 카페를 찾아 영국에서 시작한 여행 일정을 전면 수정하기도 했다.

여러 가지 힘든 순간들에 떠났던 여행에서의 새로운 시각과 상상을 초월하게 아름답던 대자연의 경관들은 그동안 내 힘으로 바꿀 수 없는 현실이나 혹은 지나쳐 가는 많은 사람들과 부대끼며 자연스럽게 남겨진 크고 작은 상처들을 조용히 차분하게 치유해 주었다.

이방인이나 여행자로의 방문이 아닌, 20년간의 유학 생활을 마무리하며 내가 미국에서 마지막으로 떠난 여행은 루트 66을 따라 미 대륙을 횡단하는 여정이었다. 수없이 다니던 뉴욕에서 펜실베이니아, 버지니아, 캐롤라이나로의 동부 루트를 지나 처음 가보는 미국 남부로의 운전은 차례대로 조지아, 앨라배마, 미시시피, 루이지애나, 텍사스, 뉴멕시코, 애리조나, 유타를 거쳐가며 매번 새로운 풍경이 반겨주어 그 다양성에 다시 한번 감탄했다. 나중에 익숙하던 광경으로 돌아간 라스베이거스와 로스앤젤레스도 새로운 미국의 모습을 본 후 다시 마주하니 일주일 남짓한 아주 길고도 짧게 느껴진 여정 덕분에 한결 시야가 넓어진 느낌이라 감사했다. 떠나는 순간에서야 깨달았던, 그 전 20년간 내가 잘 알고 지냈다고 착각하며 머물렀던 미국은, 결국 '하나의 미국'이 아닌, 다양한 코드와 문화가 공존하는 복합적인 공간이었다.

이후 한국으로 돌아왔던 것은, 내 선택이 아닌, 변화된 비자 정책으로 인한 귀국이었고, 뜻밖에도, 한국에 다시 적응하는 것이 처음 미국에 적응하던 때보다 훨씬 더 어려웠다.

한국의 조직 문화는 내가 익숙했던 문화와 매우 달랐다. 위계, 침묵, 그리고 말로 표현되지 않은 기대들은 마치 이제는 몸에 맞지 않는 오래된 정장을 입은 듯 나를 옥죄었다. 언어는 이해했지만, 문화와 침묵의 의미, 뉘앙스, 그리고 쓰여 있지 않은 규칙들을 새롭게 '배워야' 했고, 동시에 이전에 배운 것을 '잊어야' 했다. 사실 지금도 여전히 배우고 있다. 어쩌면 이곳에서 완전히 '맞춰지는' 사람은 되지 못할지도 모른다. 하지만, 어쩌면 그것도 괜찮은 일일지도 모른다.

한국의 회계법인에서 매니저로 일하며 ESG(Environmental, Social, and Governance) 전략과 소셜 지속가능성 관련 프로젝트들을 리드했다. 미국식 사고방식과 커뮤니케이션 스타일이 몸에 밴 나를 보고 많은 사람들이 "미국 사람"이라며 내가 이 조직 안에서도 살아남을 수 있을지 의문을 가졌지만, 나는 1년 내내 거의 쉬지 않고 일하며 내 존재를 증명하고자 했던 것 같았다.

1년이 지난 후, 첫 여름 겨울휴가는 '지속가능성'이 내재화되었다고 들었던 아랍에미리트와 독일로 정했다. 아랍에미리트의 시르 바니야스 섬에서는 사막 한가운데에 설계된 생물 다양성 보존 시스템과 아프리카 사파리처럼 '라이언킹'에나 나올 법한 다양한 종류의 동식물들이 함께 어울려 조화를 이루는 모습들을 직접 목격했다. 독일의 10곳이 넘는 지역별 크리스마스 마켓에서는 각자 고유한 모습으로 로컬과 방문객들에게 다양한 빛과 웃음을 선사하며 경제, 환경, 문화가 조화롭게 어우러진 지속가능한 생태계를 보았다.

3년이라는 시간 동안 많이 부딪히며 ESG 및 지속가능성에 대해 배울 수 있었던 회사를 떠나기 한 달 전, 나는 산티아고 순례길에 올랐다. 비수기라 대부분의 숙소는 문을 닫은 상태였고, 고등학교 때 배운 스페인어와 낯선 이들의 도움, 내 두 발로 조용히 걸음을 이어갔다. 한국에서의 내 선택과 여정을 돌아보며 다음 챕터를 준비하는 시간으로 삼을 수 있는 기회와 하루에 5만 걸음을 엄마와 동생과 함께 걸으며 오늘 하루를 함께 버티고 그 추억을 훗날 공유할 수 있음에 매일 매순간 '진심으로 감사하다'는 말을 끝없이 되뇌었다.

마지막 근무를 마친 날 밤비행기로 향한 곳은 '지속가능성 내재화'의 끝판왕이라 익히 들었고, 운이 좋으면 오로라도 볼 수도 있다는 핀란드였다. 4~5시간 영하에서 홀로 고요한 기다림이 반복되던 5일 밤의 실패를 겪으며, 영하의 눈 속에서 얼어붙은 몸을 녹이려고 호텔 로비에 들렀다가 때마침 도착한 모녀가 직전에 하늘 위 비행기에서 오로라를 보았다며, 그 위에 있으나 구름에 가려 우리가 보지 못한 것이라는 말에 더 이상 기다리지 않고 직접 찾기 위해 쫓아가기로 결심했다.

더 북쪽으로 이동하여 다시 시작된 한밤중의 끝없는 기다림 끝에, 새벽 두 시, 그리고 세 시 반—이틀 밤 연속으로 하늘 위에 펼쳐진 녹색, 보라색, 분홍색, 금빛, 파란색의 빛의 춤사위를 직접 목격했다. 영하 13도, 손끝이 얼어붙는 추위 속에서도 아이폰 화면의 카메라 셔터를 누르며 카메라에는 다 담기지 않는 그 순간을 눈에 담고 마음에서 놓치지 않으려 최선을 다했다. 일생의 한 번의 기회일 것 같았던 그 장면을 가족과 친구들에게 보여주고 함께 나누고 싶었다. 다음 날 사슴썰매를 탈 때 만난 주변 사람들은 밤에 아무것도 보지 못했다고 했지만 나는 분명히 보았다. 그리고 나에게는 그것으로 충분했다.

회사를 떠난 이후에도 지속가능성, 인권, 사회적 가치 창출 분야의 글로벌 리더들과의 연결은 계속되었다. 그들은 이제 단순한 동료가 아니라 친구가 되었다. 핀란드의 한 파트너는 나에게 이렇게 따뜻한 한마디를 건네 주었다. "어디에서 일하느냐는 중요하지 않습니다. 우리가 같은 비전을 품고 있다면, 우리는 여전히 함께 일하는 것입니다."

그 말은 내 마음 깊숙이 남아 그 이후에도 지속가능성을 향한 내 걸음을 계속하게 만들었다. 그리고 덕분에 깨달았다. 지속가능성은 단지 성과 지표(Key Performance Indicator; KPI)나 인증이 아니라 사람과 사람이 함께 살아가는 방식이며, 공동체가 숨 쉬는 '문화'라는 것을 말이다.

그 생각의 끝에는 항상 내 외할머니의 이야기가 있다. 대구에서 자라신 외할머니는 항상 아버지, 즉, 내 외증조할아버지 얘기를 해 주셨다. 증조할아버지는 참된 교육자로서 학생들에게 심리적 안정과 존중을 기반으로 한 공간을 만들어 주셨다고 한다. 매일같이 몇 십 명의 노숙자들에게 따뜻한 식사를 대접하셨고, 집에 도둑이 들어 고가의 가구와 많은 것들을 훔쳐갔다는 말을 들으셨을 때는 바로 "아기는 괜찮냐. 그럼 다 괜찮다"고 하셨다. 그분이 돌아가신 후, 외할머니 가족도 알지 못했던 이웃들과 노숙자들이 가족 친지들의 마지막 인사와는 별도로 조용히 따로 모여 그분께 마지막 인사를 전했다고 한다. 외증조할아버지께서는 "지속가능성"이라는 단어를 사용하지 않으셨지만, 아마도 그 누구보다도 그것을 매일의 삶 속에서 실천하신 리더가 아닐까 한다.

그래서 내가 이 ESG 경영 혹은 '지속가능경영'이라는 필드로 뛰어들었을 때, 그것은 새로운 시작이 아니었다. 그냥 단지 온 가족이 전해 듣고 실천해 온 오래된 이야기를 이어가는 일이었다. 인류학자이자 교육자로 다양한 환경 속에서 인간 공동체의 섬세한 패턴들을 목격하는 특권을 누리면서, 이처럼 겉으로는 이질적인 듯 보이는 경험들은 조화는 우연이 아니라, 의도적으로 조율된 결과라는 것을 느꼈다. 내 가족과 공동체의 문화 자체가 지속가능성의 원형임을 깨달았듯이, 비즈니스도 이와 다르지 않다.

이 책에서 공동 저자인 최동욱 박사님은 지휘자처럼 구조와 전략, 리더십의 큰 그림을 만들어 내고 있다. 나는 그 사이의 멜로디를 더하려고 한다. 부엌 식탁 위의 지혜, 거리의 생존 감각, 조용한 리더십이 시작되는 '경청'이라는 작은 움직임들이 곁들여져 전체 오케스트라 협주와 페스티벌을 완성하는 것이 아닌가 싶다.

비즈니스는, 삶처럼 형식이 아니라 영혼으로 지속된다. 그리고 그 영혼은 사람들이 '보이고, 안전하며, 지지 받는다'고 느낄 때 비로소 살아난다. 이 책은 그런 문화를 함께 만들어가는 여정이다.

지금, 심오한 변화가 일어나고 있는 글로벌 무대는 단순한 규제 준수를 넘어 진정한 영향력을 탐색하는 활기찬 공간으로 진화하고 있다.

**Thriving Together!** 그러니 '지속가능성'이라는 교향곡의 악보를 이제 함께 펼쳐보자.

프롤로그
2

# 대전환의 무대를 지휘하며

## Conducting the Stage of Transition

*- 최동욱 -*

### 성공적인 turnaround가 지속가능성을 담보하는가?

런던 북서쪽 170km 떨어진 곳에 영국 제2의 도시 버밍엄(Birmingham)이 있다. 이 도시는 증기기관을 발명한 제임스 와트, 가스조명 발명가인 윌리엄 머독, 도자기 업자인 조시아 웨지우드 등 발명가와 기업가가 몰려 영국 산업혁명을 주도한 도시이다. 재규어와 랜드로버 자동차 생산공장도 위치하여 영국 제조업 중심으로서 자부심이 강한 도시다. 하지만 영국을 강타한 산업침체는 버밍엄 경제를 어렵게 만들었다. 지역의 경제적 상황이 크게 나빠졌지만, 버밍엄의 새로운 활력을 찾기 위한 노력도 적극적으로 이어졌다. 대규모 전시센터와 과학연구단지를 조성하는 등 새로운 성장동력을 찾는 노력에 더하여, 도시의 전문영역을 보여 줄 수 있는 분야를 적극적으로 육성하는데 분투했다. 그 결과물이 버밍엄 시립 심포니 오케스트라(City of Birmingham Symphony Orchestra; CBSO)고, 이를 이끌어 낸 사람이 지휘자이자 음악감독인 사이먼 래틀(Simon Rattle)이다. 1920년 영국 최초로 지자체에서 후원하는 교향악단으로 출범한 CBSO는 런던 밖의 대표적 지방 도시 교향악단으로 입지를 확보하고 있었다. 하지만 1978년 단원들과의 불화로 지휘자인 루이 프레모(Louis Frémaux)가 물러남에 따라 CBSO는 혼란에 빠지게 된다. 1980년 후임으로 선임된 지휘자는 당시 25세의 사이먼 래틀이었다.[1] 15세에 리버풀 관현악단의 타악기 연주자로 활동하던 그는 런던 왕립음악원(Royal Academy of Music)에서 지휘를 공부하고, 1974년 존 플레이어 국제 지휘자 콩쿠르에서 우승한 이후 지휘자의 길을 걷고 있었다. 래틀은 젊은 지휘자에 호의적이지 않은 지방도시 교향악단을 설득하고 다양한 시도에 동참시켜 CBSO를 세계적인 악단으로 변모시켰다. 래틀은 18년간 CBSO를 이끌었고, 이 교향악단을 버밍엄의 새로운 자랑거리로 만들었다.

래틀의 성공신화는 베를린 필하모닉 오케스트라로 이어졌다. 카라얀과 아바도의 뒤를 이어 베를린 필하모닉의 상임지휘자로 래틀이 선임되었다. 그는 16년간 악단을 이끌면서, 이미 세계 최고의 오케스트라인 베를린 필이 다양성을 확대하고, 재정적으로도 독립성을 유

1 『사이먼 래틀』, 니콜라스 케니언, 2008, 사이먼 래틀 스토리의 많은 부분은 이 책의 관련 부분을 재정리

지하여 지속가능한 운영이 가능하도록 만들었다. 래틀은 2017년부터 6년간 음악감독으로 런던 심포니 오케스트라(London Symphony Orchestra; LSO)를 이끌면서도 특유의 경영 능력을 발휘하여 계관지휘자 예우를 받는다. 이어서 2023년부터는 바이에른 방송 교향악단(Bavarian Radio Symphony Orchestra) 상임지휘자로 취임하여 자신의 도전을 이어가고 있다.

사이먼 래틀에 주목하는 이유는 그가 지휘자로서 성공적인 업적과 지위를 이어갔을 뿐만 아니라, 경영자로서 재직한 여러 악단이 지속가능한 기반을 갖추도록 변모시켰다는 점 때문이다. 그가 여러 악단을 성장시킨 전략과 그 실행과정에서 보여준 리더십에는 성공적인 지속가능 전략 수립과 실행에 참고될 만한 시사점을 찾을 수 있다.

### 1. 악단의 사명과 미래에 도달할 목표(비전)를 명확히 한다.

래틀은 부임하는 교향악단 별로 맞춤형 사명과 비전을 명확히 했다. CBSO에서는 이 악단을 버밍엄의 대표적인 수출상품으로 만들고 싶어하는 시 리더그룹의 비전을 현실로 만들었다. 베를린 필하모닉 오케스트라는 악단의 연주력 보다는 재정적인 독립을 확보하여 지속가능한 경영기반을 갖추는 것이 중요했다. 래틀이 선임되기 전 악단의 재단법인 전환을 제안한 점이 선임의 중요한 요인이 되었다는 분석까지 있었다. 이러한 목표 달성을 위해 래틀은 악단의 노출을 극대화시키고 다양한 이해관계자 그룹의 참여를 촉진하는 새로운 시도를 함으로써 지속가능한 경영기반 구축에 성공했다는 평가를 받고 있다. 이처럼 제시하는 각 악단의 사명과 비전은 악단운영에 중요한 영향력을 미치는 이해관계자들의 동의와 참여를 이끌어 낼 수 있는 내용이었음을 알 수 있다. 또한 제시한 사명과 비전 달성을 통해 지속가능한 경영 기반이 만들어질 수 있는지 스스로에게 질문을 던지고 그 답을 찾아나갔다.

### 2. 중·장기적인 공연계획과 레퍼토리를 준비한다.

악단의 존재 이유와 미래 모습을 명확히 한 이후에는 이를 달성하기 위한 전략과 중 장기계획을 수립한다. 악단이 연주할 레퍼토리를 정하고 악보를 준비한다. 지속가능한 악단운영 전략을 수립하고 추진할 주체도 명확히 한다. 중 장기적인 공연계획도 정리한다.  실행과정에 생길 수 있는 리스크와 기회 요인도 파악하고, 그 관리방안을 구체화한다. 또한 중간중간 점검할 주요지표와 목표수준, 그 점검방법도 명확히 해야 한다. 전략의 상세내용에는 새로운 트렌드와 기술을 공연에 활용하는 방안도 담아서 미래에도 희망하는 위상을 확보할 수 있도록 준비해야 한다. 결과적으로 우리 악단의 가치와 역량이 최대로 발휘될 수 있고, 새로운 시도를 통해 관객들의 호응을 끌어 낼 수 있도록 공연기획을 해야 한다. 이 과정에서 다양한 이해관계자, 협주자들이 동참하여 협력의 화음을 냄으로써 스스로의 가치도 키울 수 있도록 구조를 만들어야 한다.

래틀은 말러, 바르톡, 드뷔시, 스트라빈스키 등의 현대음악 레퍼토리를 연주회마다 포함시켜 다양한 취향의 고객이 연주회에 올 수 있도록 했다. CBSO에서는 매 시즌마다 두 곡의 주요한 현대작품을 연주하기로 계획하고 실천했다. 악단의 성공가능성을 보여준 후 래틀은 버밍엄시와 협의하여 전용 공연장을 확보하는데도 성공했다. 1991년이 공연장의 개막공연에 엘리자베스 여왕이 참석할 정도로 악단의 위상이 높아졌다.

베를린 필에서도 현대음악 비중을 높이고 대중들에게 익숙한 영화음악을 연주하는 등 관객 다양화 노력을 하였다. 또한 유럽과 미주 지역 외 아시아권 다양한 도시로의 연주여행을 적극 확대했다. 수익화 전략의 일환으로 '디지털 콘서트 홀' 도입, 전용라벨(Berliner Philharmoniker Recordings) 출범을 통해 새로운 수익원을 창출하기도 했다. 이처럼 각 악단이 처한 상황과 역량, 활용 가능한 자원을 고려하여 미래 비전과 사명 달성을 위한 맞춤형 중장기 전략을 정교하게 수립하는 것이 지속가능한 성과창출을 위해 중요하다.

### 3. 기술의 활용, 파트너십 등 혁신적인 시도를 한다.

지속가능한 전략 수립 시 새로운 기술이나 협업 파트너를 활용하는 것은 혁신을 이끌어 내는 좋은 방법이다. 당연히 특정 기술의 활용이나, 특정 파트너와의 협력 그 자체가 목적이 될 수는 없다. 혁신의 목적은 가치 창출에 두어야 한다. 1차적인 가치 창출의 대상은 고객이다. 교향악단의 경우 음악을 듣는 청중들이 되겠다. 이들을 위한 가치 창출 방법에는 흔히 접할 수 없는 레퍼토리의 연주, 훨씬 고품질의 연주나 음향의 전달 등이 있다. 또한 그간 소외되어 있던 잠재적인 청중들이 연주를 감상할 수 있게 하는 새로운 채널이나 서비스 방식을 제공하는 것도 가치 창출이 될 수 있다. 그리고, 다른 한편으로는 연주의 준비와 실행, 청중들에게 연주를 전달하는 면에서 효율이나 비용을 획기적으로 개선하는 것도 혁신일 수 있다. 혁신을 위해서는 기존 방식으로부터의 탈피가 필연적으로 요구된다.

래틀의 우선순위에는 항상 콘서트가 최우선이었으며, 그 다음으로 CD와 TV방송의 활용이 있었다. 그는 레코딩이 악단의 역량을 키우는 좋은 방법이라 믿었고, 실제로 CD 녹음에 많은 노력을 기울였다. 래틀은 CBSO 시절부터 EMI와 활발한 레코딩 작업을 통해 100장 이상의 라벨을 발간했다. 그 중 1988년 말러 교향곡 2번 음반이 음반계의 오스카상으로 불리는 '그라모폰상 (Gramophone Awards)'을 수상했고, 1993년에는 '올해의 음반상'을 받았다. 베를린 필 시절에도 래틀은 레코딩과 DVD, Blue-ray 녹음과 녹화작업을 이어나가 많은 명반을 남겼다. 하지만 가장 혁신적인 시도는 2009년 '디지털 콘서트 홀'을 출범한 것이다. 이 시스템은 베를린 필의 공연을 온라인상에서 실시간으로 감상할 수 있게 하였으며, 사이트 내 라이브 스트리밍 서비스를 도입해 공연장에서만 들을 수 있던 좋은 연주를 시간과 장소에 구애받지 않고 감상할 수 있게 하였다. 서비스 도입에 부정적이던 단원들도 소외된 지역에서 자신들의 연주를 들을 수 있게 되고, 이를 통해 자신들의 팬이 생기는 걸 보면서 적극 동참하게 된다. 디지털 콘서트 홀이 대박을 터뜨리며 베를린 필의 재정을 개선하는데 크게 기여했다. 소외된 고객층을 클래식 소비자로 끌어 들이고, 이를 통해 악단의 팬덤을 강화하는 동시에 수익화에 크게 기여한 것은 혁신을 통한 가치 창출의 좋은 사례다.

### 4. 단원과 협연자 등 조직의 역량을 키운다.

래틀이 CBSO를 이끌었던 18년 동안 총감독 에드 스미스와 콘서트를 계획할 때 지킨 중요한 원칙이 있었다. 그것은 '언제나 빼어난 음악적 사건을 만들어 내고, 오케스트라의 연주수준을 끌어올릴 수 있는 작품들을 연주한다는 것'이었다. 이를 가능하게 하려면 악단의 실력을 빠르게 향상시킬 방법을 찾아야 했다. 1982년 시즌에는 단원 개개인의 연주 능력에 대해 언급하는 것이 금기 시 되어 있던 당시의 불문율을 깨고 능력 부족을 이유로 단원 몇 명을 해고하기도 했다. 이로 인해 단원들과의 관계가 악화되기도 했으나, 연주수준을 높이기 위해서는 불가피한 결정임을 인정하게 했다. 다른 한편으로는 연주자들의 처우를 개선하여 좋은 연주자를 영입할 수 있게 하였다. 주요 직책에 훌륭한 단원을 복수로 보유하는 공동수석과 부수석 제도도 도입했다. 이를 통해 수석을 비롯한 모든 단원들에게 더 많은 자유시간을 주고, 단원들은 여유시간에 다른 악단이나 개인 연주를 통해 폭넓은 경험을 하게 하였다. 래틀은 CBSO 단원들의 다양한 연주경험을 지원하기 위해 1987년 BCMG(Birmingham Contemporary Music Group) 설립을 후원하고 스스로 이 앙상블 악단을 지휘하기도 했다.

래틀의 이러한 노력은 베를린 필에서도 이어졌다. 취임 후 가장 먼저 한 일이 연주자들의 처우를 개선하는 일이었다. 그리고, 수석과 연주자들의 외부 연주와 독주회 활동도 장려하기 시작했다. 어느 콘서트에서는 세 명의 바이올린 수석 모두가 외부 일정으로 연주에 불참하자 부수석의 주도하에 연주하기도 했다. 물론 불참한 연주자의 자리에는 실력 있는 객원 연주자를 초빙하였고, 이를 통해 오히려 단원들을 자극하는 효과도 얻었다.

래틀에 대한 단원들의 평가는 매우 긍정적이었다. "사이먼 래틀은 100 퍼센트 정직하다. 그는 완전히 프로페셔널하다." "함께 일했던 지휘자들 가운데 누가 가장 즐거웠냐고 묻는다면, 사이먼이 으뜸이다. 무대에 그와 함께 있으면 완벽하게 안전하다는 느낌을 갖게 된다." "그는 우리 곁에 있었다." "그는 마스터였지만, 아이와 같은 개방성을 갖고 있었다." "천재들에게서 보기 드문 그의 특징은 무척 남의 말을 잘 듣는다는 점이다."라는 단원들의 피드백에서 래틀이 권위적이지 않고 상대방을 존중하는 신뢰의 리더십을 발휘한다는 것을 알 수 있다. 이러한 그의 리더십 스타일이 있었기에 악단이 그의 새로운 시도를 따라 주었다고 볼 수 있다. 변화를 이끌어 내는 리더의 역할과 리더십 스타일의 중요성을 알 수 있는 대목이다.

### 5. 지역사회, 고객을 포함한 다양한 이해관계자의 참여를 활성화한다.

래틀은 예외적인 카리스마를 타고난 사람으로 평가된다. 그는 카리스마를 일방향으로 행사하기 보다는 연주자들과 함께 사회적 관계를 쌓아가는데 활용했다. 그는 다양한 연주자 및 단체와 협업하여 지역사회와 청중들과 음악적 삶을 공유한다. 그의 이러한 성향이 CBSO를 지역악단에서 세계적인 악단으로 변화시키는 원동력이 되었다. 악단의 변화를 이끌어 낸 래틀의 리더십은 지역사회로도 전파되어 시민들은 래틀을 존경하고 자랑스러워했다. 록음악이나 팝음악을 하는 버밍엄 젊은이들조차 자신의 우상으로 래틀을 꼽았다. 그것은 버밍엄에서 작업하는 예술가들의 보편적인 상황에 대해 터놓고 언급하는 래틀의 개방적 성향 때문이기도 했다.

CBSO가 국제적으로 인정받는 악단이 되었기 때문에 다른 예술기관에서 래틀에게 다가가는 것이 쉽지 않았다. 하지만 래틀은 다양한 협업 프로젝트를 주도하면서 모든 예술 장르에 문호를 개방했다. 10년간 지속할 음악여행인 '밀레니엄을 향해', 1992년의 '버밍엄처럼 들려요' 프로젝트, 1995년 'BBC 음악 라이브', 1998년 '아트 페스트' 등이 그 사례다. 래틀의 이러한 개방성으로 인해 협력에 대한 자연스럽고 본능적인 욕구를 도시 전체에 일깨우게 되었다.[2]

어느 오케스트라를 맡든 래틀은 청소년과 지역사회에 대한 음악교육을 주도했다. CBSO에서는 청소년 오케스트라, 교육용 음악회, 학

2 『사이먼 래틀』, 니콜라스 케니언, 2008, pp 357-358

교방문 프로그램, 치매환자를 위한 음악회, 작곡가와 음악가 레지던시 프로그램 등을 시작했다. 베를린 필에서도 소외된 지역사회의 모든 연령층과 문화적 배경을 가진 사람들에게 적극적으로 다가가 클래식 음악에 대한 접근성을 높였다. 래틀은 베를린 필에 부임한 첫 시즌인 2002/03년에 250명의 아이들과 젊은이들이 참여한 댄스 프로그램 "Rhythm Is It!"을 공연했다. 이들은 베를린시 공립학교에 다니는 25개국 출신의 춤경험 없는 아이들이었다. 래틀은 이 프로그램에서 이고르 스트라빈스키(Igor Stravinsky)의 The Rite of Spring을 연주했으며, 이것은 베를린 필이 진행한 최초의 음악교육 프로그램이었다. 이 시도를 통해 래틀은 다양한 문화적 배경을 가진 학생들이 약 3개월의 짧은 기간 동안 헌신적으로 노력하여 멋진 앙상블을 만들어 낼 수 있음을 보여줬다. 이 프로그램은 다큐멘터리 영화로 제작되어 2005년 German Film Awards에서 다큐 작품상과 편집상을 받기도 했다.[3] 음악 교육 프로그램 공로를 인정받아 래틀과 베를린 필은 2007년 유니세프 친선대사로 임명되기도 했다. 런던 심포니 오케스트라(LSO)에서도 래틀은 다양한 연령층의 지역주민과 젊은 음악가들을 참여시키는 교육 프로그램과 연주회를 이어갔다. LSO East London Academy를 통해 재능 있는 젊은 음악가에서 무상 교육을 제공했고, Always Playing을 통해 온라인으로 연주회와 교육 콘텐츠를 접할 수 있게 했다. Half Six Fix는 이른 저녁에 열리는 60분간의 연주회로 래

3 Berliner Philharmoniker, Digital Concert Hall

틀이 설명을 덧붙여 클래식 음악에 친숙하지 않은 청중들이 쉽게 클래식을 즐길 수 있게 하였다.[4] 래틀은 다양한 배경의 청중과 연주자들을 찾아가고 참여를 이끌어 내는 데 적극적이었다. 이를 통해 교향악단이 지역사회와 소외계층과 친숙한 관계를 형성하고 포용성을 강화하도록 이끌었다. 그 결과 교향악단이 더욱 다양하고 풍성한 연주를 할 수 있는 개방적 문화를 갖게 되었다.

래틀은 클래식 음악계에서 천재 지휘자로서뿐만 아니라 교향악단의 경영자로서 악단의 역량을 키우고 성공적인 경영 성과를 만들어 낸 드문 인물이다. 그가 보여준 다섯 가지 리더로서의 역할과 리더십 스타일은 기업이 지속가능경영 전략을 수립하고 실천하는데도 귀감이 된다. 하지만 그의 성공 사례가 지속적으로 유지되고 더욱 발전해 나가기 위해서는 보강해야 할 점도 있다.

### 악단의 사명과 비전이 정확히 규정되고, 지속가능경영 기반을 갖추는데 반영되어야 한다.

교향악단들은 차별화되는 사명과 비전, 핵심 가치를 명확히 규정해 놓지 않은 경우가 일반적이다. CBSO의 경우는 최근 악단의 사명과 비전을 정립하고 있다. 베를린 필과 런던 심포니 오케스트라의 경우도 명확한 사명이나 비전을 찾아볼 수 없다. 이렇다 보니 선임되는 지휘자의 스타일과 역량에 따라 악단의 컬러가 바뀌거나 경영 성과가 달

4 London Symphony Orchestra, Home page

라지는 경우가 있다. 물론 저명한 악단의 경우 선임하는 지휘자의 역량이 탁월하므로 악단이 퇴보하는 경우는 드물다. 하지만 악단의 사명과 비전은 정확히 규정되고 지속가능경영 전략에 잘 담겨야 한다. 그렇지 못한 경우 환경변화, 특히 경제적 상황의 변화가 악단 경영에 악 영향을 미치는 일이 흔히 생긴다.

CBSO의 경우 래틀의 주도하에 세계적인 수준의 교향악단으로 성장하고 버밍엄의 자랑거리가 되었다. 하지만 여전히 버밍엄 시로부터 예산을 지원받는 구조였다. 2023년 버밍엄 시는 재정상태가 나빠져 지급불능 선언을 하였다.[5] 당연히 CBSO에 대한 예산지원도 큰 폭으로 줄었다. 이런 상황 속에서 과연 악단이 그 위상을 지켜 나갈 수 있을까? 2000년 베를린 필의 경우 지속가능한 악단 운영을 위해서는 재정적인 독립이 필요하다는 과제를 명확히 했다. 그리고 그 일을 해낼 수 있는 지휘자로 래틀을 선택했다. 래틀은 취임 전 베를린 필이 재단으로 독립하는 것을 요구했고, 베를린 시는 이를 받아들여 필요한 절차를 완료했다. 재단법인으로 독립한 베를린 필은 자생적인 수익구조를 갖추는 노력을 통해 시의 재정지원으로부터 벗어나 독자적인 경영이 가능한 구조를 갖출 수 있었다.

두 악단의 사례에서 볼 수 있듯이 지속가능한 교향악단이 되기 위해서는 재정적인 독립이 가장 중요한 과제이다. 이를 가능하게 하는 조건을 한번 살펴보자. 제공하는 연주와 공연이 충분히 매력적이어서 관

5 "Birmingham's bankruptcy is only the tip of the iceberg – local authorities across England are at risk", The Conversation, Sep 9, 2023

람객이 지불하는 요금이 아깝지 않아야 한다. 더 나아가서 악단의 연주 티켓판매가 시작되면 곧 좌석이 매진될 정도로 연주의 가치를 끌어올려야 한다. 이것이 지속가능경영의 한 가지 조건이다. 또 하나의 조건을 충족시켜야 지속가능경영이 완성된다. 바로 연주를 준비하고 공연하는 데 소요되는 비용이 공연 수익보다 충분히 낮아야 한다는 점이다. 공연수익과 비용의 차이가 충분히 클수록 교향악단이 건강한 이윤을 확보하고 필요한 재투자를 할 수 있는 선순환 구조가 만들어진다. 물론 공연수익을 기부하는 자선공연을 할 경우 적자를 볼 수도 있다. 하지만 이러한 이벤트는 예외적인 것일 뿐 정상적인 공연에서는 다시 건강한 이윤을 회복할 수 있어야 한다. 이 간단한 원리가 지속가능경영을 위한 '생존부등식'[6]이다. 즉, 고객이 느끼는 가치(Value)가 지불하는 가격(Price)보다 충분히 커야 하고, 기업입장에서는 얻는 수익, 즉, 고객이 지불하는 가격(Price)보다 상품/서비스를 제공하는데 소요되는 비용(Cost)이 충분히 작아야 한다. (V>P>C) 이 생존부등식을 지속적으로 튼튼히 유지할 수 있어야 기업의 지속가능경영이 가능해진다.

래틀은 CBSO 시절 객석점유율 97% 이상을 유지할 만큼 연주회에서 관객들에게 충분한 가치를 제공했다. 베를린 필 시절에는 콘서트 좌석 판매에 더하여 디지털 콘서트 홀을 통해 제공하는 스트리밍 서비스와 전용 라벨 음반 판매를 통해 추가수익을 창출할 수 있었다. 두 악단 모두 세계적인 수준의 연주를 제공하였음에도 CBSO는 버밍엄 시 재정

6 『경영학의 진리체계』, 윤석철, 2012

이 악화되면서 생존을 걱정해야 하는 상황을 맞는다. 이에 반해 베를린 필은 다양한 수익원을 확보함으로써 시의 재정상황과는 관계없이 독자적인 경영을 할 수 있는 기반을 확보했다. 성공적으로 운영됐던 두 악단의 대비되는 현실에서 지속가능성이 담보될 수 있는 비전과 전략 설정이 얼마나 중요한지 알 수 있다. 또한 이 비전과 전략에 지속가능경영을 가능하게 하는 조건을 잘 담는 일의 중요성도 잊지 말아야 한다.

### 지속가능성을 담보할 수 있는 가치와 전략을 차별화되는 사업 모델로 구축해야 한다.

지휘자가 바뀔 때 악단의 스타일과 추구하는 가치가 달라져서는 곤란하다. 악단의 사명과 비전, 핵심 가치를 잘 계승발전 시킬 수 있는 후임자를 선택할 수 있어야 한다. 그렇지 못한 경우 지휘자가 자주 바뀌게 되고, 그에 따라 악단의 스타일과 역량은 흔들리게 된다. 당연히 악단의 지속가능한 운영기반도 흔들리게 된다. 역량 있는 리더의 중요성은 교향악단뿐만 아니라 기업에도 적용된다. 하지만 스타경영자가 탄생되더라도 원맨쇼가 되어서는 곤란하다. 그 바통을 이어받는 계주 주자가 제 몫의 경주를 하여야만 시합에서 이길 수 있다. 좋은 주자를 발굴하고 키울 수 있는 조직을 만들 수 있는지 여부에 그 기업과 기관의 지속가능성이 달려 있다. 기업과 기관의 존재 이유에 공감하고 실천을 통해 성과를 창출하는 역량은 조직문화로 체질화되어야만 진정한 경쟁력의 원천이 된다. 대부분 기업들이 해야 하는 경주는 스타 플레이어 한 명이 하는 단판 경주가 아니라 끊임없이 계속되는 팀 경주임을 명심하자. 성공을 만들어 내는 역량을 조직문화와 체질로 만들어야 하는 이유가 여기에 있다.

지속가능경영 전략의 궁극적 목표는 각 사의 사명과 핵심 가치를 조직문화로 정착시킴으로써 지속적인 사업 성과를 만들고 비전을 달성하는 것이다. 따라서 이 작업은 전통적인 전략수립 프로세스에 자사의 지속가능경영의 철학과 가치를 담는 작업이 더해지고, 전략 실행을 통해 성과를 만들어 내는 작업을 조직문화화 하는 방안까지 담아야 한다. 이 일의 본질과 필요한 준비가 무엇인지 살펴보자.

기업의 경우 지속가능한 경영기반을 확보하는 것은 본질적 문제다. 사업 모델이 지속가능한 선순환 구조를 갖출 수 있는지 면밀히 검토해야 한다. 사업 모델이란 기업이 어떤 가치를 창출하고 전달하여 고객으로부터 수익을 얻으며, 가치 창출을 위해 어떠한 구조를 운영하여 지속가능한 수익성을 확보할 것인지를 설명하는 체계이다. 사업 모델 수립을 위해 시장의 흐름과 고객요구 사항, 경쟁상황, 자사의 역량을 치밀하게 연구한다. 이를 위해 비즈니스 모델 캔버스(business model canvas)[7]가 많이 활용된다. 이 템플릿을 활용해 목표 고객은 누구인지, 그 고객에게 제공할 가치는 무엇이며, 준비된 상품이나 서비스를 어떤 채널로 전달하며, 고객과의 관계를 어떻게 관리할 것인지, 가격책정은 어떻게 할 것인지를 고민하여 생존부등식의 왼쪽인 소비자 가치를 창

7 Strategyzer.com

출할 자사의 방법을 정리한다. 이어서 부등식의 오른쪽인 생산자 가치를 창출할 효과적인 방법을 설계한다. 어떠한 자원을 활용할 것인지, 개발과 생산 방법은 어떻게 할 것인지, 활용할 외부 자원과 역량은 무엇이며 이를 제공할 파트너 회사는 어디인지, 그리고 이런 생산활동을 어떠한 비용구조로 유지할 것인지를 창의적으로 설계한다. 만약 사업 모델이 지속가능한 구조를 갖지 못할 경우 사업 모델을 계속 수정하는 피보팅(Pivoting) 과정을 거치게 된다. 결국 핵심이 되는 질문은 “자사는 과연 고객을 위한 충분한 가치 창출을 지속적으로 할 수 있나?” 일 것이다. 그렇다면 같은 업종에 종사하는 유사한 기업의 경우 그 사업 모델도 비슷해야 할까? 그렇지 않은 경우가 일반적이다. 그 이유는 각 사의 사명과 비전, 핵심 가치에 차이가 있기 때문이다. 즉, 사업 모델에는 각 사의 사업을 하는 이유, 존재의 이유가 담겨야 하는데, 그 내용이 회사별로 다르기 때문에 사업 모델에는 차이가 생긴다. 사업 모델 작성의 핵심은 경쟁상황 속에서 목표 고객에게 약속한 가치를 지속적으로 제공할 구조와 방법을 구체화하는 것이다.

또 하나 전략수립과 수정과정에서 간과하지 말아야 하는 것이 자사의 역량이다. 내 몸에 맞는 무기를 가지고 싸움에 임해야 함은 너무나도 당연하다. 글로벌 베스트 프랙티스를 이해하는 것은 시장과 전략의 흐름을 이해하는 데 도움이 된다. 하지만 그 전략을 우리 회사가 그대로 가져와 쓸 수는 없는 일이다. 각 기업이 왜 특정한 전략적 선택을 했는지를 충분히 이해한 후 그 시사점을 자사 전략수립에 활용하는 지혜가 필요하다. 시장은 다양한 요소를 반영하여 끊임없이 변한다. 고객의 취향과 선택의 기준도 바뀌고, 경쟁상황도 달라진다. 효과적인 전략수립과 실행을 위해서는 이러한 외부 환경 변화를 잘 모니터링 해야 한다. 상당한 변화가 있을 경우 이를 지속가능 전략에 반영할 수 있어야 한다. 특히 스타트업의 경우 사업 모델을 수정하는 여러 번의 피보팅(Pivoting)은 흔한 일이다.

### 지속가능경영은 리더의 주도하에 실행되고, 조직문화로 구축함으로써 완성된다.

리더의 주도와 참여 없이 실무 선에서 또는 외부전문가의 도움을 받아 지속가능 전략이 수립되고 실행되는 경우도 많다. 이런 경우 전략실행에 진정성이 실리지 않아 형식적 점수 따기에 그칠 가능성이 높다. 평가에 반영되는 캠페인이나 이벤트를 실행함으로써 평가점수를 높이고, 그로 인해 평가등급을 개선하는 반짝 효과를 볼 수는 있다. 하지만 고객접점과 사업 현장에서 그리고 자사의 일터에서 홈페이지에 게시한 약속들이 지켜지지 않을 때 이해관계자들은 그 기업의 진정성을 의심하게 되고, 결국 자신의 선택에서 그 기업을 배제시키고 만다. 지속가능 전략에 진정성을 담아 전 조직이 이를 실행하도록 하는 데는 리더그룹의 주도적 역할이 필수다. 실행과정에 생기는 수많은 도전과 이슈를 돌파하기 위해 리더의 지원과 의사결정이 있어야 한다. 전 조직과 협력생태계의 참여를 이끌어 내는데 리더의 진정성 담긴 소통과 설득,

솔선수범이 필요하다. 다양한 외부전문가들이 이 과정에 참여하여 도움을 줄 수 있지만, 적절한 시점에 이들을 초빙하여 역할을 부여하고, 이들과의 협연을 통해 최고의 선율을 선사하는 것은 지휘자인 리더의 몫이다. 외부 연주자와의 협연을 통해 얻어야 하는 또 하나의 유익은 내부 연주자들이 이들을 통해 자극받고 배우는 기회를 갖게 하는 것이다. 닫힌 조직은 폐쇄된 속에서 그 생명력이 약해짐을 잊지 말자.

지속가능성(Sustainability)은 요즘 가장 널리 회자되는 단어다. 유엔 환경개발위원회는 1987년 브룬트란트 위원회(United Nations Brundtland Commission) 보고서에서 지속가능성을 "미래 세대가 자신의 필요를 충족할 수 있는 능력을 손상시키지 않으면서 현재의 필요를 충족시키는 것"이라고 정의했다. 경제성장의 과제를 생태적 차원의 지속가능성을 훼손하지 않는 범위 내에서 추진하도록 개념을 정리한 것이다. 이처럼 지속가능성은 환경, 사회, 경제적 가치와 그 영속성을 포함한다. 세가지 차원의 관계에 대해서 환경이 사회를 포함하고, 사회는 경제적 조건을 포함한다고 봐서, 경제와 사회 모두 환경적 한계에 의해 제약 받는다고 설명한다. 하지만 그 구분과 관계를 어떻게 정의하든 간에 지속가능성은 사람들이 가치 있거나 바람직하다고 생각하는 것을 지키는 데 초점을 둔다는 것은 분명하다.

### 기업은 왜 지속가능해야 하나?

왜 기업의 지속가능성(Sustainability)이 화두가 되고 있을까? 기업이 지속가능해야 한다는 것은 기업의 영속성이 필요하다는 것이다. 달리 말하면 기업이 없어지면 안 되는 존재 이유를 가지고 있으며, 이것을 사람들이 가치 있고 바람직하게 생각한다는 말이다. 사업의 주체로서 기업의 목적에 대해서는 다양한 견해가 있어왔다. 단순히 돈을 벌기 위해 사업을 하는가 하면, 자신이 좋아하는 일을 하기 위해 사업을 하기도 한다. 또 시장과 세상에 대한 자신의 영향력을 키우기 위해 사업을 하는 경우도 있다. 하지만 이런 목적을 내세울 경우 과연 이를 사업으로 부를 수 있을까? 돈을 벌기 위한 것은 장사이고, 좋아하는 일을 하는 것은 취미나 동호회 활동이며, 영향력을 키우기 위한 것은 권력탐하기에 불과하다. 이런 사업이라면 지속가능하기 어렵고, 그 목적이 달성되고 나면 없어져도 별 문제가 되지 않는다. 그래서 이런 목적을 내세우는 사업의 주체를 진정한 기업으로 부르기 어렵다. 진정한 기업은 이 세상이 필요로 하는 가치를 끊임없이 만들어 내기 위해 존재한다. 그렇기에 진정한 기업은 다양한 이해관계자들이 공감하는 존재의 이유가 있으며, 이를 위해 지속가능해야 하는 것이다.[8] 이처럼 지속가능한 기업이 되기 위해서는 존재의 이유와 도달하고자 하는 위치, 그리고 과정에서 지키고자 하는 약속을 담아 사명, 비전, 핵심 가치로 구체화하는 것이 필요하다.

존재의 의미가 확실한 기업이라 하더라도 시대별로 그 추구하는 목표가 달라지면서 기업경영의 행태도 변화해 왔다. 초기 자유시

8 김용진, 착한경영연구소, "실패로부터 배운 착한경영의 원리" 강연 중 발췌

장 경제하에서 기업의 목표는 '이윤극대화'라고 믿었다. 이어서 기업의 주인은 주주다 라는 인식하에서 경영권을 위임받은 경영자의 역할은 '주주가치를 극대화하는 것'으로 여겨졌다. 이러한 믿음 하에서 경영자들은 주주가치에 조금이라도 훼손되는 결정은 극도로 꺼리게 되고, 단기 기업가치 극대화에 과도하게 신경 쓰게 되었다. 경영자들은 사회적 비용이 발생하더라도 주주이익에 도움되는 의사결정을 주저하지 않았다. 그 결과 많은 사회적 비용을 발생시키는 환경 및 생태계 파괴, 인권침해 및 공정성과 평등을 침해하는 사례들이 발생했다. 이러한 문제를 야기하는 기업은 더 이상 지킬 대상이 아니라, 그 경영활동이 감시와 견제의 대상이 되는 상황까지 맞이하였다. 이제 기업은 더 이상 주주가치 만이 아니라 기업활동에 참여하는 '다양한 이해관계자들의 가치를 조화롭게 추구'하는 목표로 전환하게 되었다. 모든 기업이 지속가능경영에 도달하는 것은 아니다. 다양한 이해관계자들의 가치를 조화롭게 고려하면서 각 사의 존재이유를 충실히 지켜 나가는 기업이 지속가능한 경제주체로 인정받게 되는 것이다.

우리는 훌륭한 경영자들의 성공신화에 박수를 보내왔다. 그만큼 어려워진 사업을 회생시키는 일이 쉽지 않고, 결단과정과 이해관계자들을 설득하여 동참시키는 모습에서 보여준 그 경영자의 열정과 헌신에 감동이 있기 때문이다. 또한 성공한 창업자에게서 이에 못지 않은 남다른 공감능력과 창의성, 집요함, 투지를 볼 수 있기 때문이다. 하지만 그 성공신화가 대대로 이어지고, 조직문화로 자리 잡기 위해서는 또 다른 허들을 넘어야 한다. 흔히 주목받던 회생 성공 사례가 다시 어려운 상황에 빠지는 것을 보게 된다. 후임 경영자들의 전임자 흔적 지우기가 그 원인인 경우가 있다. 경영자의 개인가치가 앞서지 않도록 기업의 가치를 공유하는 리더십의 승계가 중요한 이유가 바로 여기에 있다. 결국 기업의 존재이유와 가치를 공유하는 후계그룹의 양성과 승계가 있어야만 지속가능경영을 진정한 기업문화로 정착시킬 수 있음을 알 수 있다.

지속가능경영의 여정을 다양한 배경에서 시작하더라도 그 성공을 위해 꼭 필요한 요소는 생략될 수 없다. 이해관계자들의 공감과 참여를 이끌어 낼 수 있는 "기업의 사명과 핵심 가치", 그 가치를 잘 담아 생존부등식을 충족시킬 수 있는 "자사만의 지속가능 전략", 전 조직과 핵심 이해 관계자들이 전략을 철저히 실행하여 "성과를 만들어 내는 리더십과 조직역량", 그리고 이를 지속적으로 지키고 발전시켜 나가게 하는 "조직문화화"가 그것이다. 어느 하나 쉽지 않은 요소들이지만 악단과 연주의 목적을 명확히 하는 것, 연주할 레퍼토리와 악보를 준비하는 것, 실력 있는 연주자를 선발하고 훈련하는 것, 연습과정에서 생기는 문제를 확인하고 그에 대한 해결책을 준비하는 것 등은 모두 오케스트라를 이끌어 가는 지휘자의 역할이다. 스스로 전면에 나서지 않고 대역을 내세우는 명지휘자를 본 적이 있는가? 이 피할 수 없는 여정을 준비하는 기업과 조직의 리더들에게 이 책이 나침반 역할을 할 수 있기를 기대한다.

프롤로그
3

# 음악의 힘

## 지속가능한 미래를 위한 가치 정렬

## The Power of Music

Aligning Values for a Sustainable Future

### 변화하는 비즈니스 환경: 역사적 관점

오늘날 세계를 주도하고 있는 자본주의 경제체제에서 부가가치를 만들어 내는 핵심주체가 기업이다. 기업들은 소비자들이 불편해하고 힘들어해 온 점(pain points)을 찾아내고, 이를 해결할 수 있는 상품과 서비스를 개발하여 공급해 왔다. 소비자들은 이 상품과 서비스를 소비함으로써 그간 힘들고 불편했던 점들을 해소할 수 있었다. 고객을 획득하기 위해 벌이는 치열한 경쟁 속에서 경쟁력을 갖추지 못한 기업은 도태되고, 선택받은 기업은 탄탄한 입지를 구축할 수 있었다. 한편 이러한 시장 경쟁 메커니즘이 정상적으로 작동되지 않는 환경이나, 영향력이 지나치게 커진 기업들이 올바른 경영 의사결정을 하지 않아 생긴 폐해도 이어져 왔다.

가장 먼저 제기된 이슈는 환경파괴 문제였다. 해양생물학자 레이첼 카슨(Rachel Carson)은 1962년 발간한 "침묵의 봄(Silent Spring)"을 통해 무분별한 DDT(살충제의 일종) 사용이 큰 환경재앙을 야기할 수 있다고 주장했다. DDT의 유해성에 대한 엇갈린 논란과 제조사인 듀퐁의 적극적인 반론이 있었지만, 결국 미국 정부는 1972년 DDT 사용을 단계적으로 폐지하는 조치를 내리게 된다. 이를 이끌어 낸 데에는 시민들이 주축이 된 환경 보호 재단(Environmental Defense Fund)의 역할이 컸다. 기업활동이 야기할 수 있는 환경, 사회적 문제를 감시하는 소비자 활동이 시작되는 계기가 되었다.[9]

1996년과 1997년에는 나이키(Nike)가 도마 위에 올랐다. 파키스탄 하청공장에서의 아동노동 문제[10]와 베트남 하청공장에서 유해물질 톨루엔이 초과 검출된 사건[11]이었다. 나이키의 초기반응은 직접 소유하지 않은 공장의 작업환경에 대해서는 책임이 없다는 입장이었다. 하지만 부정적인 여론이 일파만파 확산되고, 소비자들의 불매운동까지 이어지고 주가가 폭락했다. 상황이 심각해지자 나이키는 주요생산협력기업(Manufacturing Leadership Partner) 제도를 도입해 하청기업의 노동환경도 평가, 관리하기 시작했다. 평가기준에 부합하는 기업하고만 하청거래를 유지하고, 그렇지 못한 기업과는 거래를 중단했다.

9 "Legacy of Rachel Carson's Silent Spring", American Chemical Society, Oct. 26, 2012

10 "Pakistani Kids Are Earning Six Cents an Hour Making Soccer Balls for American Children.", LIFE Magazine June 1996

11 "Nike Shoe Plant Is Called Unsafe", New York Times, Nov. 8, 1997

1998년에는 기업 책임부(Office of Corporate Responsibility)를 신설하여 안전, 건강, 인력개발, 환경 관련 가이드 라인을 만들었다.[12] 이어서 나이키는 개발도상국의 노동환경과 교육훈련 환경개선에 힘쓰는 노동자 및 공동체를 위한 국제연대 창립도 지원했다. 이러한 적극적인 개선노력에 힘입어 2000년부터 나이키 실적은 회복되었다. 나이키 사건을 계기로 금융시장에서는 기업가치 평가에 재무적인 성과뿐만 아니라 인권, 환경 등 사회적 책임 준수 여부를 함께 보기 시작했다.

2001년과 2002년에는 미국에서 가장 혁신적인 기업으로 인정받던 에너지 회사 엔론(Enron)과 통신회사 MCI 월드콤(WorldCom)이 대규모 회계부정으로 파산하는 사건이 일어났다. 이 두 회사는 서로 통신망 매출을 주고받아 실적을 부풀리는 거래를 서슴지 않았다. 그리고, 엔론은 2000년 캘리포니아 주 전력 공급량을 줄임으로써 전력난을 부추기고 공급가를 800%나 올려 폭리를 취하기도 했다. 이 두 회사의 회계감사 업무를 수행하던 아더 앤더슨(Arthur Andersen)은 회계분식 사실을 알면서도 수년에 걸쳐 이를 묵인하고 도운 사실까지 확인되었다. 이로 인해 당시 4대 회계법인의 하나였던 아더 앤더슨도 공중분해 되고 말았다. 기업의 파산은 주주들의 손해로 끝나지 않는다. 엔론 파산으로 2만 5천 명에 달하던 직원들이 일자리를 잃었고, 이들이 보유하던 연금과 퇴직금 32억 달러도 사라져 버렸다. 직간접으로 영향을 받은 협력업체들도 엄청난 피해를 입었다. 또한 아더 앤더

12 "1998 Annual Report", Nike, Inc.

슨에 근무하던 2만 8천 명의 일자리도 없어졌다. 기업의 잘못된 행동과 경영실패가 소비자와 관련 이해관계자, 나아가 사회 전반에 얼마나 큰 피해를 주는지 알 수 있는 사건이었다.[13]

## '이윤극대화'나 '주주가치 극대화'를 추구하는 경영이 왜 문제이며, 그 대안은?

기업의 실패, 경영의 실패 이면에는 '이윤극대화'나 '주주가치 극대화'라는 잘못된 경영 목표가 주원인이라는 지적과 반성이 이어졌다. 1990년대 나이키의 경우 이윤극대화나 주주가치 극대화라는 사업 목적 달성을 위해 가장 적은 인건비로 축구공을 만들 수 있는 곳을 찾아 들어간 곳이 파키스탄이었다. 그간 나이키 고성장의 비결이었던 글로벌 아웃소싱을 통한 저비용 생산이 저임금 노동, 노동착취, 아동노동으로 이어졌고, 나이키는 책임을 하청기업에게 전가하는 부도덕한 기업이 되고 말았다. 소비자들은 글로벌 기업 나이키에게 이전에 요구하지 않던 윤리와 책임을 요구했다. 나이키 사례를 통해 '기업은 누구를 위해 무엇을 해야 하는가'라는 질문에 대한 답을 바꾸어 나가야 함을 알 수 있다. '이윤극대화'나 '주주가치 극대화'가 기업경영의 목표라고 가르쳤다. 이를 위해 무리하게 회계장부를 조작한 '엔론'과 '월드콤'이 결국 파산함으로써 주주를 포함한 모든 이해관계자들에게 엄청난 손실을 주고 말았다. 근본적으로 주주뿐만 아니라 기업의 가치사슬과 닿아 있는 여러 이해관계자들을 위한

13 Google Search

경영이 아니면 주주가치도 극대화될 수 없다는 사실도 알게 되었다. '사회적 책임경영', '이해관계자 경영'이 대두되는 이유다.

산업화 초기에 비해 최근 들어 기업에 대한 사회적 기대가 점점 커져왔다. 실제 기업의 행동이 그 기대 수준을 따라가지 못하는 상황에서 사회적 문제가 불거지면, 이에 대한 사회적 비판과 요구가 강하게 분출되고 실제 반 기업적인 행동으로까지 이어지고 있다. 기업의 행동은 시대의 흐름 속에서 정의한 사업 목적과 목표를 달성하기 위해 움직인다. 전통적으로 기업의 목적은 '이윤극대화'라고 규정해 왔다. 기업을 영리조직으로 규정한데 따른 당연한 목적이다. 하지만 단기적 이윤극대화를 추구한 데 따른 많은 부작용이 발생했고, 소유와 경영이 분리된 기업의 목적을 설명하는데도 부족한 부분이 많았다.

이에 따라 등장한 것이 '주주가치 극대화' 목적이다. 이 견해를 주도한 밀턴 프리드만(Milton Friedman) 박사는 기업의 사회적 책임 수행이 기업 본연의 경제적 기능을 약화시킨다는 주장을 제기했다. "자유기업과 사유재산제도에서 기업경영자는 기업소유자의 고용원이다. 따라서 경영자는 그의 고용주에게 직접적인 책임을 져야 하며, 그 책임은 사회의 기본적인 규칙에 따르면서 가능한 많은 돈을 벌도록 기업을 운영하는 것이다. 사회적 책임의 수행이 주주에 대한 이익을 감소시킨다면 경영자들은 주주의 돈을 낭비하는 것이 된다." 이러한 견해가 다른 이해관계자들에 대한 배려를 무시하라는 것은 아니었다. 하지만 많은 글로벌 기업, 대기업 CEO들은 최근까지도 단기적 재무성과 극대화를 통해 주가(주주가치)를 높이는 것을 최우선시 하는 경영활동을 해왔다. 하지만 주주가치 극대화 경영이 야기하는 근본적인 문제가 부각되면서 이 경영 목표는 설득력을 잃고 말았다.

『자본주의 대전환(Reimagining Capitalism In a World on Fire)』의 저자 레베카 헨더슨(Rebecca Henderson) 박사는 주주가치 극대화 경영의 기본가정에 심각한 문제가 있음을 지적하고, '이해관계자 경영'으로 전환함으로써 자본주의를 재정립해야 한다고 주장한다.[14] 헨더슨 박사가 지적한 비현실적인 가정은 '가격이 모든 비용을 반영한다', '개인들의 기회가 균등하다', '경쟁의 룰이 공정한 경쟁을 지원한다'는 세 가지이다. 우선 전기요금, 철강, 시멘트, 내연기관 운행, 심지어 치즈버거 가격도 제품생산과 유통, 소비 전반에 발생하는 환경비용, 건강관리 비용 등을 충분히 반영하지 못하여 추가적인 사회적 비용을 야기한다고 보았다. 주주가치 극대화를 위해서는 이러한 제품판매를 극대화하여야 하는데, 그럴수록 사회적 부담을 키우게 되니 이를 문제라고 보았다. 다음으로 기회균등의 가정도 부와 기회의 집중화, 기대수명의 차이, 대기업 집중화가 심화된 상황에서 현실과 부합하지 않는다고 지적했다. 이에는 국가 간 격차도 크지만 심지어 미국 내에서도 지역 간, 계층 간 큰 격차가 있음을 지적하고 있다. 그리고 경쟁의 룰도 영향력 있는 기업들이 자사의 이익을 위해 바꾸고 있다며, 디즈니가 로비로 저작권 인정 기간을 연장하여 막대한 이익을 챙긴 사례를 인용하고 있다. 결론적으로 헨더슨 박사는 현실성

14 『자본주의 대전환(Reimagining Capitalism In a World on Fire)』 레베카 헨더슨(Rebecca Henderson)

이 괴리된 가정을 바탕으로 설정된 주주가치 극대화 경영 목표는 많은 문제와 이를 해결하기 위한 사회적, 환경적 비용을 야기한다고 보았다. 이를 개선하기 위해서는 경영의 목적을 주주를 포함한 다양한 '이해관계자 경영'으로 전환해야 한다고 주장한다. 시장, 소비자, 임직원, 협력업체, 지역사회, 정부, 국제기구 등 이해관계자들에 대한 배려와 참여가 활성화될 때 현재의 병든 자본주의를 치료할 수 있다고 제안하고 있다.

## 이해관계자 경영은 어떻게 발전되어 왔나?

이해관계자 경영은 기업이나 조직이 다양한 이해관계자들의 요구와 기대를 고려하여 기업을 운영하고 가치를 창출하는 데 초점을 두는 경영방식을 의미한다. 앞서 살펴본 바와 같이 주주가치 극대화 경영에서 이해관계자 경영으로 전환되는 배경에는 '기업의 주인은 누구인가?'와 '기업의 목적은 무엇인가?'라는 핵심질문에 대한 생각의 변화에 기인한다. '주주가치 극대화 경영'에서는 기업의 주인은 주주이며, 기업의 목적은 이윤극대화라고 보았다. 따라서 기업은 주주 이익을 극대화하기 위해 존재했다. 하지만 최근에는 주주만이 기업의 주인이 될 수 없고, 소비자, 종업원, 협력업체, 투자자, 지역사회 등 다양한 이해관계자들이 공동의 주인이라는 시각이 강화되어 왔다. 이들 다양한 이해관계자들을 위한 긍정적인 가치를 창출하지 못하면 기업의 지속가능한 생존과 성장이 불가능하다는 인식이 확대된 것이다. 이러한 인식 변화를 이끌어 내는 주요 요인은 다음과 같다.

- **지속가능경영 (Sustainable Business Management)에 대한 시장과 소비자의 요구**: 이해관계자 경영은 기업이 단기적이 아닌 장기적 지속가능성을 목표로 한다. 단순히 주주의 이익만을 추구하는 것이 아니라, 기업은 환경, 사회, 윤리적 측면에서도 책임을 다해야 한다는 인식이 증가하고 있다. 특히 글로벌 경영환경에 노출된 기업은 다양한 국가, 문화 및 이해관계자와 상호작용한다. 이에 따라 지속가능경영을 위해 기업은 다양한 이해관계자들과의 관계를 효과적으로 관리해야 한다.
- **기업의 사회적 책임(Corporate Social Responsibility) 강조**: 기업이 사회적 책임을 다해야 한다는 관점도 강조되고 있다. 기업 홍보와 이미지 관리 목적으로 시작된 활동(CSR: Corporate Social Responsibility)은 지역사회와 다양한 이해관계자들과 연관된 활동을 통해 사업 가치를 키우는 것(CSV: Creating Shared Value)을 추구하는 것으로 진화해 왔다. 지속가능경영을 목표로 하는 기업은 다양한 이해관계자들의 요구와 기대를 고려하여 사업 가치와 사업 모델 및 전략을 수립해야 한다. 그리고 진정성을 담아 전략을 실천함으로써 가치를 창출하는 모습과 성과를 보여야 한다.
- **디지털 환경의 발전**: 인터넷과 소셜 미디어의 발전으로 정보가 신속하게 전파되고 이해관계자들은 더 쉽게 의견을 나눌 수 있게 되었다. 기업 또한 다양한 이해관계자들의 요구를 이해하고

맞춤형으로 대응할 수 있는 기술과 수단을 활용할 수 있다. 따라서 기업은 다양한 이해관계자와 소비자들의 의견을 신속하게 파악하고, 천명한 가치와 행동강령에 맞게 진지하게 대응해야 한다. 기업에 대한 긍정적, 부정적 소식과 정보들이 실시간으로 확대 재생산되는 세상임을 명심하자.

- **금융시장과 투자자 요구의 변화**: 투자자들은 기업의 재무성과뿐만 아니라 비 재무정보, 특히 기업의 지속가능성과 사회적 책임 이행과 관련한 다양한 정보를 중시하고 있다. 많은 기관들은 기업이 환경(Environmental), 사회(Social), 거버넌스(Governance) 등 다양한 측면에서 지속가능성을 고려하여 투자 결정을 내리고 주주권 행사를 하고 있다. 기업은 이에 부응하여 다양한 이해 관계자들에게 지속가능한 가치를 제공하는 노력을 적극 기울이게 되었다.
- **리스크 관리와 평판 보호**: 이해관계자들과의 긍정적인 관계는 기업의 평판을 보호하고 유지하는 데 중요하다. 이해관계자들과의 소통과 협력을 통해 발생할 수 있는 리스크를 최소화하고 긍정적인 이미지를 구축할 뿐만 아니라, 이슈 발생시에도 기업과 브랜드에 대한 누적된 신뢰가 깊을수록 그 부정적 영향이 최소화될 수 있기 때문이다.

이해관계자 경영의 이론적 배경이 된 것이 '이해관계자 이론(Stakeholder Theory)'이다. 이 이론은 1984년 에드워드 프리먼(R. Edward Freeman)에 의해 주창되었으며, 사업이 다양한 이해관계자들과 연관되어 있으므로 기업은 주주만이 아닌 다양한 이해관계자들을 위해 가치를 창출해야 한다고 주장했다. 이 개념이 담긴 자본주의 경제체계를 '이해관계자 자본주의(Stakeholder Capitalism)'라고 한다. 기업의 이사회에 노동자 대표가 들어와 기업의 주요 의사결정에 참여하는 유럽 대륙식 민주사회주의 경제시스템이 이해관계자 자본주의로 불리어 왔다. 문화적으로도 유럽 기업들은 지역사회, 환경, 노동자 등과의 긍정적 상호작용을 중시하고, 사회적 가치 및 지속가능성을 중요한 가치로 여겨왔다.

이에 반해, 미국 기업은 주로 경제적 가치, 이윤추구, 경쟁력을 중시하고, 여러 이해관계자 보다는 주주가치 극대화를 우선시하는 경향이 강했다. 미국에서 이해관계자 자본주의가 갑자기 주목받게 된 것은 2019년 8월 '비즈니스 라운드테이블(Business Round Table; BRT)'의 '기업목적 선언문(Statement on the Purpose of a Corporation)'이 중요한 계기가 되었다.[15] 이 선언문은 자유시장 경제의 가치를 재확인하고, 그간의 주주가치 극대화 원칙을 넘어 고객에 대한 가치전달, 종업원에 대한 투자, 공정하고 윤리적인 협력업체 관계, 지역사회 지원, 장기적인 주주가치 창출을 천명했다. BRT 선언은 그간의 기업의 목적을 주주가치 극대화 하

15 "Business Roundtable Redefines the Purpose of a Corporation to Promote 'An Economy That Serves All Americans'", Business Roundtable, Aug. 19, 2019

나로 정의한 것에서 벗어나 다양한 이해관계자 관점을 강조했다. 단순한 이윤추구가 아니라 가치 창출을 강조했고, 환경 및 사회적 책임을 천명했다. 기업의 지속가능경영과 긍정적인 사회적 영향을 추구하는 방향을 명확히 한 점에서 큰 의의가 있다. 미국에서는 BRT 선언에 따라 투자사와 금융기관의 요구로 ESG 경영이 강화되어 왔다. 이에 비해 유럽에서는 환경과 사회적 지속가능성을 중시하고, 이를 실천하게 하는 공시기준과 실사와 검증을 요구하는 법제화가 활발히 진행되었다. CSRD(Corporate Sustainability Reporting Directive), CSDDD(Corporate Sustainability Due Diligence Directive)가 대표적인 규제다. 규제는 EU 내에 머물지 않고 그 정신과 기준이 미주, 아시아 등 다양한 국가의 법제화를 촉발하고 있음에 주목해야 한다. 이에 따라 글로벌 시장에서 사업을 하는 모든 기업들이 지속가능경영의 흐름을 피할 수 없음은 분명하다. 이제 각사가 어떻게 대응할지 판단하는 것은 경영자의 몫이다. "피할 수 없으면 즐기라"는 말을 곱씹어 봐야 할 것이다.

### 기업의 지속가능경영을 요구하는 외부요인은?

기업의 지속가능경영을 요구하는 가장 강력한 형태가 규제다. 규제는 대상이 되는 기업들이 꼭 준수하도록 법과 규정을 만들어 요구하는 것이다. 이를 지키지 않을 경우 기업은 규제 주체의 권역 내에서 큰 경제적, 법률적 징벌을 받는다. 규제는 기업경영의 전반에 대한 다양한 이해관계자 요구가 결집된 결과물이다. 환경에 대한 인식 증가, 기업 시민으로 요구되는 역할 확대, 지속가능하지 않은 관행으로 인한 경제적 사회적 비용 증가로 규제는 점점 구체화, 강화되고 있다. 1990년부터의 흐름을 살펴보면 다음과 같다.

1990년대와 2000년대에는 지속가능성에 대한 자발적 규제와 프레임워크가 개발되었다. 1997년에 공포된 글로벌 리포팅 이니셔티브(Global Reporting Initiative: GRI)가 대표적이다. GRI는 미국 환경단체인 세레스(Ceres)와 UN환경계획(United Nations Environment Programme: UNEP)의 협약으로 설립되어, 지속가능경영 보고서에 대한 가이드라인을 제시하고 있다. 이 프레임워크는 기후변화와 글로벌 공급망에서의 노동권과 같은 환경과 사회문제에 대한 인식이 커지면서 개발되었다. 이러한 자발적 기준은 지속가능성 보고의 실현 가능성과 이점을 보여줌으로써 공식적인 규제로 이어지는 기반을 만들었다.

2010년대에는 공식적인 규제가 시작되고 확대되었다. 2014년 EU 비재무보고 지침(Non-Financial Reporting Directive: NFRD)이 먼저 시행되었다. 유럽연합에서 대기업이 사회 및 환경문제를 어떻게 운영하고 관리하는지에 관한 정보를 요구한 것이다. 이를 통해 관련 이슈에 대한 기업의 투명성을 증가시키고, 소비자, 정책 입안자를 포함한 다양한 이해관계자들이 대기업의 비재무적 활동과 성과를 평가할 수 있도록 했다. 2017년에는 기후관련 재무정보 공개 태스크포스(Task Force on Climate-Related Financial Disclosures: TCFD)에서 권고안을 냈다. 이 지침은 기업이 재무보고 및 서류, 지속가능경영 보고서, 연례보고서에서 기후변화로 인해 직면한 리스크, 기회 및 잠재적 재정적 영향을 식별하고 공개하는데 활용되도록 하였다. 이 권고안에서 제시된 공개에 대한 4가지 주제 – 거버넌스, 전략, 리스크관리, 메트릭 및 목표 – 는 기후리스크를 다루기 위한 구성으로 보이지만, 이후에 활성화된 ESG 보고의 세 가지 요소인 환경, 사회, 거버넌스 관련 내용이 체계적으로 보고되도록 하는 기준이 되고 있다. 2019년에는 EU 지속가능 금융 공시규정(Sustainable Finance Disclosure Regulation: SFDR)을 통해 금융시장 참여자가 자산운영과 관련한 지속가능성 리스크 및 영향에 대한 정보를 공시하도록 하였다. 이처럼 2010년대의 규제는 기후변화의 영향과 드러나는 사회적 불평등이 증가함에 따라 금융과 비 금융을 망라하여 더욱 구체적이고 행동지향적으로 가시화되고 있음을 알 수 있다.

2023년부터 시행되는 기업 지속가능성 보고 지침(CSRD)은 EU외 기업의 권내 자회사를 포함한 EU기업이 환경 및 사회적 영향과 거버넌스(ESG) 조치가 자체 사업에 미치는 영향을 공개하도록 하고 있다.[16] 이를 통해 다양한 이해관계자가 EU 기업의 지속가능성 관련 성과, 리스크, 영향을 더 잘 평가할 수 있도록 하는데 목적이 있다. 2014년 시행된 NFRD의 미흡한 부분이 보완되어 범위, 지속가능성 공개 및 보고 요건이 확장되었다. 2024년 5월에는 EU의 '기업 지속가능한 공급망 실

16 "Corporate sustainability reporting", European Commission

사지침(CSDDD)이 최종 승인됐다.[17] 2024년에 유럽집행위원회(European Commission)에서 통과된 이 지침은 2027년부터 일정 규모 이상의 역내 외 소속기업을 대상으로 자사와 자회사, 공급망 내 협력사 활동으로 인권이나 환경에 부정적 영향을 미치는지 실사를 의무화하였다. 그 후 2025년 2월 유럽집행위원회는 '옴니버스 단순화 패키지'를 발표하여 대상범위를 EU 역내 직원 1000명 초과 및 연 매출액이 4억 5천만 유로를 초과하는 기업으로 축소했다. 이 조치는 CSRD와 CSDDD를 포함한 다양한 EU 지속가능성 규제를 통합해 행정 절차를 간소화하려는 목적이다. 중소기업의 보고 의무가 면제되거나 자율화되었고, 탄소국경조정제도(Carbon Border Adjustment Mechanism; CBAM)도 소규모 기업에 한해 면제가 적용된다. 복잡했던 규제 구조가 단순화되면서 중소기업의 참여 장벽이 낮아졌지만, 지속가능성 관리의 기본 방향은 그대로 이어지고 있다.

2025년 10월 유럽연합(EU)은 ESG 관련 규제를 대폭 개정하였다. 개정된 CSRD는 ESG 공시 의무의 틀과 이중 중대성 평가와 같은 핵심 툴은 유지하면서도 기업의 부담을 줄이는 방향으로 조정되었다. 대기업의 보고는 2027년부터, 상장 중소기업은 2028년부터 시행되며, 적용 대상도 일정 규모 이상으로 축소되었다. 공시 항목은 절반가량 줄고 주제별 표준(European Sustainability Reporting Standards; ESRS)이 통합되었지만, 디지털 보고와 제한적 보증 의무는 유지되어 투명성과

17 "Corporate sustainability due diligence", European Commission

비교 가능성이라는 본래 목적은 변하지 않았다. 이는 행정 부담을 줄이면서도 신뢰 가능한 ESG 정보 제공을 유지하려는 절충적 개정이라 할 수 있다.

CSDDD는 공급망의 인권·환경 리스크 관리 의무를 유지하되 강도는 완화되었다. 이행 시한이 2027년으로 연기되고, 적용 대상은 대규모 기업으로 한정되었다. 실사 주기는 5년으로 늘었고, 하위 공급망 실사와 민사 책임 조항은 삭제되었다. 금융 부문도 일시적으로 제외되었지만, 기업의 공급망 책임을 제도화하려는 기본 방향은 유지되고 있다. 이는 규제의 현실성과 경쟁력 간 균형을 모색한 결과로 평가된다.

결국 이번 개정은 기업의 행정 부담을 완화하면서도 지속가능경영의 핵심 가치인 투명성, 책임성, 공급망 관리의 중요성은 유지되었다는 점에서 의미가 있다. 형식적 보고보다 실질적 ESG 역량이 경쟁력의 핵심으로 부상하고 있으며, 기업은 그 이행활동을 중요한 전략 및 실행과제로 인식해야 한다. 그리고, 수동적으로 요구수준을 충족해 나가기 보다는 더 높은 수준의 목표를 조기 달성하는 공격적인 전략을 추진함으로써 인권 및 환경보호를 자사의 차별화된 가치와 역량으로 만드는 것도 고려해 볼 문제이다.

또 하나의 중요한 외부환경 변화는 소비자들로부터 일어나고 있다. 특히 1980년대 초반부터 1990년대 중반까지 태어난 밀레니얼(M)세대와와 1990년대 중반부터 2010년 초반까지 태어난 Z세대는 이전 세대와 다른 소비성향을 가진 소비주체다. M과 Z세대는 미국인구의 열명 중 4명, 대한민국 인구의 3명중 1명을 차지한다. 이 세대는 자신의 행복을 가장 중시(YOLO, You Only Live Once)하며, 가치소비(Meaning Out), 소비로 자신의 존재를 과시하는 플렉스(Flex), 지지하는 기업 제품 구매로 의사를 표현하는 바이콧(Buycott) 등의 소비 트렌드를 보인다. 두 세대는 모두 "디지털 중심·가치 소비형"이라는 큰 축을 공유하지만, M세대는 실리적이고 구조에 적응하는 세대, Z세대는 자기표현과 변화를 즐기는 세대로 차별되기도 한다. 2024년 5월 딜로이트 글로벌(Deloitte Global)이 공개한 '2024 글로벌 MZ세대 서베이(Deloitte's 2024 Gen Z & Millennial Survey)' 결과에 따르면 이들은 구직 시 해당 기업의 지역사회 참여와 사회적 영향을 중요한 요인으로 고려한다고 답했다. 또한 밀레니얼과 Z세대 60% 이상은 환경보호, 기술의 윤리적 사용, 사회 불평등 해소 등의 사회적 문제에 기업들이 상당한 영향을 미칠 수 있다고 했다. 특히 이 세대는 환경 지속가능성을 크게 우려하고 있다. 소비와 브랜드 선택 시 환경의식을 발휘해 소속기업 외 기업 커뮤니티 전반에 지속가능성 강화를 요구하고 있다. 이 세대는 스스로 환경부담이 큰 소비는 지양하고 있으며, 약 2/3는 지속가능 제품 및 서비스를 구매하기 위해 더 많은 비용을 지불할 의향이 있다고 답하고 있다. 밀레니얼과 Z세대의 비중이 점차 커져가고 있다. 이들이 가진 가치관이 브랜드의 선택, 구매행위, 나아가 직장의 선택과 일하는 방식에도 반영되는 점을 감안하면 기업들의 진정성과 가치가 담긴 지속가능경영 실천이 더 이상 선택이 아님을 알 수 있다.

## 기업 지속가능경영의 종착점은?

기업이 지속가능경영을 실천하여 문화로 정착시키는 것은 쉽지 않은 장거리 여정이다. 긴 항해를 성공하기 위해서는 기업의 일상적인 사업이 건강히 유지되어야 한다. 그 기본은 생존 부등식을 튼튼히 유지하는 것이다. 고객들에게 충분한 가치를 제공해야 한다. 법률과 규제를 충족해야 하고, 기업의 신용도와 재무적, 비재무적 건전성을 유지해야 한다. 그렇다면 장거리 여정의 목적지는 어디가 되어야 할까?

전통적으로 기업의 신용도 평가 시에는 신용평가 기관의 평가등급을 주로 활용했다. 평가등급에 따라 금융거래가 승인되기도 하고, 거절되기도 했다. 그리고, 거래가 승인된 경우에도 평가등급 별로 거래조건에 차이가 있었다. 당연히 기업입장에서는 좋은 평가등급을 받기 위해 부단히 노력해왔다. 이해관계자 경영이 강조되면서 미국의 투자가 중심으로 기업의 ESG 경영을 요구했다. 이들의 투자의사 결정에 필요한 비재무적 정보의 중요성이 부각됐다. 이에 따라 GRI, SASB 기준(Sustainability Accounting Standards Board Standard)을 비롯한 비재무적 정보 보고에 관한 다양한 기준이 제시됐다. 전통적인 신용평가 기관들도 이러한 요구를 반영하여 기업의 ESG 등급을 매기고 이를 공개하는 서비스를 강화해 왔다. 이에 따라 기업들은 좋은 등급을 받기 위해 다양한 활동과 이에 필요한 투자를 이어왔다. 주어진 시험문제에 답이 되는 활동을 열심히 하는 것은 당연한 대응이다. 문제는 많은 평가항목들이 정량적인 근거를 요구하고 있고, 기업들의 대응도 점수 따기에 쏠리게 된다는 점이다. 물론 좋은 점수를 따는 기업이 실력도 뛰어난 경우가 많고, 실력이 뛰어난 기업이 좋은 점수를 따는 것이 당연하다. 하지만 그렇지 않은 경우도 있으므로 문제가 된다.

**'그린 워싱(Green Washing)'** 사례가 많은 비판을 받아왔다. 그린 워싱이란 기업이나 단체에서 실제로는 환경보호 효과가 없거나 환경에 악영향을 끼치는 제품을 생산하면서도 허위 과장광고나 선전, 홍보수단을 이용해 친환경적으로 포장하는 '위장환경주의'를 가리킨다. 기업이 의도했건, 실수이건 간에 이러한 지적을 받게 되면 사업과 브랜드에 심각한 손상을 입는다. 활동의 '진정성'을 의심받게 되는 것이다. 단지 환경문제 만이 아니다. 우수한 ESG 경영을 한다고 평가받은 기업이나 브랜드의 현장 접점에서 고객에게 그 진정성이 전달되지 않을 때 심각한 부작용이 생긴다.

결국 점수 따는 노력과 동시에 지속가능한 경영활동이 조직 전반에 체질화되어야 한다. 일상적인 경영활동을 통해 좋은 평가를 이끌어 내는 것과 더불어 중장기적으로 기업의 철학이 담긴 지속가능 경영문화가 체질화, 자본화되도록 만드는 양동작전(Two-track Approach)이 필요하다. 궁극적으로는 지속가능경영 역량을 기업과 브랜드의 문화자본(Cultural Capital)으로 내재화시키는 것이 긴 여정의 목표가 되어야 한다.

## 기업의 지속가능경영을 기업문화로 만드는 방안은?

기업이 지속가능경영을 문화자본으로 내재화하는 일은 어렵고도 긴 여정이다. 몇 명의 리더나, 관련조직만 참여하는 접근으로는 어림도 없다. "실무팀이나 전담팀을 구성해주고 한번 해봐"라는 식으로는 곤란하다. 하지만 이 도전을 전사의 최우선 과제로 삼고 CEO를 비롯한 모든 리더십 그룹이 솔선수범한다면, 이 일이 불가능한 것은 아니다. 한번 만들어진 문화자본은 기업의 가장 귀한 자본과 핵심경쟁력 역할을 한다. 경쟁사들이 쉽게 복제할 수 없기 때문이다. 리더가 일일이 지시하지 않아도 조직구성원들이 자사의 사명과 핵심 가치에 맞는 의사결정을 하게 된다. 따라서 계획한 가치를 창출하게 되고, 이 창출한 가치로 인해 소비자와 이해관계자들의 더 강한 지지를 얻어 선순환 구조를 만들 수 있게 된다. 그럼 리더십 그룹은 이러한 결과를 만들어 내기 위해 어떻게 해야 할까?

- **리더십 그룹의 선포와 방향제시, 솔선수범이 필요하다.**

  최고 경영진은 **지속가능성을 회사 전략의 핵심으로 통합하겠다는 강력한 약속**을 해야 한다. 긴 항해의 목적지가 어딘지 제시해야 한다. 기업의 사명과 비전, 핵심 가치가 담긴 지속가능경영 전략을 명확히 선포해야 한다. 이는 마치 교향악단의 지휘자가 음악적 비전과 방향을 제시하는 것과 유사하다. 이에는 전 조직원들과 이해관계자들이 동의할 수 있는 내용이 담겨야 함은 물론이다. 지속가능성을 별도의 추가 사항으로 취급하지 않고 모든 비즈니스 기능과 프로세스에 통합해야 한다. 이는 회사의 전반적인 전략적 목표와 일치하는 장기 지속가능성 목표를 설정함으로써 사업계획 및 의사결정의 일부로 지속가능성을 만들어야 한다. 핵심 리더십 그룹을 구성하여 지속가능성에 중점을 둔 문화로의 전환을 적극적으로 추진한다. 이 리더 그룹은 자신의 행동과 결정을 통해 솔선수범함으로써 맡은 역할에 있어서의 지속가능 전략 실행을 주도해야 한다.

- **전 조직의 참여를 독려하며, 성공 사례를 축하하고, 핵심지표를 명확히 한다.** 지속가능한 문화를 육성하기 위해 모든 직원의 참여가 필요하다. 지속가능경영을 왜 하지 않으면 안 되는지, 이것이 특정 역할에 어떻게 영향을 미치는지, 그리고 직원 각자가 어떻게 기여할 수 있는지에 대해 교육하고 훈련해야 한다. 교향악단이 다양한 악기와 파트의 조화로운 협력이 없으면 아름다운 연주를 할 수 없는 것과 같다. 참여를 이끌어 내기 위해서 다양한 행사, 워크숍, 세미나, 보고회 등을 활용할 수 있다. 이를 통해 참여와 포용의 조직문화를 구축해 낸다면 이 또한 큰 수확이 될 수 있다.

단순히 규정 준수를 위한 지표에서 벗어나, 지속가능성 이니셔티브가 환경, 사회, 기업 거버넌스 (ESG) 요소에 어떤 영향을 미치는지 측정하는 지표로 전환해야 한다. 이러한 지표는 지속가능성 노력이 회사의 수익성, 브랜드 명성 및 장기적 생존 가능성에 어떻게 기여하는지 명확히 해야 한다. 또한 지속가능경영 성과를 적기에 투명하게 공유해야 한다. 보고의 투명성은 외부 이해관계자와의 신뢰를 구축하고 시장에서 차별화 요소로 작용할 수 있다.

실행 초기에 성공 사례를 적극 발굴하여 인정하고 포상하는 것이 중요하다. 리더십이 장애요인을 제거해 주고, 성공 사례를 만드는 일을 적극 주도한다는 점을 널리 알려야 한다. 이번 기회에 그간 묻혀 있던 문제점이나 이슈를 드러내고 해결하는 보람을 느끼게 한다. 작은 성공 사례라도 축하하고 격려함으로써 주저하는 조직이나 구성원들이 경쟁적으로 참여하는 분위기로 이끌어 가야 한다.

- **지속적인 혁신이 일어나도록 기반을 정비한다.**

교향악단이 새로운 음악적 시도를 통해 관객에게 신선함을 제공하는 것처럼, 기업도 지속가능한 혁신을 통해 시장에서 새로운 가치를 만들 수 있어야 한다. 지속가능성을 추진하는 제품, 서비스 및 프로세스 혁신을 장려해야 한다. 이는 연구개발(R&D) 투자, 지속가능성 인큐베이터 또는 관련 기술에 전문성을 보유한 학계 및 스타트업과의 협업을 통해 촉진될 수 있다. 이처럼 조직 내 지속적인 혁신이 일어나게 하기 위해 필요한 것은 무엇일까? 가장 중요한 것은 혁신과 도전문화를 구축하는 것이다. 혁신적 사고를 장려하고, 실행 시 생기는 불가피한 실패에 대해 처벌하기 보다는 그로부터 교훈을 얻어 같은 실패가 반복되지 않도록 해야 한다.

지속가능성 성과와 연계된 인센티브를 보상 및 인정 프로그램에 통합해야 한다. 지속가능성 목표 달성 팀에 보너스를 제공하거나 지속가능성 개선을 이끌어낸 혁신적인 아이디어를 인정하는 조치가 따라야 한다. 이 활동을 탁월하게 수행하는 리더와 직원들을 포상하고 더 큰 역할을 부여해야 한다. 반대로 지속가능경영 활동 추진에 부정적이어서 장애요인이 되는 리더나 직원에 대해서는 명확한 피드백, 재교육, 전환배치, 역할조정 등 적절한 인사조치가 따라야 한다.

- **구축한 지속가능경영 문화자본은 잘 지키고, 발전시켜야 한다.**

  이제 지속가능경영 문화를 구축하는 것이 얼마나 힘들고 오래 걸리는 일인지 상상할 수 있을 것이다. 잘 구축된 조직문화를 지키는 것도 중요한 일이다. 조직문화를 구축하는 데 리더의 역할이 절대적이었던 만큼, 이를 지키고 발전시키는 것도 리더의 역할이다. 기업의 사명과 비전, 핵심 가치를 공유하는 리더가 바통을 이어받아야 한다. 그렇지 못한 경우 이 귀중한 문화 자본의 가치를 알아보지 못하고, 이를 허물어 버리는 판단을 할 수 있다. 세계적인 교향악단이 지휘자가 바뀌어도 그 명성을 유지하는 것은 그 악단의 전통을 계승하되 이를 발전시켜 나갈 수 있는 후임 지휘자를 잘 선택하기 때문이다. 전임자 흔적 지우기가 횡행했던 많은 조직에서 리더가 바뀔 때 마다 지켜야 할 귀한 문화자본이 흔들리고 허물어지는 일이 반복됐다. 힘들여 만든 조직문화도 짧은 순간 망가져 버릴 수 있다. 지속가능경영을 위해 필요한 새로운 역량이 있다면, 기존의 전략, 조직문화에 이를 더해야 할 일이다. 이 역할을 잘 할 수 있는 리더를 키우고 선택하는 것도 중요한 조직역량임을 잊지 말자.

# 행간의 조율
## Harmonizing Between the Lines

뉴욕에서 박사과정을 하던 시절, 나는 아마 수천 번도 넘게 같은 거리를 걸었을 것이다. 그때는 늘 바빴고, 주위를 둘러볼 여유 없이 앞만 보며 빠르게 걷거나 뛰어다니기 일쑤였다. 수업, 마감 기한, 리서치, 일, 행사, 모임… 이상하게도 다리 하나만 건너 뉴욕 시내로 들어가면 하늘을 올려다보거나 스쳐 지나가는 사람들의 얼굴을 살펴볼 여유조차 갖지 못했다.

몇 년이 지나 한국에서 한국식 회사 생활에 적응하며 꼬박 1년을 보낸 뒤, 다시 뉴욕을 방문하게 되었다. 같은 도시였지만, 무언가 많이 달라진 느낌이 들었다. 어쩌면 내가 달라졌는지도 몰랐다.

그때 한 거리 모퉁이에서 "Free Hugs"라고 적힌 낡은 종이 간판을 든 사람을 보게 되었다. 아마 과거에도 같은 간판을 수없이 지나쳤을 텐데, 이번에는 멈춰서 조용히 바라보다가 그 낯선 사람을 안아주었다. 아무 말 없이, 그저 조용한 온기만을 나누었고, 그 순간을 마음속 깊이 담아 발걸음을 돌렸다.

그 단순한 포옹은 말없이도 깊은 울림을 주었다. 그 어떤 지속가능성 워크숍이나 ESG 포럼, 정책 문서보다도 훨씬 더 나를 움직였다. 포용, 안전, 그리고 교류는 지속가능경영 보고서나 체크리스트에서 출발하는 것이 아니라, 사람과 사람 사이의 존재감에서부터 시작된다는 것을 다시금 깨달았다.

사실 그날 뉴욕을 찾은 목적은 오랜 박사과정 동안 나를 이끌어주신 지도교수님을 찾아뵙기 위함이었다. 박사과정 7년 내내 나를 “Ms. Lee”라고 부르시던 교수님께서, 박사 논문 디펜스를 마친 후 오피스 밖 벤치에서 커미티의 최종 결정을 기다리던 내게 문을 열고 나오시며 처음으로 “Dr. Lee”라고 불러주셨던 그 순간은 내게 잊을 수 없는 전환점이었다.

나는 오랜만에 찾아간 캠퍼스에서 은빛 머리카락과 온화한 미소로 나를 반겨주신 지도교수님께 한국의 직장 문화에 적응하는 것이 얼마나 힘들었는지를 고백했다. 갑작스럽게 돌아온 한국에서 회의 중 자유롭게 의견을 말할 수 없는 분위기는 늘 숨 막혔고, 뉴욕의 학문적 환경을 그리워하며 하루하루를 버티는 일이 반복되었다. 교수님은 언제나처럼 조용히 내 이야기를 끝까지 들어주셨다.

내가 말을 마치자 교수님은 미소 지으며 이렇게 말씀하셨다.

"지금도 넌 필드 리서치, 참여 관찰을 하고 있는 셈이야. 예전엔 인터뷰를 부탁하고, 사례비도 없이 힘들게 현장을 드나들었지. 그런데 지금은 비즈니스 환경에서 비슷한 사람들을 고객으로 마주하고 있잖아. 다른 점이 있다면, 이제 너는 관찰자에서 전략 제안자로, 결정의 동반자로 바뀌었다는 거야."

그 한마디에, 내 관점은 완전히 뒤바뀌었다. 그간의 좌절과 실망은 눈 녹듯 사라졌고, 내가 스스로에게 들려주던 내러티브가 바뀌었다.

그것이 바로 멘토링의 힘이었다. 리더십의 힘이었다. 음악의 힘이었다. 단 하나의 작은 음표, 한 사람의 조용한 울림이 당신의 인생 전체 리듬을 다시 쓰게 만드는 순간이었다. 나는 그때 이후로 더욱 깊이 체감했다. 지속가능성은 체크리스트에서 시작되는 개념이 아니었다. 그것은 작은 한마디, 하나의 제스처였다. 그것은 누군가가 멈춰서 귀 기울여 주는 태도였다. 그것은 우리가 '보이고, 들리고, 인간으로 느껴질 때' 일어나는 변화였다. 그리고 음악처럼, 지속가능성은 언제 어디서든—심지어 행간에서조차 시작될 수 있는 것이었다.

제1막

# 지속가능한 교향곡 만들기

## Building the Sustainable Symphony

제1장

# 화음 찾기

## 사명, 비전, 핵심 가치와 연계

## Finding Our Harmony

Aligning with Mission, Vision, and Core Values

1-1-1

# 무대 설정하기

## 성공한 지속가능한 미래 재정의

## Setting the Stage

Redefining Success for a Sustainable Future

# 행복을 경영하는 언어

## SUPEX와 지속가능한 조직문화

*- **SK Inc** 리더십 인터뷰 중 -*

*“SK의 지속가능경영 철학은 창업자인 최종현 회장님으로부터 시작됐습니다. 시카고대 경제학파 영향으로 시장의 보이지 않는 손(invisible hand), 즉 시장에 맡겨야 한다고 믿으셨습니다. 그 중에서도 인간은 논리보다는 무의식, 즉, 보이지 않는 손—invisible hand—에 의해 움직이며, 기업도 사람을 믿고 동기부여할 수 있는 환경을 만들어야 한다는 신념이 경영철학의 출발점이었습니다. 리더는 능력을 충분히 발휘할 수 있는 환경을 제공하는 것이 회사의 지속적인 발전을 가능하게 한다고 강조하셨*

습니다. 그래서 SK는 다른 기업처럼 관리(management)에 집중하기보다는, '동기를 주는 환경'을 어떻게 설계할 것인가에 훨씬 더 무게를 둡니다. 기업은 어떻게 구성원들이 잠재력과 창의성을 마음껏 펼칠 수 있도록 도울 것인가, 그 구조를 만드는 일이라고 생각합니다.

SKMS는 그 철학을 조직문화 안에 내재화하기 위한 하나의 정교한 시스템입니다. 단순한 경영 지침서나 책자가 아니라, 구성원이 스스로 생각하고 말할 수 있게 만드는 공유된 언어, 일종의 shared vocabulary 이죠. SUPEX(Super Excellent Level), VWBE(Voluntary and Willing Brain Engagement), 행복경영 같은 키워드들은 단지 슬로건이 아니라, 실제로 경영 판단과 의사결정의 기준이 됩니다. 최태원 회장님은 core value를 계속 끌고 가는 것을 강조하시면서 회의 중에도 '저건 SUPEX가 아닌 것 같다', '구성원의 행복이 빠진 것 같다' 같은 말씀을 자주 하십니다.

이 shared vocabulary를 구체화하고 조직 내에 리마인드 시키는 것은 리더의 중요한 역할입니다. 모든 SK MS팀은 교육을 통해 주기적으로 리마인드 및 리뷰하고, CEO's annual meeting session이나 small group 3일 세션에서 '철학을 어떻게 현실화할 것인가', 'SUPEX는 숫자로 어떻게 측정할 수 있는가'를 토론합니다. ESG 역시 중요한 주제입니다. 예를 들어, 자폐 장애인을 고용하는 것이 어떤 사회적 가치를 가지는지 단지 숫자로 평가하지 않고, SUPEX와 VWBE 관점에서 얼마나 의미 있는 실천인지를 다각도로 바라보는 것이죠."

'Corporate spirituality', 즉, 영적으로 더 성숙해지는 'third eye'가 바로 sustainability가 아닐까 생각합니다. 기업 윤리는 실천적인 것이며, 기업인이 양심의 소리를 듣고 양심대로 행동하는 것에서 출발합니다. 예를들면, 고객을 속이지 않고, 환경오염을 유발하지 않으며, 법인카드를 개

*인 용도로 사용하지 않는 것—매우 간단한 것들이지만, 그것이 기업 윤리의 본질입니다.”*

SK그룹의 사례는 지속가능경영이 단지 ESG의 기술적 프레임이 아니라, ‘사람을 믿는 철학’과 ‘존재 이유에 대한 질문’에서 출발함을 보여준다. 시카고 경제학파에 기반한 창업자의 경영철학—“인간은 무의식에 의해 움직이고, 시장은 보이지 않는 손(invisible hand)이 이끈다”는 믿음—은 경영에서 중요한 것은 ‘관리’가 아니라 ‘동기를 주는 환경 설계’라는 근본적인 접근으로 이어진다.

그 중심에는 SKMS가 있다. 이는 단순한 매뉴얼이 아니라, 철학을 현실로 바꾸는 조직문화의 설계도이며, ‘SUPEX’, ‘VWBE’, ‘행복경영’ 등의 shared vocabulary는 실제 의사결정 기준으로 내면화되어 있다. 최태원 회장은 이 shared vocabulary를 직접 구사하며 구성원들과의 신뢰 기반을 다지고 있으며, 모든 리더는 ‘철학의 연주자’로서 조직 내에 이를 구체화하고 리마인드하는 역할을 맡고 있다.

특히 SUPEX의 실천은 수치 이상의 의식 성장과 연결될 때 진정한 지속가능성이 가능하다는 점을 시사한다. 자폐 장애인 고용 등 ESG 실천을 단지 숫자나 평가 지표가 아니라 ‘사람과 철학’의 관점에서 해석하며, ‘기업 영성(corporate spirituality)’이라는 개념을 통해 내면적 성숙까지 강조한다. 기업 윤리는 ‘고객을 속이지 않고, 환경을 오염시키지 않으며, 법인카드를 사적으로 쓰지 않는 것’처럼 단순하고 실천적인 것에서 출발한다는 SK그룹의 철학은, 물질적 성장을 넘어 지속가능한 ‘의미와 행복’의 경영이 어떻게 가능할지를 깊이 있게 보여준다.

기업은 자본주의 경제하에서 가치를 창출하는 핵심주체이며 지속가능경영의 주체이다. 지속가능성을 요구하는 기본전제는 기업이나 기관이 없어지면 안 되는 존재의 이유를 가지고 있고, 이것을 사람들이 가치 있고 바람직하게 생각한다는 데에 있다. 이제 지속가능경영이 무엇인지부터 알아보자.

## Q. 사업이란 무엇인가?

사업의 주체가 기업이니 사업이 무엇이며, 사업의 목적은 무엇인지부터 생각해보자. 사전[18]에는 사업을 '어떤 일을 일정한 목적과 계획을 가지고 짜임새 있게 지속적으로 경영함 또는 그 일'이라고 정의하고 있다. 같은 의미의 영어단어 business도 '돈을 받고 상품이나 서비스를 제작, 구매, 판매 또는 공급하는 활동(the activity of making, buying, selling or supplying goods or services for money)'으로 정의[19] 되어 있다. 사업은 일정한 목적과 계획을 가진다고 한다. 그 목적이 무엇인지 알아보자.

사업의 목적에 따라 사업에 대한 정의와 목표, 그리고 성공의 판단 기준도 달라질 수 있다. 다음의 예를 살펴보자. 어떤 사람은 '돈을 벌기 위해' 사업을 한다. 이 목적을 가진 사람은 '어떻게 하면 돈을 벌 수 있을까' 항상 고민한다. 자신이 정한 일정 수준의 이익을 내거나 투자유

18 표준국어대사전

19 Oxford Learner's Dictionaries

치가 되면 사업 목적을 달성한 셈이 된다. 이러한 상황이 되면 사업의 지속여부에 상관없이 사업을 처분하고 원하는 이익을 실현하면 그만이다. 과연 이러한 경우를 사업이라 할 수 있을까? 이에는 '장사'라는 말이 더 어울린다.

다음 경우는 '하고 싶은 일을 마음껏 하기 위해서' 하는 사업이다. 이 동기 하에서는 '어떻게 하면 하고 싶은 것을 하면서 돈을 벌 수 있을까' 고민한다. 시장이나 고객의 관점보다는 같은 취향을 가진 이들이 모이게 되고, 각자의 판단에 따라 구성원이 자주 들락거리게 된다. 조직은 느슨하게 관리되고, 생산성도 낮다. 당연히 이 조직은 지속가능성이 떨어지게 된다. 이 경우는 사업이 아니라 '취미나 동호회'라는 이름이 더 어울린다.

'사회적 지위와 영향력을 확대하기 위해' 사업을 하는 경우도 있다. 이 조직은 '어떻게 하면 나의 영향력을 더 키울 수 있을까' 고민한다. 정치적 견해를 같이하고 권력획득을 목적으로 모인 '정당이나 이익단체'가 이에 해당한다. 이들은 영향력과 사적이익 확대를 위해 조직을 구성하고 운영하며, 이해득실에 따라 신설이나 분리, 통합, 폐쇄도 서슴지 않는다.

'세상이 필요로 하는 무엇을 제공하기 위해' 사업을 하기도 한다. 이 경우 조직의 사명과 목적을 명확히 하고, 이를 지속적으로 추구하는 것을 목표로 삼는다. 이들에게 성공의 의미는 단편적인 이벤트의 실현이 아니라 '지속가능경영을 통해 사업 목적을 꾸준히 달성해 가는 것'이다. 세상이 필요로 하는 그 무엇이 완전히 해소되기 전에는 이 사업은 계속 존속되어야 한다. 바로 이것을 '사업'이라 해야 할 것이다.[20]

『성공한 기업의 여덟 가지 습관(Built to Last)』의 저자 짐 콜린스(Jim Collins)는 다음과 같은 질문을 던졌다. '내가 여러분의 사업을 인수하고 싶다. 여러분이 원하는 가격을 지불할 것이며, 유일한 전제는 인수 후 그 사업을 폐쇄하는 조건이다.' 이러한 제안 앞에서 여러분은 어떤 선택을 할 것인가? '장사', '취미나 동호회', '정당이나 이익단체'의 경우라면 주저 없이 이 제안을 받아들일 수 있을 것이다. 그러나, 진정 이 세상이 필요로 하는 무엇을 위해 사업을 하는 경우라면 이 제안을 받아들이기 어려울 것이다. 폐쇄하는 조건이 붙어 있기 때문이다. 사업 매각도 나보다 더 유능하게 경영하여 사업 목적을 더 잘 달성할 수 있는 원매자라고 판단될 때 할 수 있다. 결국 세상이 필요로 하는 무엇을 잘 정의했다면 그것을 해결하는 사업은 지속가능해야 하며, 그러한 존재의 의미가 있을 때 비로소 사업이라 부를 수 있을 것이다.

결국 **사업이란 '세상이 필요로 하는 무엇을 꾸준히 제공할 수 있도록 목적과 차별화된 계획을 수립하고 실행하여 지속가능하도록 성과를 내는 활동'**이라고 정의할 수 있겠다.

---

20 사업의 목적에 관한 내용은 '착한경영연구소' 김용진 대표의 강연 내용에서 인용

## Q. 사업의 목적 달성을 위해 필요한 요소는 무엇인가?

현대 경영학의 창시자로 불리는 피터 드러커(Peter Drucker) 박사는 사업의 목적을 '고객을 창출하고 유지하는 데 있다'고 했다.[21] 고객을 창출하려면 어떻게 해야 하나? 고객은 가격을 지불하고 원하는 상품이나 서비스를 구매한다. 지불한 가격보다 가치가 충분히 커야만 구매하고, 반복 구매를 하려면 첫 구매에 대한 만족도가 높아야 한다. 결국 고객을 위해 가치 창출을 지속적으로 할 수 있는지 여부가 관건이다.

드러커 박사는 고객 창출을 위해 사업에는 두 가지 기능이 있어야 한다고 했다. 바로 '마케팅'과 '혁신'이다. '마케팅'은 '고객 창출에 기여하는 모든 활동' 이라고 정의했다. 이에는 우리가 좁게 정의하는 마케팅인 제품기획, 프로모션, 가격책정, 유통에 더하여 영업과 고객 서비스도 포함된다. 다음으로 끊임없는 '혁신'이 필요하다고 했다. 기존에 사업을 해왔던 방법도 경쟁력이 있어야 되지만, 시장과 고객요구 사항, 기술, 경쟁이 달라지는 속에서 경쟁력을 이어 가기 위해 끊임없이 혁신해야 한다고 했다. 드러커 박사는 이것을 지식사회에서 지식근로자들의 역할이라 했고, 이를 '지식혁명'이라 명명했다.

드러커 박사는 마케팅과 혁신 이외의 활동은 기업의 목적달성에 기여하지 못하며 비효율을 증대시키는 낭비요인으로 보았다. 따라서 낭비요인을 줄이는 생산성 향상의 중요성도 강조했다. 이것은 주어진 최선의 상황 내에서의 목표 달성 과정으로 드러커는 이를 기계에 의한

21 『The Practice of Management』 Peter Drucker, 1954

산업혁명과 구분하여 '생산성 혁명'이라 명명했다. 생산성 혁명은 생산 방식의 최적화, 분배효율의 최적화, 비용의 최소화로 달성된다. 결국 드러커 박사는 '고객창출'이라는 기업의 목적 달성을 위해서는 '마케팅'과 '혁신', '생산성 향상'의 세 가지 활동이 필요하다고 정리하였다.

사업 목적 달성을 위해 필요한 것은 그 조직이 '무엇(what)'을 '어떻게(how)'해야 하는지를 명확히 제시하고 공유하는 것이다. '무엇(what)'과 관련하여 나아갈 '방향(direction)'과 '목적지(target)', 그리고 그 과정에 지켜야 할 '원칙과 기준(core value)'을 명확히 해야 한다. 북극성과 같이 사업의 방향을 제시하는 것이 '**사명(mission)**'이다. 이는 기업의 '존재의 이유'을 정리한 것이며, 지속적으로 나아갈 방향을 제시한다. '**비전(vision)**'은 기업이 도달하고자 하는 미래 모습, 목적지를 말한다. 화살을 쏘아야 할 과녁이라고 볼 수 있다. '**핵심 가치(core value)**'는 옳다고 믿고 실천하는 신념이다. 목적지를 가는 과정에 꼭 지키고자 하는 가치와 판단기준을 말한다. '사명', '비전', '핵심 가치' 이 세 가지는 고객창출을 위해 무엇을 해야 하는지, 즉, 어떠한 가치를 창출하고, 그를 통해 미래 어떠한 모습이 되고자 하는지, 그리고 그 일을 행함에 있어 꼭 지킬 가치를 정리한 것으로 사업 목적 달성을 위해 해야 할 일을 정의한다. 즉, 드러커 박사가 제시한 '고객창출'이라는 사업 목적 달성을 위해 전체조직이 같은 가치관을 가지고 일사불란하게 움직이게 하기 위해 기업의 사명, 비전, 핵심 가치를 정의하고 실천하도록 리더십을 발휘해야 하는데 이를 '**가치관 경영**'이라고 한다.

'어떻게(how)'와 관련된 내용을 정리하는 것이 전략수립 작업이다. 전략은 기업이 사명과 비전달성을 위한 기본적인 방법론이다. 즉, 어떻게 사업을 지속가능한 방법으로, 원하는 목적지에 도달할 것인가를 제시해야 한다. 전략이 필요한 이유는 그 실행을 통해 지속가능한 형태로 성과를 내고, 바라는 목적지에 도착하기 위해서다. 설정한 전략목표 달성을 통해 비전과 사명에 착실히 다가가는 데 의미가 있다. 따라서 전략 수립 시에는 다음과 같은 기본원리를 따르는 것이 필요하다. 우선 전략은 **사명과 비전으로부터 도출해야** 한다. 방향성과 목적지가 조율되지 않은 전략은 혼란을 초래하며, 결국 바라지 않는 곳으로 기업과 조직을 안내하게 된다. 다음으로 전략은 **지속가능경영이 가능한 사업 모델을 가지고 있어야** 한다. 단기적, 일시적 성과에 그치지 않고 꾸준히 사업의 사명과 비전달성에 필요한 성과를 낼 수 있어야 한다. 목표 고객을 정확히 설정하고 그 고객들이 바라고 인정하는 가치를 경쟁력 있게 주는 방법을 명확히 해야 한다. 내 상품과 서비스가 지속적으로 선택받을 수 있어야 한다. 또한 전략은 **심각한 환경 변화가 있을 경우 이를 반영하여 수정되어야** 한다. 고객의 요구사항, 경쟁상황, 시장과 규제상황, 기술변화를 세심히 살펴야 하는 이유가 여기에 있다. 마지막으로 **자사 역량으로 실행가능 하여야** 한다. 최고의 전문가로부터 많은 돈을 지불하고 받은 두툼한 전략 보고서도, 세계 최고 기업들의 전략을 종합한 것도 우리회사의 전략이 될 수 없다. 우리의 역량으로 도전할 수 있고, 원하는 성과를 낼 수 있는 전략만이 우리회사의 전략으로 의미가 있다. 드러커 박사는 사업 목적 달성을 위한 핵심활동으로 마케팅, 혁신, 생산성 향상을 제시한 바 있다. 이에 대한 방법론을 담아야 하는 곳이 전략이다. 이처럼 지속가능경영이 가능하도록 목적지에 도달하는 방법과 각 조직의 역할을 명확히 제시하는 경영활동을 '**전략경영**'이라 부른다.

## Q. 지속가능경영을 위한 '필요, 충분조건'은?

세상이 필요로 하는 무엇을 위해 조직의 사명과 목적을 지속적으로 추구하는 데 사업의 목적이 있음을 살펴보았다. 그러면 지속가능경영을 위한 '필요조건'은 무엇일까?

**그림 1. 지속가능경영의 필요조건**

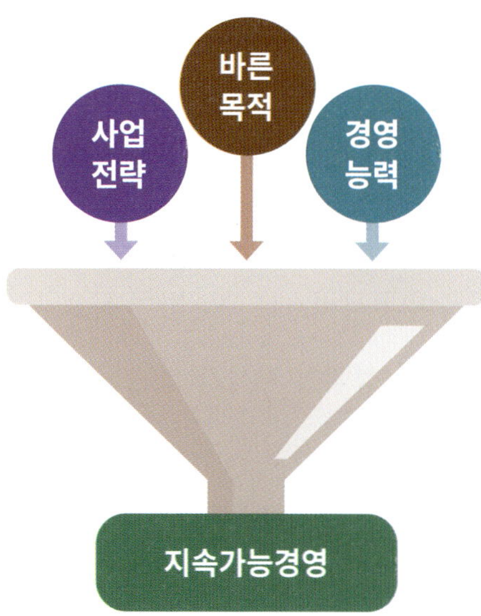

우선 '**바른 목적**'이 제시되어야 한다. 세상이 필요한 그 무엇이 합법적이고 윤리적으로 올바른 것이어야 한다. 세상이 필요로 하는 것에는 이용자에 해를 입히고 세상을 병들게 하는 것들도 있기 때문이다. 신체가 건강한 사람이라도 이웃과 사회를 해치면 범죄자가 되고, 육체적인 장애가 있더라도 이를 극복하고 사회의 모범이 되는 활동을 하면 존경받는 사람이 된다. 사업도 마찬가지다. '바른 목적'을 가지고 고객과 시장이 필요로 하는 건강한 해결책을 줄 수 있어야 꾸준한 호응을 얻을 수 있고, 성장과 존속도 할 수 있다. 목적이 바르지 않거나 제공하는 상품이나 서비스가 건강하지 않으면 반짝 히트를 칠 수 있을지는 몰라도 꾸준히 성장, 발전할 수 없게 된다. 특히 인터넷과 SNS를 통한 정보공유가 활발한 지금의 시장환경에서 바른 목적과 그 실천, 그리고 고객요구에 대한 대응이 긍정적 평가를 받지 못하면 더욱 존속하기 어렵다.

두 번째로 경쟁에서 이길 수 있는 '**사업 모델과 전략**'이 필요하다. 자유시장경제 하에서는 항상 경쟁이 있고 새로운 경쟁자가 진입한다. 이들과의 경쟁에서 이기려면 고객이 원하는 것을 정확히 읽어내고, 이를 가성비 있는 상품이나 서비스로 구현하여 목표 고객의 선택을 받을 수 있어야 한다. 고객의 선택이 자사가 아닌 경쟁사로 쏠린다면 자사 제안의 매력도가 떨어지는 증거이고, 이를 반전시킬 사업 모델이나 전략의 수정이 따르지 않으면 사업을 지속적으로 영위할 수 없다.

마지막으로 지속가능 여부를 결정하는 것은 '**경영 능력**'이다. 피터 드러커 박사는 1954년 '경영의 실제'에서 이렇게 단언했다. 기업의 미래를 결정하는 것은 기술이나 자본이 아닌 사람이라는 것이다. 모든 게 불확실한 환경에서 기업의 생존을 담보하는 것은 결국 제대로 된 경영자밖에 없으며, 기업이 보유한 지식근로자와 그들의 생산성이 기업의 가장 중요한 경쟁우위(competitive advantage)라는 것이다. 바른 목적과 올바른 사업 모델을 가졌더라도 이를 성과로 연결하는 것은 경영능력이다. 스포츠 팀의 감독이 바뀜으로 인해 경기력에 큰 변화가 생기듯이, 그리고 오케스트라의 지휘자에 따라 다른 연주가 나오듯이 경영자의 능력이 사업 성과의 큰 차이를 만든다. 나아가 탁월한 경영자라면 기존의 사업 목적과 사업 모델 조차도 수정, 업그레이드하여 더 좋은 성과를 이끌어 내게 된다. "한 기업의 생존과 번영은 결국 내일의 경영자 손에 달려 있다." 요약하면 **'바른 목적'**, 경쟁력 있는 **'사업 전략'**, 사업을 올바르게 경영할 수 있는 **'경영 능력'** 이 세 가지가 **지속가능경영을 위한 '필요조건'**이라 볼 수 있다.

지속가능경영을 위한 '충분조건'을 간결하면서도 명쾌하게 설명하는 것이 **'생존부등식'**이다. 생존부등식은 한국경영학계에서 구루로 존경받는 윤석철 교수가 2012년 그의 저서 '경영학의 진리체계'에서 제시한 경영이론이자 경영철학이다. 이 이론은 생존경쟁에 노출된 기업이 단지 '이윤극대화'의 목적만을 추구할 경우 많은 사회적 부조리를 양산하게 되며, 이를 해결하기 위해서는 '주고받음의 관계'가 담긴 '생존부등식'의 실천이 필요하다는 내용이다. '너 죽고 나 살기' 식의 약육

강식이 지배하는 자연생태계 속에서 '주고받음'의 관계를 통해 지구상에서 가장 번성한 종이 된 곤충과 포유류의 사례(예: 벌과 다람쥐)에서 착안하여 '생존부등식'이라는 주고받음 모형을 정리해 냈다.

우선, 시장에서 제품 혹은 서비스의 주고받음이 가능해지는 조건은 무엇일까? 소비자는 제품 혹은 서비스로부터 느끼는 가치(value)가 지불할 가격(price) 보다 커야만 구매한다. 이를 다음과 같이 표현할 수 있다.

- **제품의 가치(V) > 제품의 가격(P)** 또는 **제품의 가치(V) - 제품의 가격(P) > 0**

[V-P]는 '소비자의 순 혜택'이며, 그 값이 크면 클수록 소비자가 느끼는 가치가 크고 구매만족도도 높아진다. [V-P]를 기업관점에서 바라보면 시장에서 해당제품의 경쟁력이라고도 볼 수 있다.

한편 제품의 공급자인 기업 입장에서는 단위제품당 받는 가격(price)이 공급에 소요된 비용(cost)보다 커야만 생존할 수 있다. 전략상 단기적으로 손해를 보면서 제품을 팔 수도 있겠지만, 장기적으로는 가격이 비용보다 커야 한다. 이를 수식으로 표현하면 다음과 같다.

- **제품의 가격(P) > 제품의 비용(C)** 또는 **제품의 가격(P) - 제품의 비용(C) > 0**

[P-C]는 '생산자의 순 혜택'이자 이윤이며, 기업은 건강한 이윤을 내야만 생존하고 지속가능한 경영을 할 수 있다. 기업은 특정제품을 고객에게 주고 그에 대한 값을 받는 것이 아니라, 고객이 느끼는 가치에서 그가 지불한 가격을 뺀 [V-P]를 고객에게 주고 [P-C]를 받는 '주고받음의

관계'를 만든다. 이 두 개의 부등식을 하나로 정리하면 다음과 같다.

- **제품의 가치(V) > 제품의 가격(P) > 제품의 비용(C)**

소비자는 [V-P]를 얻고, 생산자는 [P-C]를 얻어 상생이 가능해진다. '너 죽고 나 살기'식의 약탈적 관계가 아니라, '너 살고 나 살기'식의 삶이 가능해지는 것이다. 이를 '생존부등식'이라 한다. 이 부등식을 만족하는 한 기업의 수명은 영원할 수 있을 뿐만 아니라 정당하게 주고받음을 실천하는 기업은 사회적으로도 존경받는 기업이 될 수 있다.

한편 '생존부등식'은 피터 드러커 박사가 주장한 사업의 목적과 그를 위한 핵심활동과도 유기적으로 연결되어 있다. [V-P]를 키우는 활동은 드러커 박사가 강조한 '마케팅 활동'이며, [P-C]를 건강히 유지하는 활동이 '생산성 향상 활동'이다. '마케팅 활동'과 '생산성 향상 활동'을 더 잘 하는 방법을 찾고 개선하여 [V-C]를 극대화하는 노력이 '혁신활동'이다. 결국 이들 활동이 효과적으로 진행되어야 '지속적 고객창출'이 가능해진다. 생존부등식에서 건강하게 그 부등식의 방향이 유지되어야 지속가능한 경영이 가능하다는 것과 일맥상통한다.

그런데 가격(P)를 어떤 수준에서 결정할지를 정하는 문제는 쉽지 않다. 소비자 순 혜택과 생산자 순 혜택이 갈등관계에 있기 때문이다. 기업이 창출한 총 혜택(V-C)이 정해진 상황에서 가격(P)을 어느 수준에서 정하는지에 따라 소비자와 생산자의 순 혜택 크기가 달라진다. 그 결과가 사업의 성장과 지속가능성에도 영향을 미친다. 기업은 생산자 순 혜택을 크게 하여 이윤을 극대화하려는 유혹에 직면한다. 그렇게 하기 위해 가격을 높게 설정하여 [P-C]를 크게 하게 되고, 그에 따라 [V-P]는 감소되어 소비자 순 혜택이 줄어든다. 이렇게 되면 소비자의 구매동기가 낮아져 판매량이 감소하고, 그로 인해 생산가동률도 낮아진다. 낮아진 가동률로 인해 제품 단위당 간접비가 높아지면 결국 [P-C]가 작아져 생산자 순 혜택이 줄어들고, 총 혜택 [V-C]도 축소된다. '내가 먼저 받고 주겠다'는 사고는 전체 파이 크기를 계속 줄이는 결과를 낳고, 이로 인해 소비자와 생산자 모두를 패자로 만든다. '내가 먼저 베풀고 받겠다'는 생각을 하면 어떻게 될까? P를 낮춰 소비자 순 혜택 [V-P]을 키우면 구매동기를 유발하여 판매량이 늘어난다. 이로 인해 생산성이 높아지고 C가 낮아져 생산자 순 혜택 [P-C]가 커지고, 총 혜택 [V-C]도 증가한다. 결국 '먼저 베풀고 나중 받겠다'는 사고는 소비자 순 혜택과 생산자 순 혜택, 나아가 총 혜택 모두를 증가시키는 '승-승'의 결과를 낳는다.

요약하면, 생존부등식을 통해서도 기업은 '이윤추구' 보다는 '고객창출'을 목표로 해야 지속가능경영을 할 수 있음을 알 수 있다. '먼저 베풀고 나중 받겠다'는 원리를 실천함으로써 소비자와 생산자, 시장 전체혜택(부가가치)을 키우는 '승-승'의 경영을 할 수 있다. 늘어난 생산자 순 혜택을 활용하여 가격을 내리거나 개선된 제품을 개발하여 제공함으로써 소비자 순 혜택을 더욱 키우는 선 순환을 만들 수 있다. 결국 생존부등식을 충족하는 것이 지속가능경영의 충분조건이다.

## Q. 사명(Mission), 비전(Vision), 핵심 가치(Core Value)가 지속가능경영에 있어 중요한 이유는 무엇인가?

사업이란 '세상이 필요로 하는 무엇을 꾸준히 제공할 수 있도록 목적과 차별화된 계획을 수립하고 실행하여 지속가능하도록 성과를 내는 활동'이라고 정의한 바 있다. 사업에서 성공의 의미는 기술의 확보나 사업 모델의 런칭, 대규모 이익의 실현, 대규모 투자유치 등 다양할 수 있다. 하지만, 앞서 정의한 사업의 성공은 '지속가능경영을 통해 사업 목적을 꾸준히 달성해 가는 것'이 되어야 할 것이다. 나보다 더 유능하게 경영하여 사업 목적을 더 잘 달성할 수 있는 인수자가 나타난다면 사업 매각도 가능하다. 세상이 필요로 하는 그 무엇이 완전히 해소되기 전에는 이 사업은 존속되어야 한다. 이를 위해서는 조직의 사명과 목적이 명확히 정의되어야 하고, 이를 모든 조직원들이 일상에서 꾸준히 실천하는 것이 필요하다.

사업을 하는 주체가 기업이라고 할 때 좋은 기업과 그렇지 못한 기업 구분을 구분하는 기준은 무엇이 되어야 할까? 매출/자산 규모, 종업원 수, 시가총액, 보유현금, 매출액, 순이익, 특허 수, 브랜드 파워 등 흔히 기업평가 시 활용하는 다양한 기준이 있다. 하지만 이러한 지표로 좋은 기업을 가려낼 수 있을까? 이 질문에 대한 답을 유추하기 위해 다음을 생각해 보자. "좋은 사람과 그렇지 못한 사람을 구분하는 기준은 무엇일까?" 큰 키에 균형 잡힌 신체와 잘생긴 외모, 명석한 두

뇌를 우리는 모두 가지고 싶어 한다. 하지만 이런 조건을 갖춘 사람이라도 이웃과 사회를 해치면 범죄자가 되고 만다. 반대로 육체적, 지적 장애가 있더라도 이를 극복하고 사회의 모범이 되는 행동을 하면 존경받는 사람이 된다. 올바른 삶의 목적과 목표, 가치관을 가지고 있는지, 그리고 그 목표 달성을 위한 역량을 갖추고 끊임없이 도전하고 실천하는지 등을 봐야 좋은 사람인지를 판단할 수 있다.

기업도 마찬가지다. 크기와 화려한 위상 보다는 "올바른 사명과 목표, 핵심 가치를 가지고 있는지, 그리고 목표 달성을 위한 조직역량을 갖추고 있는지, 그리고 이를 활용하여 꾸준히 성과를 내고 있는지"를 봐야 한다. 고객과 시장이 필요로 하는 건강한 해결책을 주고 있는지, 그리고 모든 조직 구성원이 진정성을 가지고 고객에게 한 약속을 실천하고 있는지에 주목해야 한다. 고객과 시장은 이런 진정성을 확인한 후 비로소 기업의 찐팬이 되어 기업과 브랜드를 좋아하고 옹호하게 된다. 예시한 매출/자산 규모, 종업원 수, 매출액, 순이익, 시가총액, 보유현금, 특허 수, 브랜드 파워 등 다양한 기준은 좋은 회사를 판단하는 부분적이고 단편적 지표이다. 앞에서 지속가능경영의 필요조건을 살펴보았다. 그 중 첫째가 '바른 목적'이었다. 기업의 사명과 비전, 핵심 가치가 바른 목적을 판단하는 기준이다. 물론 액자 속에 걸려 있는 장식용 목적이 되어서는 곤란하다.

## Q. 사명, 비전, 핵심 가치는 어떻게 만들어야 하나?

### 1. 사명(Mission) 만들기

기업의 사명은 기업이 "존재해야 하는 이유"이다. 세상이 필요로 하는 무언가를 지속적으로 제공하는 것이 기업의 목적이라고 정의한 바 있다. 세상의 필요가 이어지는 한 기업이 해야 할 역할이 있고, 기업은 존재해야 한다. 기업이 세상에 올바른 가치를 제공하고 있다면, 그로 인해 세상은 개선되고 편리해져 갈 것이다.

기업의 사명을 만들기 위해서는 다음과 같은 질문에 대한 정제된 답을 찾아야 한다. 이 작업은 상당한 시간과 노력이 필요하고 리더들의 주도가 필요하다. 오늘 우리 회사와 사업이 왜 존재해야 하는지를 명확히 하고, 미래에 대한 야망(ambition)도 담아야 한다. 사내 임직원뿐만 아니라 고객과 다양한 이해관계자와의 인터뷰도 필요하다. 이렇게 만들어지는 사명은 앞으로 기업이 하는 모든 의사결정과 행동의 중심에 있어야 한다.

- 우리 회사의 사명은 기업의 존재 이유를 명확히 하고 있나?
- 우리의 사업은 무엇이고, 또 무엇이어야 하는가?
- 우리가 목표로 하는 고객과 시장은 무엇이고, 사업을 통해 세상에 제공하는 가치는 무엇인가?
- 우리 사명의 실천을 통해 세상은 어떻게 달라지고 개선되는가? 우리 회사가 없어진다면 무엇을 잃게 되는가?

- 50년, 100년 후에도 조직원들에게 동기부여 해 줄 우리 회사의 존재 이유는?

변함없이 기업의 '길잡이 별' 역할을 해야 할 사명이기에 단기적인 상황과 과제에 좌지우지되어서는 곤란하다. 현 경영진의 경영 스타일이나 단기적 의지에 구애받지 말아야 한다. 새로 경영진이 바뀐다고 해서 기업의 사명이 수시로 바뀌어서는 곤란하다. 오히려 기업의 사명을 잘 수행 발전시킬 수 있는 사람을 경영진으로 세워야 한다. 당연히 사명이 기업의 특정 시점 사업 전략이나 과제와 혼동되어서도 안 된다. 그렇기 때문에 사명에 담길 키워드가 있다면, "왜 이것이 중요한가?"라는 질문을 반복적으로 던져야 한다. 이 과정을 통해 상황의 변화나 리더십의 변화에도 불구하고 기업이 꾸준히 추진해야 할 근본가치가 맞는지 확인하고 정제해 나가야 한다. 다음과 같은 사례를 통해 가치를 어떤 수준으로 정의하는 것이 좋은지 유추해 볼 수 있다.

유사한 일을 하고 있는 두 사람에게 같은 질문을 던졌다. "당신은 무엇을 하는 사람인가요?"

첫 번째 그룹은 헤어 드레서였다. 한 사람은 "저는 고객의 머리를 자르고 손질해 주는 사람입니다"라고 대답했다. 두 번째 사람은 "저는 고객의 라이프스타일을 디자인하는 사람입니다"라고 답했다. 두 번째 그룹은 타이어 판매상이었다. 한 사람은 "저는 타이어를 판매, 교환하는 일을 합니다"고 답했다. 두 번째 사람은 "저는 이동하는 고객의 안전을 책임지는 일을 합니다"고 답했다.

첫 번째 사람과 두 번째 사람 대답의 차이는 무엇인가? 분명 비슷한 일을 하는 두 사람인데 답변에서 드러난 **일의 가치**에서 차이가 있다. 그 차이가 **사명감의 차이**로 이어질 수 있다. 같은 일을 하더라도 어떤 사명감을 가지는지에 따라 일의 범위와 깊이, 품질, 고객에 대한 태도가 달라진다. 고객의 라이프스타일을 디자인하는 헤어 드레서는 고객의 성향과 스타일을 파악하고, 그에 맞는 헤어 디자인을 제안할 것이다. 나아가 고객의 화장, 의상까지도 관심의 영역이 된다. 고객의 안전을 책임지겠다는 타이어 판매상은 최적의 타이어를 권하고 장착하는 기본업무에 더하여, 타이어 장착 시 확인할 수 있는 차량상태도 체크하여 고객에게 알릴 것이다.

사례를 통해 기본적인 역할을 넘어 고객에게 제공할 더 근본적이고 본질적인 가치를 사명으로 설정하는 의미를 이해할 수 있다. 남은 과제는 "나의 사업 목적에 걸맞은 가치 키워드를 어떻게 찾고 정제해 내는가"이다. 아래에는 UBS가 사명을 만들고 실행한 사례[22]를 인사담당 임원인 마티아스 샤케(Matthias Schacke)와 브랜드 전략담당 임원 하스미타 미스트리(Hasmita Mistry)가 설명하고 있다. UBS 사례를 통해 사명을 정리하는 일이 진지하고 치밀하게 준비하고 실행해야 할 기업경영의 중심을 세우는 중요한 작업임을 알 수 있다.

22 UBS 홈페이지

# UBS 사명문 정립

## 연결과 재정립의 여정

- ***UBS*** *인사담당 인터뷰 중* -

*"UBS는 우리 모두에게 더 나은 미래를 만들기 위해 사람과 자본의 힘을 재정립하고 있다. 더 나은 세상이란 공정하고, 지속가능하며, 모든 이에게 성장할 수 있는 기회를 제공하는 세상을 의미한다. 이 일의 핵심은 연결에 있다. 다른 사람과 연결하고, 진보와 혁신을 낳는 아이디어와 연결하며, 사람들의 삶을 변화시키고 더욱 공정한 세상을 만들어 가는 기회와 연결한다. 하지만 UBS가 오늘날 왜 기업으로 존재하고, 미래에 대한 우리의 야망이 무엇인지 그 근본을 파고들어 가서 사명을 정리하는 것은 쉬운 일이 아니다. 여러 달에 걸쳐 많은 사람들에게 질문하고, 답변을 듣고, 그 피드백을 정리했다. 그러고 나서야 우리 은행이 존재하는 이유와 우리의 미래 모습을 담은 사명문(mission statement)을 확정할 수 있었다.*

*우리의 사명은 '투자의 힘을 재정립하고, 더 나은 세상을 위해 사람들을 연결하는 것'이다. 우리의 사명은 북극성과 같다. 사명은 우리가 지금 하는 일을 왜 하는지 설명한다. 사명은 우리가 전략적 우선순위를 정할 수 있도록 하고, 우리가 어디에서 성장하고 어떤 기회를 잡아야 하는지 결정할 수 있도록 한다. 사명은 우리와 고객사들이 UBS의 미래를 개척할 수 있도록 한다.*

*이러한 방향성을 가짐으로 해서 우리 은행이 미래의 분명한 경로를 설정하게 되고, 여러 은행들과 차별화되도록 한다. 우리 조직원들과 고객사, 투자가, 사회가 요구하는 것은 꾸준히 변하고 진화하고 있다. 이들이 점점 더 중요시하는 것은 자사의 가치를 공유하고, 진정성을 담아, 현재와*

*미래에 가장 중요한 일을 대상으로 가치를 제공하는 일에 집중하는지 여부이다. 연결이 우리 조직과 고객사를 실질적으로 연결하게 하는 것이라면, 재정립이란 미래지향적으로 사고하게 하는 것이다. UBS 사명의 두 부분은 각자 의미가 있을 뿐만 아니라, 결합되어 미래의 좋은 기회를 찾고 조직의 모든 역량을 발휘할 수 있도록 한다."*

하스미타 미스트리는 다음과 같이 말한다.

*"사명은 단순한 문구 이상이고, 당연히 마케팅 슬로건이 아니다. 사명지향적 조직은 사명문을 올바른 길을 가도록 하는 길잡이 역할로 사용한다. 사명은 우리가 개인으로서 그리고 조직으로서 투명하고, 진정성 있게, 그리고 자사의 강점과 방향성을 잘 발휘하도록 붙들어 주는 역할을 한다. 하지만 진정한 가치투자를 이끌어 가는 글로벌 생태계로 우리의 비전이 연결되도록 하기 위해서는 모든 구성원들이 매일 우리의 사명을 믿고 실천해야 한다. 우리의 사명이 조직원들의 일상에 반영되어 있어야 하고, 우리가 내리는 의사결정과 업무방식에도 녹아 있어야 한다. 우리의 고객과 투자자 그리고 모든 이해관계자들이 그들이 경험하는 것에서 우리의 가치를 느낄 수 있어야 하며, 우리의 사명이 사업 방식과 의사결정에서도 차이가 나게 한다는 점도 느껴야 한다."*

사명문을 만드는 과정에 대해서 하스미타 미스트리는 다음과 같이 말했다.

*"사명을 찾는 것은 발견의 여정이었다. 그것은 없던 것을 만들어 내는 일이 아니었다. 모든 기업이 존재의 이유를 갖고 있지만, 분명하고 정교하게 정리되어 있지 않다. 우리가 한 일이 바로 그것이다. 존재의 이유를 찾아내고, 정교하게 다듬어서 직원들과 고객사, 그리고 이 세상에 우리가 왜 이 일을 하고, 그것이 왜 중요한지를 공유할 수 있도록 했다."*

마티아스 샤케는 그 여정을 다음과 같이 설명했다.

*"사명문을 정리하기 위해 3천 명 이상의 직원들로 'discovery squad'라는 추진팀을 꾸렸다. 그 팀은 UBS의 다양한 구성원들을 대변했고 몇 가지 본질적인 질문들에 대해 답을 찾고, 듣고, 대답하는 노력을 했다. 우리는 이 여정에 그룹 이사회와 임원을 포함하여 여론을 주도하는 사람들과 고객들도 참여시켰다. 고객 중심주의와 문화, 핵심 가치 등이 주로 논의된 주제였고, 이를 통해 모든 이에게 중요한 것이 무엇인지 명확해졌다."*

**그림 2. 글로벌 기업의 사명 예시**

| | |
|---|---|
| "우리의 홈 지구를 지키기 위해 사업을 합니다." | patagonia |
| "전 세계의 정보를 체계화하여 모두가 편리하게 이용할 수 있도록 하는 것." | Google |
| "세상을 움직여 더 많은 기회를 창출합니다." | Uber |
| "지속가능한 에너지로 향하는 세상의 변화를 가속시키는 것" | TESLA |
| "가능한 많은 사람들에게 음식을 통해 건강을 주는 것" | DANONE ONE PLANET. ONE HEALTH |

## 2. 비전(Vision) 만들기

미국의 전설적인 프로야구 선수 요기 베라(Yogi Berra)는 "어디로 가는지 모르면 가고 싶지 않은 곳으로 가게 된다"는 명언을 남겼다. 바로 기업에 '비전'이 필요한 이유다. **기업의 '비전'은 '현실성 있고 믿을 만하며 매력적인 조직의 미래상'**을 말한다. "우리는 진정 무엇을 원하는가?"에 대한 답이며, 고객과 이 세상을 위해 기업이나 브랜드가 되고자 하는 내용을 담은 선언문이다. '함께 공유할 미래의 꿈과 희망, 상상도'이기도 하다. 잘 정리된 비전은 임직원과 고객, 투자자들에게 명확히 전달되었을 때, 사업에 대한 공감과 참여를 이끌어 낼 수 있다. 또한 중장기적으로 도달할 방향과 목표를 명확히 해준다. 그로 인해 현재의 삶에 에너지를 부여하는 효과가 있다. 지원자들의 공감을 이끌어냄으로써 인재유치에도 도움이 된다. 결국 비전 선언문의 목표는 기업을 경쟁사로부터 차별화하고, 설정한 목표를 달성하는 데 노력을 집중하도록 하는데 있다.

의미 있고 실행 가능한 비전이라야 가치가 있다. 가치 있는 비전을 만들기 위해서는 다음과 같은 절차를 거치기를 권한다.

### 2.1. 회사의 사명과 잘 조율된 비전을 작성하라.

기업의 사명이 '북극성'이라면 비전은 그 여정 중에 도달할 '중간 목적지'와 같다. 따라서 '사명'이 제대로 담기지 않은 '비전'은 의미가 없다. 자사의 사업이 왜 존재해야 하는지? 지금 해결하고 있는 고객과 시장의 문제가 무엇인지? '북극성'의 방향으로 나아가면서 반드시 달성해야 할 중간 목적지는 무엇인지? 등을 묻고 그 답을 찾아야 한다. 비전은 '특정한 목표'이며 반드시 올라야 할 산과 같이 정해진 시간 목표를 가지고 있고, 성취 가능한 것이어야 한다.

### 2.2. 미래의 모습을 상상하라.

비전은 미래 특정 시점에 도달하고 싶은 목표이다. 따라서, 비전 선언문을 만들 때 꿈꾸는 미래에 대해 상상하고 질문할 필요가 있다. 바람직한 미래는 어떤 모습인지? 그때 목표 고객은 어떤 상태일지? 우리 회사는 그 곳으로 어떻게 도달할지? 그 다음으로 도달한 우리의 모습을 좀 더 구체적으로 그려보자. 우리 목표 고객의 범위와 규모, 제공하는 제품과 서비스의 범위, 새로 진출하는 시장 등을 규정해 보자. 구체적인 비전 작성을 위해서는 5년, 10년, 15년 등 특정 시점을 정하고, 각 시점 별 자사의 모습을 비교하여 정리해 보는 것도 도움이 된다.

### 2.3. 성공의 기준을 정하라.

비전은 특정 시점에서 성공한 자사의 모습이다. 그러므로, 우리 사업이 성공했다고 말할 수 있으려면 '성공의 기준'을 명확히 해야 한다. 성공에 대한 각자의 생각과 기준이 다르기 때문에 공식적인 기준을 명확히 하는 것이 중요하다. 이를 위해서는 "만약 우리가 ~ 한다면, 성공이라 할 수 있다"는 문장을 완성해야 한다. 이에는 다양한 이해관계자들의 의견이 반영되어야 한다. 최종 정리된 성공의 기준은 간결하고,

실행 지향적이며, 전사 임직원과 이해관계자들이 공감할 수 있는 성공에 대한 공통의 기준을 제시해야 한다.

### 2.4. 핵심 키워드와 목표가 담긴 간결한 비전 선언문을 작성하라.

비전 선언문에 쓰인 단어 하나하나는 나름의 가치와 의미를 담아야 한다. 미래에 대한 예측, 사업의 목적과 궁극적인 성공의 개념과 기준이 명확하고, 군더더기 없이 표현되어야 한다. 기억하기 쉽도록 간결하되 흥미와 관심, 도전 정신을 불러일으킬 수 있어야 한다. 여러 번의 브레인스토밍을 통해 안을 만들고, 전문가들이 내용을 다듬은 후 이를 테스트하여 최종안을 선정하는 것이 좋다.

### 2.5. 다양한 이해관계자의 의견을 반영하라.

장식용 비전 선언문이 아니라 전 구성원과 이해관계자가 기억하고 실행할 비전 선언문이 만들어져야 한다. top down 방식으로 만들어진 비전은 구성원의 공감을 이끌어내는 데 어려움이 있다. 비전을 만드는 일 자체가 구성원들의 참여와 공감을 이끌어내는 중요한 커뮤니케이션 수단이 된다. 주주와 최고경영진의 주도와 적극적인 참여는 또 하나의 중요한 요소다. 앞서 살펴본 UBS 사례에서도 다양한 계층을 대변하는 3000명의 'discovery squad'가 구성되어 사명, 비전 선언문을 작성했다. 이어서 이들이 주목했던 것은 이 가치를 일상업무에서 실행하여 회사를 '가치지향적 조직'으로 만들어 가는 과제였다. 이를 위해 다양한 계층을 대변하는 대규모 인원이 참여하고 그들의 의견을 반영하는 것은 중요한 조건이었다.

훌륭한 비전 선언문은 어떤 특징을 갖추어야 하나? 우선 비전이 조직의 미래상이기 때문에 그 목표 지점이 명확히 담겨야 한다. 알기 쉽고 이해하기 쉬워야 한다. 조직이 희망하고 의미가 있는 미래의 상태를 제시해야 한다. 그곳은 도전적이지만 달성 가능한 목적지여야 한다. 그래서 구성원들이 강한 의욕과 동기부여를 받을 수 있어야 한다. 글로벌 기업들의 비전이 이런 특징을 담고 있는지 살펴보고, 각 사의 비전을 작성하는 데 참고하기를 바란다.

**그림 3. 글로벌 기업의 비전 예시**

| | |
| --- | --- |
| "세계 최고의 엔터테인먼트 및 정보 생산자와 제공자가 되는 것" | Disney |
| "전기차로의 변환을 가속하여 21세기 가장 뛰어난 자동차 회사를 만드는 것" | TESLA |
| "사람들이 좋아하는 음료의 브랜드와 선택을 만들고 몸과 정신을 상쾌하게 하는 것" | Coca-Cola |
| "지구와 인류에게 건강을 가져다 주는 것" | DANONE ONE PLANET. ONE HEALTH |
| "세계에서 가장 사랑받고, 가장 효율적이며, 가장 수익성이 높은 항공사가 되는 것" | Southwest |

## 3. 핵심 가치(Core Value) 만들기

핵심 가치(Core value)는 조직의 사명, 비전을 효과적으로 달성하기 위해 구성원들이 공유해야 할 가치관과 행동원칙이다. 사명은 우리가 왜 존재해야 하는가? (Why)이며, 비전은 무엇이 되고자 하는가? (What)를 말한다. 핵심 가치는 사명과 비전을 어떻게 달성하고자 하는가? (How)를 의미하며, 이를 바탕으로 조직의 '신념체계'가 구성된다. 핵심 가치는 사명과 비전 달성을 위한 조직의 명확한 원칙과 행동지향점을 제시하며, 결국 조직이 목표 지점에 가기 위해 일하는 방식과 우선순위를 정하는 판단기준 역할을 한다. 또한 고객과 협력사, 이해관계자에게 자사의 원칙을 설명하는 데 도움이 된다. 아울러 바람직한 가치관과 태도를 가진 인재를 채용하는 데에도 지침이 된다. 결국 임직원들의 일에 대한 몰입도를 높이기 위해서 기업은 자사의 핵심 가치를 명확히 하고, 이 가치가 개인의 가치와 잘 조율되게 만드는 것이 중요하다.

핵심 가치를 만드는 일은 창업자의 몫이다. 창업 초기에 만들지 못했다면 점점 조직 규모가 커지고 조직이 가져가고자 하는 일관된 신념과 태도를 강화할 필요가 있다고 생각될 때가 핵심 가치를 명문화하는 적기로 볼 수 있다. 그러한 동기에서 만들어진 핵심 가치는 조직원 모두가 실천하고 내재화함으로써 조직문화로 정착시켜야 한다. "저 회사는 제품품질에 한치의 양보도 없어", "저 회사는 안전에 대해서는 철저해", "저 회사는 환경에 해로운 일은 절대 하지 않아" 등은 나름 가치실천을 철저히 하는 기업들만이 들을 수 있는 평이다.

일반적으로 핵심 가치를 만들고 실행하는 네 단계는 예시된 도표와 같다.

**그림 4. 핵심 가치 만들고 실행하기**

| | 도출 | 정립 | 내재화 | 체질화 |
|---|---|---|---|---|
| **주요 활동** | • 창립자/임원 인터뷰<br>• 임직원 가치관 진단 | • 공감대 형성을 위한 강의<br>• 가치관 정립을 위한 임원의 워크샵 | • 가치관 교육 및 행동도출 워크샵<br>• 전략 및 HR 등 제도에 반영 | • 정착을 위한 인력 및 도구 개발<br>• 정기 모니터링 및 체질화 워크샵 |
| **산출물** | • **핵심 키워드** 도출 | • **가치관 체계** | • 가치관 기반 **전략 및 제도** | • **조직문화화** |

한편, 핵심 가치를 정의해 내는 데는 다음과 같은 몇 가지 접근방법을 사용할 수 있다. 첫째, 자사사명과 비전 달성을 위해 꼭 지켜 나갈 자사의 차별화 특성을 찾는 방법이다. 핵심 가치가 의사결정의 기준이 되면서도 사업 자체의 경쟁력을 명확히 하기도 한다. 대표적인 사례가 아웃도어 전문 브랜드 "파타고니아"다. 파타고니아는 "지구를 지키기 위해 사업을 한다"는 사명을 갖고 있으며, 다음과 같은 네 가지 핵심 가치를 실천하고 있다.

- 최고의 제품을 만든다 (Build the best product)
- 불필요한 해를 끼치지 않는다 (Cause no unnecessary harm)

- 사업을 통해 자연을 지킨다 (Use business to protect nature)
- 관습에 얽매이지 않는다 (Not bound by convention)

첫째 가치는 '최고의 제품 만들기'이다. 파타고니아는 '최고의 제품' 기준을 기능성, 수리 용이성, 내구성이라고 못박고, 이런 특성을 가져야만 오래 입을 수 있고, 지구를 구하는 사명 수행에 도움이 된다고 밝힌다. '환경에 불필요한 해 끼치지 않기'가 두 번째 가치다. 매장을 밝히는 조명이나 원단염색이 환경에 부정적인 영향을 끼침을 알고 있다. 이를 줄이기 위해 끊임없이 개선책을 찾고 발견한 대안을 나눈다. 나아가서는 부정적 영향을 줄이는 데 그치지 않고 환경에 도움이 되는 활동도 열심히 하겠다고 선언한다. '자연을 보호하기 위해 사업을 한다'고 세 번째 가치를 제시하고 있다. 사업을 하는 과정에 환경오염을 줄이는 소극적 노력에 머물지 않고, 사업 성과를 활용하여 환경보호에 솔선하겠다고 약속한다. 마지막 가치로 '관습에 묶이지 않기'를 제시한다. 성공을 위해서는 새로운 방식이 필요함을 강조하고, 새로운 도전을 격려하고 있다.

핵심 가치를 정의해 내는 두 번째 접근방법은 창업자나 CEO가 가진 철학이나 신념을 사업 특성에 맞춰 정리하는 방법이다. 사우스웨스트 항공의 허브 켈러허(Herb Kelleher) 회장과 버진 그룹의 리처드 브랜슨(Richard Brandson) 회장은 유머와 재미를 강조하였다. 켈러허 회장은 "나는 항공업무가 정말 재미있는 일이 되기를 바랍니다. 인생은 너무 짧고 너무 힘들고 너무 진지한 것이기 때문에 반드시 인생에 대한 유머감각이 있어야 합니다."라고 말하고, 재미(fun)를 핵심 가치로 삼았다. 브랜슨 회장의 경영철학은 "즐거움을 최고의 가치로 여기고 일하라"는 것이었다. 버진 그룹은 사명을 "비즈니스를 바꾸는 것"으로 정했고, 당연히 "혁신"과 함께 "재미"를 핵심 가치로 실천하고 있다.

세 번째 접근방법은 딜레마 상황을 해결할 수 있는 가치를 정하는 방법이다. 고객사의 부담스러운 요구를 어떻게 응대할지, 일하는 방식에 대한 가이드라인이 되도록 가치를 정하는 방법이다. 일하는 과정에서 직면하는 상황에 대해 조직문화에 따라, 사람에 따라 판단기준이 다를 수 있다. 이런 의사결정이 사람에 따라 달라지는 상황, 판단이 고민되는 상황을 정리하여 핵심 가치를 만드는 방법이다. 아래에 소개된 '우아한형제들'의 사례를 참고하자. 자율적인 분위기에서 재미있게 일하고, 팀워크를 중요시하는 조직문화를 짐작할 수 있을 것이다.

### 우아한형제들의 4대 핵심 가치

- 규율위의 자율
- 스타보다 팀워크
- 진지함과 위트
- 열심만큼 성과

네 번째 접근방법은 채용면접 시 자주 질문하는 핵심단어가 무엇인지를 살펴보는 것이다. 명시적으로 제시된 핵심 가치가 없는 기업일지라도 짧은 시간에 지원자를 파악하기 위해 반복적으로 던지는 질문이 있다면 그에는 그 조직에서 중요시하는 가치가 들어있기 때문이다. 이미 핵심 가치가 공유된 기업이라면 핵심 가치에 대한 지원자의 경험, 생각, 태도를 묻게 될 것이다.

마지막으로 핵심 가치를 모든 구성원의 합의를 통해 정하는 것은 비현실적이다. 구성원과 이해관계자들의 의견을 충분히 듣고 반영할 필요는 있다. 하지만 우리 조직이 지속적으로 성장하기 위해서 꼭 필요한 차별화 가치가 무엇인지를 생각하고 확정하는 것은 경영자의 몫이다. 그리고 그 핵심 가치를 실천하고 모범을 보임으로써 기업문화로 정착시켜야 할 사람도 경영자다. 그럴 의지와 각오가 없다면 굳이 핵심 가치를 만들어 게시할 필요조차 없다. 오히려 전시용 핵심 가치의 부작용이 더 클 수 있기 때문이다.

그럼 핵심 가치를 만들 때 꼭 해야 할 일과 피해야 할 일을 알아보자. 꼭 해야 할 일은 우선 핵심 가치가 기업의 사명, 비전 그리고 바람직한 행동과 잘 조율되게 하는 것이다. 또한 핵심 가치가 명확하고, 실행 가능하며, 임직원이 올바른 의사결정을 내리는데 활용할 수 있어야 한다. 그리고 핵심 가치가 사업의 모든 영역에 녹아 들어 활용되어야 한다. 채용, 평가, 승진, 보상, 심지어 퇴사 관리에도 적용되어 구성원들은 첫 면접부터 퇴사하는 당일까지 회사가 내리는 의사결정에서 핵심 가치를 느끼고 습관화할 수 있어야 한다.

피해야 할 일은 우선 너무 기본적인 가치 – 정직, 존중, 팀워크 등 - 로 정의하지 말라는 것이다. 그 단어가 우리 사업에 적용되어 의미하는 바를 좀 더 구체적으로 정의하는 것이 필요하다. 다음으로 너무 모호하거나, 길고, 복잡하여 기억하기 어렵게 만들지 말라는 것이다. 그리고 가장 피해야 할 일은 CEO나 창업자가 이 중요한 일을 인사나 마케팅 팀에 맡기고 보고만 받는 일이다. 자칫 인사팀에서 직원 만족도를 높이기 위해 많은 조직원들 대상으로 하는 설문조사나 의견청취 프로그램 정도로 인식되어서는 곤란하다. 의견을 제시하는 조직원이 바람직한 조직원이 아닐 수도 있고, 모든 조직원의 의견이 반영된다는 잘못된 기대감을 줄 수도 있기 때문이다. 가장 좋은 추진방법은 CEO와 경영에 참여하는 창업자가 본인들의 가치에 동의하고 잘 실천하는 인재들로 핵심 추진팀을 꾸려 직접 이 작업을 주도하는 방법이다.

핵심 가치를 어설프게 실행하면 조직문화를 망치게 된다. 선포한 가치를 제대로 실행하는 것은 쉬운 일이 아니다. 하지만 그에 반하는

**그림 5. 글로벌 기업의 핵심 가치**

| Microsoft | TESLA | L'ORÉAL | Google | BEST BUY |
|---|---|---|---|---|
| • Innovation<br>• Accountability<br>• Inclusion<br>• Empowerment | • Move Fast<br>• Do the Impossible<br>• Constantly Innovate<br>• Reason from First Principles<br>• Think Like Owners | • Passion for beauty<br>• Innovation<br>• Sustainability | • Accessibility of information<br>• User-centricity<br>• Openness and collaboration<br>• Innovation | • Unleash the Power of Our People<br>• Learn from Challenge and Change<br>• Show Respect, Humility, and Integrity<br>• Have Fun While Being the Best<br>• Unleash the Power of Technology |

행동을 하고, 그것을 소명하고 고치는 일은 더욱 어렵다는 것을 명심하자. 진정성과 열정을 담아 올바른 가치를 만들고 실천한다면, 좋은 성과, 좋은 조직문화를 만들어 낼 수 있다. 물론 그 일은 한방에 해결될 수 없고, 몇 년에 걸친 긴 여정으로 만들어 가야 할 일이다. [그림5] 글로벌 기업들의 핵심 가치를 참고하여 자사의 사업, 사명과 비전에 적합한 핵심 가치를 작성하고, 이를 실천하여 기업문화로 만드는 긴 여정을 성공시키길 기원한다.

사명, 비전, 핵심 가치를 정하고 실천하는 일은 대부분의 기업과 규모 있는 사업을 하는 기관들에게는 자연스럽고, 당연히 해야 하는 일로 인식되고 있다. 하지만 앞서 살펴본 저명한 교향악단의 경우에 아직 이 일은 낯선 듯하다. 악단의 사명, 비전, 핵심 가치를 홈페이지에서 찾아보기 어렵고, 대외적으로 명확히 공유되고 있지 않음을 알 수 있다. 사이먼 래틀이 크게 성장시킨 CBSO의 경우 향후 10년 동안 사용할 새로운 비전을 만드는 작업을 현재 공개적으로 진행하고 있다. 베를린 필의 경우 "오케스트라의 사명은 유럽의 역사적 음악 유산을 복원하고 유지하며, 현대 오케스트라 레퍼토리를 개발하고, 특히 젊은 청중을 대상으로 한 아웃리치 및 교육 목적을 위한 콘서트 형식을 구상하고 제공하는 것입니다."라고 사명을 밝히고 있다. 런던 심포니 오케스트라는 "수백만 명에게 음악의 기쁨을 전하는 것"이 사명이라고 밝히며 이에 동참하여 기부하기를 권하고 있다. 하지만 이 두 저명한 오케스트라의 경우도 그 비전과 핵심 가치는 찾아보기 어렵다. 하지만 좋은 사례를 로열 필하모닉 오케스트라(Royal Philharmonic Orchestra; RPO)에서 찾을 수 있다. 그 홈페이지에 사명, 비전, 가치를 별도 꼭지로 명확히 게시하고 있으며, 그 내용은 다음과 같다. 앞서 살펴본 글로벌 기업의 사명, 비전, 핵심 가치와 비교하면서 그 시사점을 찾아보는 것도 흥미로운 일이 될 것이다.

## 로열 필하모닉 오케스트라의 비전·사명·핵심 가치

*- **RPO** 홈페이지 중 -*

### 로열 필하모닉 오케스트라의 비전

RPO는 다음을 목표로 합니다:

- 경계를 두려워하지 않는 현대 세계를 위한 오케스트라가 되다.
- 오케스트라 음악을 현대 사회의 중심에 두고, 지역 사회 및 창의적 파트너의 참여를 심화시키다.
- 지역, 국가 및 국제적으로 존경받는 문화 대사가 되다.

### 로열 필하모닉 오케스트라의 사명

RPO의 사명은 뛰어난 오케스트라 경험을 통해 삶을 풍요롭게 하고, 그 매력을 포용하는 것입니다.

## 로열 필하모닉 오케스트라의 핵심 가치

- **탁월함** – 조직의 모든 측면에서 야심 찬 목표를 달성하기 위해 노력합니다.
- **협력** – 파트너십을 통해 함께 더 많은 것을 이룹니다.
- **포용성** – 훌륭한 오케스트라 경험은 모두가 접근할 수 있어야 합니다.
- **회복력** – 우리의 다재 다능함은 성공의 열쇠입니다.
- **책임감** – 우리 음악가와 직원의 재능은 모두를 위해 사용되어야 합니다.
- **열정** – RPO 내의 원동력입니다

1-1-2

# 협력의 선율

## 화음을 위한 이해관계자 참여

## The Melody of Collaboration

### Engaging Stakeholders for Harmony

## 투자자의 관점에서 본 지속가능성

### 성장성과 가치

*- **임팩트 투자사** 리더십 인터뷰 중 -*

*" 저희는 sustainability 혹은 지속가능한 사업이 장기적으로 더 높은 성장성과 기업가치를 가진다고 판단합니다. 그렇기 때문에 이를 단순히 위험 요인(risk factor)으로만 보기보다는, 사업의 본질적 가치와 전략적 연계성을 더 중요하게 봅니다.*

*당사의 투자 원칙은 명확합니다. sustainability와 impact가 명확히 담겨 있지 않으면 아예 투자 검토 대상이 되지 않습니다. 그렇기 때문에*

*회사의 ESG 혹은 sustainability 관련 실행 수준을 매우 면밀히 살펴보고, 실제로 높은 수준에서 실천하고 있는 기업에 주목합니다.*

*의사결정에서 가장 중요한 기준은 단순한 수익률이 아니라, '초과 수익'을 창출할 수 있는 가능성입니다. 이는 곧 sustainability와 impact가 병행될 때 가능한 결과이기도 하며, 저희 내부적으로도 이를 평가하기 위한 정량적 지표들을 갖추고 있습니다. 실제로 저희 포트폴리오 기업 중 성과가 좋은 사례들을 보면, sustainability에 대한 대응 노력이 강한 곳이 많습니다. 하지만 결국 투자 수익률은 시장 니즈와 타이밍이라는 변수에도 민감하게 반응합니다. 좋은 철학과 실행력이 있더라도, 시장과의 궁합이 맞아야 성과로 이어진다는 것입니다.*

*투자 이후에도 우리는 기업의 성장을 함께 고민합니다. 이사회 참여를 통해 CEO와 전략 방향을 함께 논의하고, 필요시에는 다른 투자자들과 연결하거나, 핵심 인재를 찾는데 실질적인 도움을 드리기도 합니다. 글로벌 시장 진출을 준비하는 기업이라면, 저희 네트워크를 활용한 지역 연결이나 조인도 아끼지 않습니다. 그 기업에 가장 적합한 '사람'을 찾는 것이 우리가 가장 중요하게 여기는 역할입니다.*"

임팩트 투자사는 지속가능성이 더 이상 기업의 '선택'이 아니라, 자본 유치와 장기적 경쟁력 확보를 위한 기준이 되었음을 보여준다. 특히 임팩트 투자자들은 재무적 성과를 넘어 **'임팩트와 지속가능성'이라는 정성적 요소**를 기업 평가에 본격적으로 반영하고 있으며, 이는 자본의 흐름이 변하고 있음을 시사한다. 기업은 이제 투자자라는 이해관계자와의 신뢰를 위해서도 지속가능성과 임팩트를 설명할 언어를 갖추고, 그 실행을 입증해야만 생존과 성장을 이어갈 수 있다.

## Q. 지속가능경영을 실행하여 의미있는 성과를 내기 위해서는 다양한 이해관계자들의 참여가 필요하다. 이를 이끌어 내는 방법은?

2011년 3월 11일 오후 3시 일본 열도가 흔들렸다. 역사상 최악의 참사로 꼽히는 후쿠시마 원전 대재앙이 시작되었다. 츠나미로 인해 도쿄전력의 원자력 발전소에서 엄청난 양의 방사능이 유출되었다. 방사능이 너무 광범위하게 퍼져서 일본 정부조차도 방사능 수치를 정확히 측정하여 제공하지 못하고 있었다. 방사능 측정을 위해 보유한 가이거 계수기만으로는 턱없이 부족했다. 일본 시민들은 불안에 떨었고, 내가 있는 곳이 안전한지 여부를 알 수가 없었다. 이런 최악의 상황이 벌어지고 있을 당시 미국에서 이 상황의 심각성을 깨달은 한 사람이 있었다. 그는 자신이 알고 있는 전 세계의 괴짜 천재 지인들을 불러 연결했다. 엑스박스를 해킹한 것으로 유명한 앤드류 황부터 도쿄 해커스페이스 출신의 프로그래머까지 다양한 전문가들을 모아 후쿠시마 문제를 돕기로 하였다.

처음에는 전 세계를 수소문하여 가이거 계수기를 구해 보았다. 하지만 방사능 공포가 불어 닥친 탓에 이를 대량 구매하는 것은 불가능하였다. 그래서 이들은 생각을 바꾸어 가이거 계수기를 직접 만들기로 했다. 이들은 SNS를 통해 전 세계 여러 전문가들에게 도움을 요청했고, 은퇴한 설계자부터 연구소 공학자까지 다양한 사람들이 연결되었다. 동시에 킥스타터(Kickstarter)를 통해 4만 달러의 자금을 모았다.

이들 괴짜 과학자들의 손을 통해 Safecast가 탄생했다. 이 기계를 간단히 차에 부착하여 운행하기만 하면 주변의 방사능 수치가 측정되어 자동으로 웹에 등록이 되었다. 이들은 Safecast를 일본 전역에 무료로 보급했고, 사람들은 이 기계를 달고 다니는 것만으로도 일본 전역의 방사능 데이터를 확보할 수 있었다. 누구나 홈페이지(https: //map.safecast.org)에 들어가면 일본 전역의 방사능 데이터를 지도를 통해 확인할 수 있었다. 놀라운 사실은 이 기적 같은 일을 만들어 낸 팀들이 서로 일면식도 없는 사람들이었다는 점이다. 이 일을 주도한 사람은 "조이 이토(Joi Ito)"였고, 이 사람은 당시 전 세계에서 가장 자유로운 생각을 가진 과학자들이 모인 MIT 미디어랩 소장이었다. 그는 이 프로젝트를 통해 세상을 움직이는 시스템이 변하고 있음을 깨달았다. 이전에는 중앙 통제된 권위있는 집단이 가장 효율적으로 문제를 해결한다고 생각되었다. 하지만 이제는 자유로운 생각을 가진 다수의 사람이 서로 연결되고 협력했을 때 오히려 문제를 더 효율적으로 해결할 수 있다는 사실을 알게 되었다. 앞으로의 영웅은 위대한 개인이나 권위적인 조직이 아니라 목적과 가치에 공감하여 자발적 선의로 뭉친 다수가 될 수 있음을 보여 주었다. 이때 만들어진 Safecast는 환경감시 활동을 위해 자발적으로 참여하는 시민들의 비영리 단체로 발전했다. Safecast는 지금도 공기 질을 측정하는 장치를 추가하여 1억 5천만 건의 측정 데이터를 올려 전 세계 330개 도시의 공기 질 데이터를 제공하고 있다.

지속가능경영의 두 가지 요소로 '가치경영'과 '전략경영'이 있음을 살펴보았다. '가치경영'은 단기적인 '이익창출', '이익극대화'를 추구하는 것이 아니라 자사 사업이 존재해야 하는 이유(사명)를 명확히 하고, 중간 목적지(비전)와 지켜 나갈 판단과 행동의 기준(핵심 가치)을 정하고 모든 이해관계자가 이를 실천하는 과제이다. '전략경영'은 목표 고객을 위해 가치경영에서 설정한 방향성과 목적지, 그리고 핵심 가치를 어떻게 지속적으로 차별화되는 가치로 만들고 전달할지 그 계획과 실행방안을 구체화하는 과제다. '가치경영'과 '전략경영'의 기둥을 쌓아 올릴 때 그 기초가 단단한 반석 위에 세워져야 할 것이다. 단단한 반석은 기업의 다양한 이해관계자가 지속가능경영에 공감하고 동참함으로써 만들어지는 기반이다. 그 기초가 단단해지기 위해서 '**열린 경영**'의 요소가 필요하다.

'열린 경영을 통한 가치 창출'은 자연계의 '열린계[23]' 이론과 그 흐름을 같이 한다. 경계가 열려 있어 주변과 정보, 물자, 지식, 전통, 문화 등이 활발하게 교류되는 열린계는 생존 발전하지만, 그렇지 못한 닫힌계[24]와 고립계[25]는 정체되고 소멸된다. 따라서 닫힌계나 고립계 속의 마음을 활짝 열어 닫힌 경계를 해체하고, 열린 세상과 소통하고 정보와 자원을 공유할 때 혁신이 일어나고 새로운 가치 창조의 지평이 역동적으로 열린다.[26]

---

23 Open system, 주변과 물질 및 에너지 교환이 모두 일어나는 시스템

24 Closed system, 주변과 물질은 교환되지 않지만, 에너지는 이동하는 시스템

25 Isolated system, 주변과 물질 및 에너지 교환이 단절된 시스템

26 『마음을 열면 혁신이 온다』, 유기풍, 2016, 관련 내용을 정리하여 인용

**그림 6. 열린 경영의 개념과 구조**

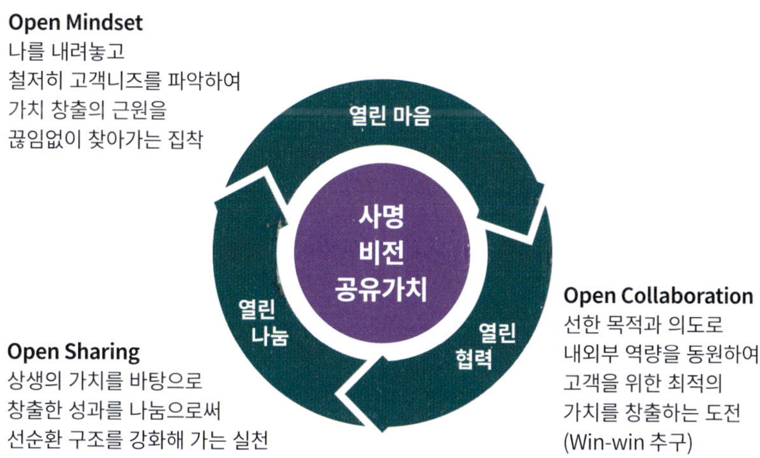


'열린 경영'의 첫 번째 요소가 **'열린 마음'**이다. '열린 마음'은 나를 내려놓고 철저히 고객니즈를 파악하여 가치 창출의 근원을 끊임없이 찾아가는 집착이다. 관점이 내가 아닌 고객과 시장이어야 하고, 시점도 현재에 머물지 않고 미래를 바라봐야 한다. 소통의 방법도 나의 메시지를 전달하는 데 국한하기 보다는 고객과 이해관계자로부터 듣고 이들이 참여하도록 길을 열어줘야 한다. 새로운 나의 업적을 만들기 위해 전임자의 전략과 정책을 뒤엎기 보다는 조직의 사명, 비전 달성을 위해 가치 있는 전략과 정책을 계승하여 조직문화로 만들어 가는 새로운 전통을 세워가야 한다. 나 보다는 철저히 고객 중심 그리고 객관적 사실 중심의 사고와 행동을 실천한 대표적인 사례가 아마존이다. 제프 베조스는 대부분의 회사가 고객이 아닌 경쟁사에 집중하는

데 비해, '고객 중심'을 넘어 '고객 집착(Customer Obsession)'을 실천하는 것이 아마존의 경쟁력이라고 강조하고 실천한다. 아마존이 실천하는 또 하나의 가치가 '데이터 집착'이다. 제프 베조스는 미래를 내다보는 직관이 탁월한 CEO로 알려져 있지만 의사결정 시에는 철저히 데이터를 중시한다. 아마존 온라인 서점의 핵심 서비스였던 도서추천 서비스를 인간 편집자에서 컴퓨터 추천 서비스로 바꿀 때에도 비교 실험을 통한 철저한 검증을 거쳤다. 침몰해 가던 워싱턴 포스트를 인수하여 되살린 데에도 기사에 대한 철저한 고객평가와 실험을 활용했다. 이를 통해 홈페이지 순 방문자수를 인수 1년만인 2014년 10월 59% 늘리고, 2015년 10월에는 뉴욕 타임스 순방문자 수를 뛰어 넘을 수 있었다. 이에 따른 광고와 유료구독 매출 증가로 위기의 워싱턴 포스트를 회생시켰다. 열린 마음이 있어야만 고객의 소리와 데이터가 주는 시사점을 효과적으로 활용할 수 있다.

두 번째 요소는 '**열린 협력**'이다. '열린 협력'은 선한 목적과 의도로 내 외부 역량을 동원하여 고객을 위한 최적의 가치를 찾아가는 도전이다. 자연계에서 번창하는 종족은 타 종족과의 협력과 공생관계가 확실하다. 경영에서도 협력을 통해 내가 제공하는 가치를 명확히 하고 극대화할수록 고객으로부터 호응을 얻을 수 있다. 기업경영 현장에서도 이제 끝없는 경쟁보다는, 기업 간 그리고 고객이 참여하는 협력을 통한 가치창조 역량이 없으면 도태될 수밖에 없는 시대가 되었다. 2012년 설립된 페인트 나이트(Paint Nite)는 협력을 통해 사업을 성장시킨 대표적인 사례다. 이 회사는 그림에 관심 있는 사람들이 모여 음료를 마시며 그림을 그리는 취미교실을 연다. 수업을 진행할 공간에 투자하기 보다는 공간을 빌리고 참석자들이 음료나 식사를 구매해 주는 방식으로 인근 식당이나 카페, 바와 협업하는 방식을 택했다. 그리고 수업을 진행할 강사도 풀 타임 직원이 아니라 파트 타임으로 일한다. 원하는 시간에 수업을 진행하고 수익을 얻고자 하는 지역의 전공자들에게 참여의 길을 열어 주었다. 단순한 사업 아이디어지만 2016년 미국 경제매체 INC가 선정한 '가장 빠르게 성장하는 비상장 기업' 2위에 올랐다. 2023년 연 매출이 1억 2천만 달러까지 성장했다. 2024년 8월말 기준으로 전 세계 4,500개 도시에서 누적 498,000건의 이벤트를 열었고 판매된 티켓은 1천만 장에 달한다. 그림뿐만 아니라 디자인, 화훼, 양초 만들기 등 다양한 프로그램을 운영하며, Yaymaker라는 관계회사까지 설립하여 기업대상의 이벤트 서비스까지 사업을 확대했다. 요약하면 페인트 나이트는 장소, 수업 진행자와 같은 핵심자원을 협력을 통해 활용하여 win-win의 가치를 구현했다. 그리고, 참여고객들이 티켓을 선물하고 자신의 작품을 SNS에 올리는 등 활발한 참여와 홍보활동을 이끌어 냄으로써 사업을 성공적으로 성장 발전시킬 수 있었다.

마지막 요소는 '**열린 나눔**'이다. '열린 나눔'은 상생의 가치를 바탕으로 창출한 성과를 나눔으로써 선순환 구조를 강화해 가는 실천이다. 가치 창출이 나의 노력 만이 아니고 다양한 이해관계자의 협력으로 가능하다는 사고에 기반하며, 그 가치를 나눔으로써 지속적으로 가치를 창출할 수 있다. 이윤극대화나 주주가치 극대화 경영의 문제점을 인식하고 이해관계자 경영으로 전환하는 과정에서 열린 나눔의 중요성은 더 커진다. 소비자의 구매가 자신의 욕구를 만족시키는 것에 국한되지 않고 국내외의 환경, 빈곤, 건강, 복지 등 다양한 사회적 문제에 대한 해결에 동참하는 가치를 제공함으로써 고객으로부터 더욱 사랑받고 존경받는 사례가 많다. 아웃도어 브랜드 파타고니아(Patagonia), 톰스(TOMS) 신발, 와비 파커(Warby Parker) 안경 등이 그 대표적인 예다. 중국의 알리바바도 자사 온라인 사업의 강점을 활용하여 재래식 구멍가게를 현대화시키고 있다. 가난한 시골마을에 '타오바오 서비스 센터'를 열어 지역농산물 판매를 도울 뿐만 아니라, 주민들 대상의 금융, 의료, 물품구매 등 다양한 서비스 활동을 하고 있다. 이러한 나눔의 결과로 다시 자사의 사업 모델이 탄탄해지고 거점이 확대되고 사업 규모가 커지는 공유가치를 즐기고 있다.

'열린 경영'의 세 가지 요소가 잘 작동할 때 고객과 시장, 다양한 이해관계자들로부터 호응을 얻을 수 있다. 그 기반 위에 만들어진 지속가능경영의 사명과 비전, 핵심 가치는 이해관계자들의 공감과 참여를 이끌어 낼 수 있다. 열린 협력의 철학을 바탕으로 설계한 상생모델을 통해 고객을 위한 공동의 가치를 창출할 수 있다. 열린 나눔의 실천으로 각 이해관계자의 지속가능경영이 실현된다. 물론 이 모든 것이 일상에서 건강히 실천되기 위해서는 적극적인 소통과 정보공유 채널이 활성화되어야 하고, 지속적인 피드백과 경험공유를 통한 혁신 활동이 일어나야 한다. 열린 경영의 가장 근간이 되는 것은 '**고객과 사업 파트너를 존중하는 마음**'이다. 우선순위의 가장 한가운데에 내 생각과 내 이익이 들어서고, 열린 경영의 요소를 실천하는 노력에 진정성이 실리지 않을 때 고객을 포함한 다양한 이해관계자는 참여를 꺼리게 되고 지속가능경영의 화음은 흔들리고 만다.

## Q. 다양한 이해관계자와의 협력이 지속되게 만드는 방안은?

앞서 '열린 경영'의 세 가지 요소가 잘 작동할 때 고객과 시장, 다양한 이해관계자들로부터 호응을 얻을 수 있음을 살펴보았다. 그 기반 위에 만들어진 지속가능경영의 사명과 비전, 핵심 가치에 공감할 때 이해관계자들은 참여와 협력을 결정하게 된다. 이렇게 시작된 협력관계를 유지 발전시켜 전략적 파트너 관계로 승화시키는 비결은 의외로 단순하다. 고객과 시장에 약속한 것을 진심을 담아 지키고, 협력하는 업체 서로를 인정하고 존중하는 태도를 실천하는 것이 그 비결이다.

하지만 그 전에 양 당사자들이 서로 지속적인 협력관계를 이어갈 적절한 후보라는 판단이 전제되어야 한다. 사람 간의 관계에서도 그렇듯이 기업 간, 기관 간 관계에서도 전략적 협력관계로 갈 후보를 찾는 일은 의외로 쉽지 않다. 이 초기 관계의 형성에 있어서 중요한 일은 양 기관이 추구하는 가치가 어울려야 한다는 점이다. 서로의 가치가 같아야 한다는 의미가 아니라 서로의 가치를 공감하고, 인정하고, 나도 같이 하겠다는 동기부여를 일으킬 수 있어야 한다. 충분한 업력에 스스로 제시한 가치와 약속을 충실히 지켜온 브랜드와 기업이라면 이에 대한 판단이 어렵지 않다. 하지만 그렇지 못한 기업의 가치제안과 약속에 대한 평가에는 시간이 필요하다. 제안하는 가치를 조직 전반에서 공유하고 있는지, 중요한 의사결정 시 그 가치기준이 적용되는지, 그리고 리더들이 그 약속을 지키기 위해 주도적으로 움직이고 필요한 자원투자가 이행되는지, 로드맵을 준비하여 차근차근 실행의 수준과 품질을 키워 나가는지, 시장과 고객, 협력업체로부터의 질문과 요청에 대해서도 진정성 있게 응대하고 있는지 등이 모두 평가기준이다. 한마디로 **'열린 마음'의 가치가 살아 실천되는 모습을 보여야 한다**. 하루 아침에 완성된 답을 줄 순 없더라도 전 조직과 구성원이 착실히 진도를 나가고 있음은 분명히 전달할 수 있어야 한다. 약속한 가치를 실천하는 그 발걸음과 진정성이 쌓여 브랜드와 기업에 대한 공감과 신뢰가 탄탄해진다. 이 신뢰기반 위에서 다양한 이해관계자와의 협업이 지속될 수 있다.

다음으로 **'열린 협력'의 조건을 충실히 갖추고 실행해야 한다.** 각 사는 서로의 역할을 수행함 으로써 필요를 충족시킬 수 있는 전문성과 역량, 잠재력을 갖추고 있어야 한다. 그리고, 협업을 통해 충분한 가치 창출이 가능하다고 각 사가 판단해야 한다. 협력의 분야와 과제에 따라 요구되는 역량은 달라진다. 하지만 중요한 것은 각 협력분야에서 파트너의 역량을 인정하고 그 분야에서 전문성을 발휘할 수 있는 역할구조를 제시해야 한다. 필요한 요구와 지시를 내가 일방적으로 하는 관계가 아니라, 과제를 공유하고 그 해결책을 같이 찾아가는 양방향의 역할과 소통이 필요하다. 현재의 역량에 다소 부족함이 있더라도 노력과 투자로 역량을 키울 수 있다는 잠재력을 인정받아야 전략적 파트너쉽으로 발전할 수 있다. 결국 '열린 협력'을 통한 가치 창출과 그 잠재력이 충분히 커야 한다. 이 조건을 충족할 수 없는 협업은 지속가능하지 않다. 실질적으로 각 사의 역할이 인정받고 존중되지 못하는 협력 관계는 지속되기 어렵다.

세번째는 **'열린 나눔'의 약속이 지켜져야 한다.** 건강한 협력이 지속되기 위해서는 '열린 협업'을 통해 만들어진 과실 즉, 창출된 생존 부등식 상의 총가치 [V-C]가 충분히 클 뿐만 아니라 나눔의 약속이 충실히 지켜져야 한다. 고객과 시장에 약속한 부분(무상 서비스, 1 + 1 제안, 마일리지 혜택 등)을 지키는 것은 너무나 당연하다. 그리고 협력에 참여한 기관들 간에도 약속과 공헌도에 따라 그 과실을 투명하게 공유해야 한다. 공유된 혜택이 각 참여기관의 지속가능한 여정을 충분히 가능케 하는 구조가 되어야 전략적 동반자 관계로 발전할 수 있다.

네번째 요소는 정보공유와 소통이다. 이는 신뢰와 협력 강화의 기반이다. 투명하고 정직한 정보공유와 소통은 신뢰를 구축하는 데 필수적이다. 기업이 이해관계자들과 정보를 개방적으로 공유할 때, 이해관계자들은 기업의 의도를 신뢰하게 된다. 신뢰는 협력의 기본 토대이며,

다양한 이해관계자들이 지속적으로 협력할 수 있는 기반이 된다. 이는 문제 발생 시 신속한 대응과 효과적인 협업을 촉진하는 작용을 한다.

다양한 이해관계자와의 협업이 지속가능하려면 협업 파트너가 요구되는 역할을 수행할 수 있는 전문성과 역량을 갖춘 적임자라고 인정할 수 있어야 한다. 그 다음 단계는 추구하는 가치에 대한 공감대를 이끌어 내야 하고, 협력의 여정에서 열린 경영의 세 가지 요소 – 열린 마음, 열린 협력, 열린 나눔 – 를 성실히 실행하는 모습을 보여 주어야 한다. 그 과정에서 또 하나 중요한 것은 충분한 정보공유와 소통이다. 이를 통해 신뢰와 협력을 강화할 수 있을 뿐만 아니라 이해관계자들의 참여와 혁신을 유도할 수 있다.

또한 정보공유와 소통은 일관성 있고 더 나은 의사결정을 돕는다. 조직 내부뿐만 아니라 협력 파트너와의 정보공유는 모든 구성원과 관련 기관들이 동일한 목표와 전략을 이해하고 일관성 있게 행동하는데 도움이 된다. 중요한 정보가 협력 파트너들 간에 공유될 때 더 정확하고 효율적인 결정을 내릴 수도 있다. 이해관계자들의 다양한 의견과 피드백은 의사결정에 따른 리스크를 줄이고, 더 신속하고 혁신적인 해결책을 모색하는데 도움된다는 점도 기억하자. 정보공유와 소통이 주는 또 다른 유익은 직원과 파트너들의 참여와 혁신을 유도할 수 있다는 점이다. 정보공유는 직원과 이해관계자들이 조직의 목표와 전략을 더 잘 이해하고, 자신의 역할을 명확히 이해하는데 도움이 된다. 자신이 하는 일이 전체목표와 어떻게 연결되는지 알 때 더 큰 책임감과 열정을 가지게 된다. 또한 다양한 부서와 파트너들 간의 정보공유는 혁신을 촉진할 수도 있다. 서로 다른 배경과 전문성을 가진 사람들이 정보를 공유하고 협력할 때, 새로운 아이디어와 혁신적인 해결책을 찾아낼 수 있다. 이는 조직의 경쟁우위를 유지하는 데 중요하며, 결국 협업 파트너들의 지속적인 성장과 발전에 기여하게 된다. 이해관계자들 간의 관계를 건강하고 지속적으로 가져가는 데 지름길은 없는 것 같다. 고객과 시장에 약속한 것을 진심을 담아 지키고, 협력하는 파트너 서로를 인정하고 존중하는 태도를 실천하는 것이 그 비결이 아닐까?

제 2 장

# 악보 구성하기

## 프레임워크 구축

# Composing the Score

## Establishing the Framework

## Q. 우리 회사의 지속가능경영을 시작하고자 한다. 그 준비를 어떻게 해야 하나?

지속가능경영의 궁극적 목표는 자사의 전략 실행을 통한 성과 창출에 그치지 않고, **지속가능경영의 실천을 조직문화화 하는 것**이다. 그 과정에 지속가능경영을 추구하는 기업의 도전을 안내하고 확산하기 위해 각 기업의 지속가능경영 활동을 보고서 형태로 발간하도록 법제화가 활발하다. 그 대표적인 것이 EU의 CSRD이며, ESRS를 제정하여 지속가능성 보고서에서 기업이 공시할 정보의 범위와 기준을 명시하고 있다.[27] 따라서 지속가능경영을 준비하는 각 기업입장에서는 이 보고 가이드라인에 맞춰 그 공시내용을 체계적으로 준비해야 한다. ESRS가 규정한 공통공시 항목은 지배구조, 전략, 임팩트 위험 및 기회관리, 지표 및 목표관리 등 4가지다.

이를 기반으로 지속가능경영 전략을 실행하기 위해서는 기업은 먼저 지속가능경영 실행을 위한 지배구조를 명확히 해야 한다. 전담위원회를 구성하고, 지속가능성 관련 이슈에 대한 책임과 권한을 명확히 하며, 이사회의 참여와 감독을 강화해야 한다. 다음으로, 기업은 자사의 사명, 비전, 핵심 가치와 연계된 지속가능경영 전략을 수립한다. 지속가능성 전략 목표를 설정하고 그 목표 달성을 위한 중장기 경쟁전략과 그 실행계획을 구체화해야 한다. 그 내용에는 환경 관리, 인

27 "The Commission adopts the European Sustainability Reporting Standards", European Commission

권 보호, 노동 기준 준수 등의 정책과 다양한 이해관계자들의 참여와 협력을 이끌어 내는 방안도 포함되어야 한다. 또한, 기업은 지속가능성 관련 리스크를 평가하고, 이를 완화하기 위한 방안을 모색해야 한다. 기후 변화, 규제 변화, 사회적 책임 이행 등과 관련된 리스크를 식별하고 평가하여, 이에 대한 대응 전략을 마련해야 한다. 동시에, 지속가능성 이니셔티브를 통해 새로운 시장 기회를 탐색하고, 이를 회사의 경쟁력 강화와 수익성 증대의 기회로 활용해야 한다. 협력업체와의 협력을 통해 가치사슬 전반의 지속가능성을 향상시키는 것도 중요하다. 마지막으로, 기업은 지속가능성 목표 달성 여부를 측정하기 위한 구체적인 지표를 설정하고, 정기적으로 데이터를 수집 및 분석해야 한다. 환경, 사회, 지배구조와 관련된 주요 성과 지표(KPI)를 설정하고, 정기적으로 데이터를 수집하여 평가하는 체계를 마련해야 한다. 특히 가치사슬 전반의 방대한 관련 데이터를 효율적으로 관리하고 분석하기 위한 시스템을 구축해야 한다. 이를 활용해 지속적인 모니터링을 시행하고, 개선을 위한 피드백을 수렴하는 것이 중요하다. 각 단계와 관련된 세부 내용을 이어서 살펴보도록 하자.

1-2-1

# 지휘자의 지휘봉

## 지속가능한 조직을 위한 거버넌스

## The Conductor's Baton

Streamlining Governance for Sustainability

### Q. 지속가능경영을 추진하는 주체는 누가 되어야 하며, 그 추진체제는 어떻게 구성해야 하나?

ESRS 2는 기준서 중 유일하게 모든 기업에 적용되는 의무사항으로, 거버넌스 (Governance) 관련 아래 5가지에 대한 공시를 요구하고 있다. (1) 운영, 관리 및 감독조직의 역할, (2) 상기 조직에 제공된 정보 및 처리된 지속가능성 관련 사항, (3) 지속가능성 관련 성과의 인센티브 반영, (4) 지속가능성 실사보고서 관련 정보, (5) 지속가능성 보고 관련 리스크 관리 및 내부통제 등이 그것이다. 이들 내용의 골격은 지속가능경영 추진체제를 어떻게 설계하고 운영하는지의 문제다. 추진체제는 기업의 규모와 특성, 지속가능경영 목표의 범위와 복잡성, 소요예산, 전문인력 보유 현황, 기업문화 등을 고려하여 설계해야 한다. 고려할 옵션으로는 중앙 집권형, 분권형, 혼합형 등이 있고, 선택한 구조에 외부 전문가나 자문기구 활용 여부와 다양한 이해관계자와의 협업 방안을 담아야 한다. 지속가능경영을 효과적으로 추진하기 위해서는 기업의 모든 이해관계자가 참여하여야 한다. 즉, 최고 경영진(CEO 및 C-level 임원), 중간 관리자, 실무진, 그리고 외부 이해관계자들(고객, 공급업체, 지역사회 등)이 모두 참여해야 한다.

**최고 경영진**은 지속가능경영의 최종 책임을 지며, 이를 기업의 전략적 우선순위로 추진하는 궁극적 주체다. 이들은 지속가능성의 중요성을 강조하고, 조직 전체에 비전과 방향성을 제시하는 동시에 전사적 캠페인을 통해 지속가능한 문화 정착을 위해 솔선수범해야 한다. 또한, 지속가능성 목표 달성을 위해 필요한 의사결정, 자원 배분, 성과 평가와 보상을 주도하는 주체다.

**지속가능성 전담팀** 운영이 필요하다. 전담팀은 지속가능 전략의 개발 및 실행을 주도한다. 이 팀은 ESG와 관련된 규제 준수, 보고서 작성, 그리고 이해관계자와의 소통을 담당한다. 팀 구성 시에는 지속가능성 전문가, 법무, 재무, 마케팅 및 커뮤니케이션 전문인력이 필요하다.

**중간 관리자와 실무진**은 일상적인 운영에서 지속가능성 정책을 실행하고, 직원들을 교육하며 동기부여하는 역할을 한다. 이들은 지속가능성 목표를 달성하기 위해 필요한 구체적인 행동계획과 KPI를 설정하고, 이를 달성하기 위한 명확한 지침을 제공한다. 또한 실적에 따라 성과를 평가하고 인센티브를 제공하는 역할도 해야 한다.

지속가능경영은 **기업 내외부의 이해관계자**(예: 공급업체, 고객, 투자자, 지역사회 등)와의 협력 없이 실현되기 어렵다. 이들은 지속가능성 목표의 달성과 상호 이익을 위한 협력관계를 구축하는 데 중요한 역할을 한다. 정기적인 소통을 통해 이해관계자의 의견을 수렴하고, 그들의 기대와 요구에 부응하는 지속가능성 전략을 개발해야 한다. 또한, 공급망 전반에 걸쳐 지속가능성 기준을 설정하고, 이를 준수할 수 있도록 지원하는 협력 체제를 구축해야 한다.

어떤 추진체제를 선택하더라도 변하지 않는 중요한 점은 **최고 경영자의 주도와 솔선수범**이다. 전담팀을 구성하여 모든 책임을 맡기고 본인의 역할에 소홀해져서는 지속가능경영이 뿌리를 내릴 수 없다. 규제를 피하기 위해 최소한의 요구사항에 맞춰 지속가능보고서 작성하는 것이 목적이 아니다. 지속가능경영을 자사의 기업문화로 정착시키는 것이 궁극적 목적이며, 이 일은 최고 경영자의의 가장 중요한 임무임을 잊지 말자.

## Q. 조직 전체가 지속가능경영에 주도적으로 참여하게 하려면 어떻게 해야 하나?

휴대폰 번호이동성과 010 번호통합이 시작된 첫날인 2004년 1월 1일 서울 강남고속터미널 앞 광장에 LG텔레콤(현 LG유플러스) 직원들이 어깨띠를 두르고 결연한 표정으로 서 있었다. 남용 사장의 선창으로 직원들은 "5%는 불가능해도 30%는 가능하다! 오늘 할 일은 오늘, 지금 할 일은 지금, 혁신은 실행이다! 혁신하자 서비스, 달성하자 800만!"이라는 구호를 외쳤다. 이 구호는 이미 2002년 6월부터 전 사업장에서 아침 8시 업무를 시작하면서 외쳐왔다. 하지만 이날의 구호에서는 그간의 가입자 달성 목표를 600만에서 800만으로 높여 새로 제창했다. LG텔레콤 전 직원들은 하루 일과를 시작하면서 각자의 업무, 팀 업무를 30% 개선할 수 있는 혁신방안을 끊임없이 고민하고 실천해 왔다.

2003년말 누적가입자 483만 명에서 3개월여가 지나 LG텔레콤은 가입자 500만 명을 돌파한 데 이어 2004년말 600만 명을 달성했다. 한 해 동안 무려 120만 명의 순증가입자를 유치한 것이다. 이런 성과를 이뤄낸 배경에는 순차적 번호이동성 제도, 뱅크온(BankON) 서비스, 고객 최우선의 상품 및 서비스 등 다양한 요인이 있지만 가장 핵심은 그간 지속해 온 "강한 조직 만들기"의 성과로 봐야 한다.

LG텔레콤의 혁신 활동이 가속화된 것은 '혁신학교'를 통해 한마음 만들기가 성공하면서다. CEO의 주도하에 2002년 6월 전 임원들이

LG전자의 창원 '냉장고 혁신학교'를 이수한 이후 모든 팀장들이 이 연수를 받았다. 이 교육은 혁신을 위한 정신무장과 기본 학습, 생산현장 체험, 야간 생산현장 개선 아이디어 100개 도출하기, 10시간 팀 야간 행군 등 5박 6일 기간 중 엄청난 과제를 수행해야 하는 극한의 훈련 프로그램이다. 이를 통해 혁신을 위한 정신력 강화와 방법론 체험, 극한의 효율을 추구하는 개인 및 팀 활동을 훈련한다. 혁신학교 이수 후 인식과 행동 면에서 자사의 "강한 조직 만들기"에 상당한 효과가 있음을 확인한 후 LG텔레콤은 통신사업 특성에 맞는 '고슴도치 혁신학교'를 만들어 이듬해부터 전 직원을 대상으로 교육했다.

규모와 자원 면에서 차이가 큰 1, 2위 사업자와 경쟁하기 위해서 LG텔레콤은 강한 현장과 강한 조직이 필요하다는 목표를 정했다. 혁신학교는 전 직원들이 냉혹한 경쟁현실을 인식하고 혁신의욕을 한 방향으로 이끌어 내는 프로그램으로 활용됐다. 이를 통해 형성된 긍정적인 혁신의지를 실행 프로그램으로 연결시켜 성과를 창출하고, 나아가 조직문화로 만드는 과제도 체계적으로 시행했다. 이는 강한 조직 만들기 5단계 활동으로 정리되어 추진되었다.

1단계는 "**함께 한마음 만들기**"다. 모든 구성원의 가치관을 한 방향으로 정렬하는 것이 목표다. LG텔레콤은 혁신 활동의 테마를 '낭비 제거', '일 잘하는 법(일잘법)'을 찾아 업무 효율성을 극대화하는 것으로 정했다. 이를 위한 가치관 정렬, 방법론 체험, 실행의 중요성을 경험하는 등 한마음을 만드는 장으로 혁신학교를 활용했다. 이후 방법론을 더욱 표준화, 정교화하고, 팀 별 개선 아이디어 도출을 지원하기 위해 전 조직을 팀 단위로 일본 토요타 생산 시스템(Toyota Production System: TPS) 연수를 보내는 투자를 했다.

2단계는 "**함께 Task 만들기**"다. 이는 팀 및 개인 단위로 낭비제거를 위한 아이디어를 도출하고 이를 '일 잘하는 법'으로 개선 방안을 정리하게 하는 단계다. 팀 자체적으로 해결 가능한 문제도 많지만 조직 간 협업을 통해 개선활동을 해야 할 과제도 많았다. 이러한 과제를 신속히 추진할 수 있도록 의사결정을 지원하기 위해 FET(Fully Empowered Team)을 운영했다. CEO가 FET 활동에 참여하고 매주 모니터링 했기 때문에 과제해결을 위한 의사결정이 지연되는 일은 생기지 않았다.

3단계는 "**함께 목표 높이기**"다. 한번 개선된 과제가 완성이 아니고 새로운 혁신의 출발점으로 설정하여 끊임없이 도전하도록 했다. "5%는 불가능해도 30%는 가능하다"는 혁신구호에서 알 수 있듯이 작은 개선이 아니라 근본적인 재설계, stretch 목표 도전을 통한 혁신을 강조했다. 이를 통해 도전 목표 달성이 일상적으로 가능한 강한 조직을 만들어 나갔다.

4단계는 "**함께 성공 만들기**"다. 높은 도전 목표를 설정해 놓고 달성을 못하면 의욕이 꺾이고 패배주의에 빠져들 수 있다고 보았다. 따라서 개선과제로 등록된 아이디어는 꼭 성공할 수 있도록 지원을 아끼지 않았다. 전문가의 도움도 받을 수 있도록 하고, 여러 조직이 걸린 과제는 앞서 살펴본 FET를 통해 신속한 의사결정과 지원이 가능하도록 했다. 목표 달성을 반복적으로 경험함으로써 성공 체험을 하고 자신감을 갖도록 했다.

5단계는 "**함께 축하하기**"다. 성공 체험과 사례가 한 조직 내에서만 일어나서는 곤란하다고 봤다. 성공한 과제는 반드시 발표하고 포상을 통해 인정했다. 그리고 그 성공 사례를 '일 잘하는 법'으로 정리하여 전 조직에서 이를 활용하도록 했다. 개선된 과제를 적용하는 것뿐만 아니라 문제해결 방법을 공유함으로써 "강하고 지혜로운 조직"의 근간이 되도록 독려했다.

이 활동을 시작할 때에는 상당한 우려와 반대의견도 있었다. 하지만 "강하고 지혜로운 조직"을 만들겠다는 비전 달성을 위한 CEO의 의지로 시작되었고, 이어지는 솔선수범과 전폭적인 투자와 지원으로 강한 조직, 강한 현장을 만들 수 있었다. 남용 사장이 CEO로 재임하던 2006년 7월까지 LG텔레콤의 혁신 활동은 이어졌고, 그간 만들어진 조직역량이 발휘되면서 그가 물러난 이후에도 가입자 700만 달성(2006년 12월), 800만 달성(2008년 4월)을 이루어 냈다. 단단한 조직문화를 만드는 일이 얼마나 많은 이들의 땀과 노력과 자원을 요구하는지, 그리고 그렇게 만들어진 조직문화가 얼마나 강력한지 LG텔레콤 사례를 통해 알 수 있다.

지속가능경영 추진체계를 구축했지만, 조직 전체의 적극적인 참여를 이끌어내는 것은 또 다른 과제이다. 어떻게 하면 조직원들이 지속가능경영을 단순한 상부의 지시가 아닌, 자신의 일처럼 생각하고 주도적으로 참여하게 할 수 있을까? 이를 위해 필요한 몇 가지 요소를 살펴보면 다음과 같다.

가장 중요한 것은 **리더의 강력한 의지와 솔선수범**이다. 리더는 지속가능경영의 중요성을 명확히 인식하고, 이를 기업의 핵심전략으로 삼겠다는 의지를 천명해야 한다. CEO를 포함한 리더십 팀이 지속가능성을 목표로 한 의사결정과 일상적인 행동에서 모범을 보여야 한다. 또한 지속가능경영의 목표와 비전을 명확히 설정하고, 이를 전사적으로 커뮤니케이션 함으로써 모든 직원이 기업의 장기적인 방향성을 이해하고 각자의 역할을 명확히 알 수 있도록 해야 한다. LG텔레콤의 사례에서 볼 수 있듯이 "강하고 지혜로운 조직"을 만들겠다는 비전을 명확히 천명하고, CEO의 주도하에 임원들이 혁신학교에 입소하고, FET를 통해 팀 활동을 주도하는 모습을 만들어야 한다. 전 직원들은 '낭비 제거'와 '일 잘하는 법'을 만드는 활동을 통해 각 조직, 각자의 역할에서 성과를 내도록 한마음이 되는 문화를 구축해야 한다.

다음으로 필요한 것이 **전사적 교육 및 역량 강화 프로그램 운영**이다. 지속가능경영의 중요성과 구체적인 목표를 이해시키기 위해 전사적인 교육 프로그램을 마련해야 한다. 예를 들어, 지속가능성 관련 워크숍, 세미나, 온라인 강의 등을 정기적으로 개최하고, 이를 통해 직원들이 지속가능성의 개념과 실천 방안을 숙지하도록 한다. 지속가능경영을 추진하기 위해 필요한 전문 지식을 보유한 인재도 육성해야 한다. 이를 위해 ESG 관련 자격증 취득 지원, 외부 전문가 초빙 교육, 지속가능성 관련 프로젝트 경험 기회를 제공하는 등 조직 구성원의 역량을 강화해야 한다.

**지속가능경영 목표와 연계된 평가와 인센티브 시스템 구축**도 필요하다. 성과 평가 체계를 지속가능경영 목표와 연계해야 한다. 가장 중요한 것은 이 활동에 참여함으로써 각 조직 구성원이 얻어갈 수 있는 유익이 무엇인지 명확히 하는 일이다. 이를 통해 조직 구성원들이 지속가능경영 목표 달성에 대한 동기를 부여받고, 적극적으로 참여하도록 유도할 수 있어야 한다. 우수한 성과를 낸 부서나 팀에게 보너스나 승진 기회를 제공할 수 있다. 더욱 중요한 것은 이 여정에 각자가 적극 참여함으로써 본인의 역량개발을 충분히 할 수 있고 그로 인해 스스로의 경력개발을 할 수 있도록 가능성을 열어 주는 것이다. 이를 위해 지속가능성 관련 성과를 투명하게 공유하고, 역량개발을 위한 긍정적인 피드백을 제공함으로써 직원들의 참여와 성장을 유도하게 된다. LG텔레콤의 경우 "LG텔레콤 Way"라는 임직원들에게 약속하는 가치제안을 만들어 이를 강조하였다. 그 요지는 3위 사업자로서 자사가 임직원에게 약속하는 것은 당장 최고의 연봉, 최고의 처우가 아니라, 가장 빨리 각 분야의 인정받는 전문가가 되도록 만들어 주겠다는 약속이었다. 이 약속은 구성원의 역량 평가, 성과 평가 체계와 방식에 반영되었고, 각 전문 분야 별 경력 로드맵에도 적용되었다. 연공서열이 아니라 검증된 역량에 따라 발탁인사가 활발히 시행되었다. 비정규직 판매사원으로 일했던 다수 인력 중에 역량이 우수한 직원에 대해 정규직 전환이나 대리점 개설 지원 등 파격적인 처우가 실행되었다.

마지막으로 **지속적인 커뮤니케이션과 참여 유도**가 필요하다. 지속가능경영의 중요성, 목표, 성과 등을 전사적으로 공유하는 커뮤니케이션 채널을 활성화한다. 예를 들어, 사내 뉴스레터, 인트라넷, 타운홀 미팅 등을 활용하여 지속가능경영과 관련된 최신 정보를 전달하고, 직원들의 의견을 수렴하는 자리를 마련한다. 전사적인 참여를 유도하기 위한 지속가능성 관련 캠페인, 챌린지, 봉사활동 등도 기획한다. 예를 들어, '지속가능한 사무실 만들기' 캠페인을 통해 직원들이 자발적으로 에너지 절감, 자원 재활용 등을 실천하도록 유도하고, 이를 통해 조직 내 지속가능성 문화를 확산시킬 수 있다. LG텔레콤의 경우 활발한 성과 공유를 통해 현장 목표 달성을 독려하는 도구로 활용했다. 영업점 그룹별로 일별 월별 목표 달성도를 거의 실시간으로 공유함으로써 경쟁심과 도전 의식, 목표 달성 의지를 독려하는 좋은 효과를 봤다. 또한 CEO는 매주 열리는 핵심 임원 회의 맨 첫 순서를 고객의 소리와 FET 활동과 실적, 우수 사례 공유에 할애했다. 그리고 팀 별로 토요타 생산 시스템 연수를 다녀온 팀은 월요일 아침 김밥 회의를 열어 다녀

온 모든 직원의 소감과 연구한 팀과제를 듣고 그 실행에 필요한 지원 요청 사항이 있는지도 확인했다. 그리고 매주 토요일에는 전국 각 사업장 직원들과 함께 산행을 하고 이들의 의견을 듣는 소통활동을 빠지지 않고 했다.

조직 전체의 적극적인 참여를 이끌어 내는 핵심은 조직원들이 지속가능경영이 단순한 지시가 아니라, 조직의 미래와 자신의 삶의 질 향상에 기여하는 활동이라는 것을 인식하도록 하는 것이다. 또한 이 활동이 조직의 사명과 비전 달성을 위해 리더 그룹이 적극 주도하고 솔선수범하여 조직문화를 구축해 가는 진지한 여정임을 확신시키는 것이다. 그래야만 조직원들이 주인의식을 가지고 지속가능경영에 동참하게 된다. 베를린 필에서 사이먼 래틀이 악단의 지속가능성 구축에 성공할 수 있었던 가장 중요한 요인도 악단 연주자들의 호응을 얻을 수 있었기 때문이다. 새로 추진하는 제도와 프로그램들이 단원들의 연주 기회를 확대하고 나아가 개인 팬덤을 구축함으로써 각자의 가치를 높이는 좋은 기회라는 점을 잘 설득한 결과였음을 기억하자.

1-2-2

# 악보 준비

## 전략과 정책의 조율

## The Composed Score

Aligning Policies with Strategies

### Q. 기업의 경영전략은 어떻게 수립하나?

ESRS 2에서는 전략 관련 일반공시 항목으로는 (1) 전략과 사업 모델, 가치사슬 (2) 이해관계자의 관심사항과 관점 (3) 중요한 영향, 리스크와 기회 및 전략과 사업 모델과의 연계성 등을 공시하도록 하고 있다. 이는 최소한의 공시 요구사항이고, 이를 준비하기 위해서는 각 기업의 정교한 지속가능 전략 수립이 필요하다.

기업의 전략은 목표 고객에게 자사가 준비한 가치를 효과적으로 전달함으로써 경영 목표를 달성하는 방안을 정리한 것이다. 효과적인 전략 수립에 쓸 수 있는 다양한 방법론이 개발되어 있으나, 이들은 도구에 불과함을 명심하자. 전략을 수립하는 것은 정형화된 방법론에 자료를 입력하여 표준화된 결과물을 만들어 내는 작업이 아니다. 오히려 적절한 도구와 프레임워크를 사용하되 경쟁에서 이길 수 있는 자사만의 처방을 만들어 내는 매우 창의적인 작업이다. 따라서 전략에는 자사의 존재이유와 미래모습을 담은 사명과 비전이 담겨야 한다. 그리고, 다양한 고려요소 가운데 상당한 변화가 있을 때는 그 변화를 반영하여 수정하는 작업도 필요하다. 전형적인 전략수립 방법은 다음과 같다.

**그림 7. 전략수립 프로세스**

| | 환경분석 | 전략 방향 도출 | 경영전략 수립 | 실행계획 수립 | 실행/모니터링 |
|---|---|---|---|---|---|
| 목적 | • 전략수립에 고려할 핵심 키워드 도출 | • 전략 방향성과 목표 도출 | • 사업 모델, 중장기 경영전략, 정책 개발 | • 전략실행을 위한 계획과 자원 배분 | • 전략실행 모니터링 통한 조직문화화 |
| 내용 | • 외부 환경분석<br>• 경쟁분석<br>• Best Practice 분석<br>• 내부역량 진단 | • 사명, 비전, 핵심 가치 점검<br>• 전략적 위치 분석<br>• 차별화 통한 가치 창출 기회 파악<br>• 전략목표 및 로드맵 도출 | • 사업 모델 구축<br>• 전략대안 도출 및 분석<br>• 중장기 전략 수립<br>• 사업/기능 전략 수립<br>• 주요정책에 반영 | • 실행 로드맵 개발<br>• 자원배분계획 수립<br>• 조직구조 및 프로세스 설계 | • 성과 모니터링<br>• 피드백 및 조정<br>• 리스크 관리 |
| TOOL | • 3C 분석<br>• PESTEL<br>• 포터의 5 Forces<br>• 산업구조 분석<br>• 7S<br>• 가치사슬 분석 | • SWOT 분석<br>• 갭 분석<br>• 시나리오 기법<br>• SCP 분석 | • Business Model Canvas<br>• BCG 매트릭스<br>• GE-McKinsey 매트릭스<br>• STP, Scenario Planning<br>• Business Game | • 프로젝트 관리 도구<br>• Balanced Scorecard<br>• 변화관리 모델 | • PDCA 사이클<br>• Balanced Scorecard<br>• KPI<br>• 리스크 관리도구<br>• 조직진단 |

첫번째 단계는 외부환경, 경쟁사, 자사역량 분석을 통하여 경쟁전략 수립에 반영할 핵심 키워드를 도출하는 단계다. 외부 환경 분석 시에는 규제 환경의 변화, 시장의 트렌드, 소비자의 요구사항이나 구매 패턴의 변화 등에 주목해야 한다. 특히 과거와 현재 상황의 분석뿐만 아니라 중장기적으로 예상되는 트렌드와 그 시사점 찾는 것이 중요하다. 경쟁사 분석 시에는 현재 사업중인 경쟁사에 더하여 시장 진입이 예상과는 잠재 경쟁사에 대한 분석도 필요하다. 특히 진입장벽이 높지 않은 사업의 경우 잠재 경쟁사의 진입이 예상된다면, 시장 진입 시 어떤 전략을 취할지 예상하는 일이 중요하다. 이를 위해서 비즈니스 게임, 롤 플레이 등의 도구를 사용할 수 있다. 자사의 역량을 분석할 때는 7S 프레임워크를 흔히 사용한다. 자사의 조직(Structure), 전략(Strategy), 시스템(System) 등 하드한 자원과 가치관(Shared Value), 기술(Skill), 문화(Style), 인재(Staff)의 소프트한 자원을 구분하여 분석하는 것이 유용하다. '가치사슬(Value Chain Analysis)' 프레임워크를 같이 사용함으로써 자사 역량의 강약점을 분석하고, 특히 소프트한 요소의 중요성을 감안하여 시사점을 찾아보면 유용하다.

환경분석을 하는 목적은 시장, 소비자, 규제, 경쟁환경, 자사 역량의 각 분야의 현황과 앞으로 예상되는 변화를 이해하여 자사의 중장기 경쟁전략에 반영할 시사점을 찾아내는 것이다. 이 시사점을 활용하여 '전략 방향 도출'하는 것이 다음 단계다. 여기서 도출하는 전략 방향은 향후 중장기 전략 수립의 기반이 된다. 자사의 사명, 비전, 핵심 가치와 맞는 방향성 도출이 필요하다. 그리고, 자사 역량에 실행 가능하고, 경쟁사의 약점을 찔러 이길 수 있는 고객가치를 제안할 수 있어야 한다. 아래에 소개된 LG텔레콤의 2002년의 사례를 통해 이 단계에서 해야 할 일을 살펴보자.

**그림 8. LG텔레콤 전략수립(2002년 현재)**

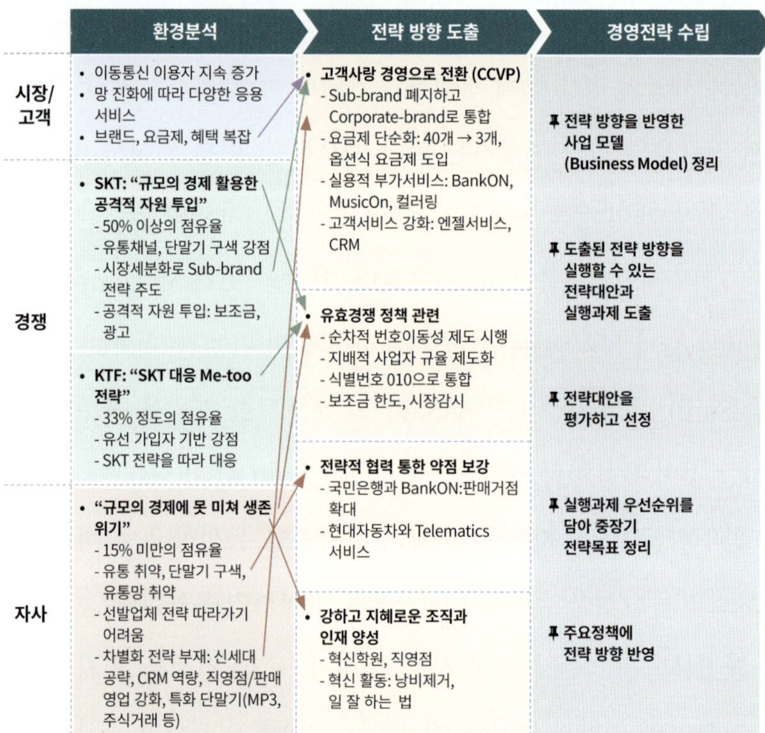


2002년 LG텔레콤의 상황은 3위 사업자로서 2001년 5월 400만 명 가입자 돌파 후 시장점유율 13% 수준에 머물며 규모의 경제에 도달하

지 못해 생존의 위협을 받고 있었다. 이에 반해 신세기 통신을 성공적으로 합병한 SK텔레콤은 55%에 육박하는 시장점유율 확보하여 1위 사업자로서의 프리미엄을 충실히 누리고 있었다. 주파수, 단말기, 유통채널, 브랜드 등 모든 점에서 경쟁우위를 점한 SK텔레콤은 그 시장 지배력을 더욱 공고히 하기 위해 TTL, ting, Uto, cara 등 세대별, 성별 서브 브랜드를 공격적으로 출시하여 소비자를 사로잡아 나갔다. 2위 사업자인 KTF(현 KT)는 33% 정도의 시장점유율을 보유하며 SK텔레콤의 브랜드와 시장전략을 따라가고 있었다. 이 시점 LG텔레콤의 고민은 "과연 우리도 SK 전략을 좇아 서브 브랜드를 출시하여 대응해야 하나?"였다. 우선 내린 결정은 "우리도 대응 서브 브랜드를 내고 최대한 경쟁해 보자"였다. 이에 따라 LG텔레콤은 사장 직속으로 전담 TFT를 구성하여 Khai라는 TTL 대응 브랜드를 출시했다. Khai 출시를 통해 긍정적인 시장반응을 이끌어내는 데 성공했다. 하지만 점점 확대, 강화되어 가는 서브 브랜드 전략을 따라갈 재원이 없었다. 이런 심화된 브랜드 경쟁구도 속에서 소비자는 취향에 맞는 서브 브랜드가 제공하는 가치를 즐기는 장점이 있었다. 하지만 이내 다수의 브랜드 출시에 따라 수많은 요금제와 부가서비스가 난립되는 속에서 자신에게 맞는 요금제와 서비스를 선택하는데 상당한 혼란을 겪었다.

이런 상황에서 LG텔레콤은 전략적 선택의 기로에 섰다. 가장 큰 질문은 "공격적인 서브 브랜드 출시를 통해 시장 세분화를 치고 나가는 선발 사업자의 마케팅 전략에 어떻게 대응해야 하나?"였다. "경쟁사 전략을 따라갈 것인가? 아니면 20% 시장점유율 목표에 도전해 볼 수 있는 다른 전략 대안을 찾을 수 있나?"의 문제였다. 다행히 다수 고객이 당시 난립한 요금제와 서비스 제안에 대해 큰 혼란을 느끼고 있었고, 자신들의 필요에 맞는 서비스를 편리하게 받고 싶어하는 숨은 니즈를 찾을 수 있었다. 이런 고려를 통해 LG텔레콤은 서브 브랜드 전략을 포기하고 전사 브랜드(LGT) 하나로 통일하는 어려운 결정을 내렸다. 40개 이상 운영하던 요금제도 3개의 중심 요금제로 줄이고, 필요에 따라 옵션요금을 선택하도록 단순화했다. 실용적인 부가서비스를 강화하는 동시에 찾아가는 고객 서비스 등 대 고객 서비스를 획기적으로 강화했다. '고객사랑 경영(Customer Champion Value Proposition, CCVP)'을 선언함으로써 1위, 2위 사업자와 차별화하여, 오로지 고객입장에서 고객이 겪는 문제를 해결해 주는 사업자가 되겠다는 전략을 선택했다.

하지만 고객사랑 전략의 선택만으로 목표로 하는 가입자 유치가 저절로 될 수는 없었다. "어떻게 하면 3위 사업자가 경쟁에서 살아남을 수 있는 제도적 기반을 만들 수 있을까?"하는 문제도 해결해야 했다. 대표적인 규제 사업인 통신 서비스 시장에서 꼴찌 사업자가 살아남아야 고객의 선택 폭이 확보된다는 논리를 강조했다. 아울러 55%에 가까운 선두업체의 시장지배력이 심화되는 폐해를 적극 지적하면서 '유효 경쟁정책'의 필요성을 정책당국에 적극 설득했다. 이를 통해 순차적 번호이동성 제도 시행, 지배적 사업자의 시장점유율 50%로 제한, 010으로 식별번호 통합, 보조금 상한제 등을 관철해 내야 했다. 이 중 사업자별로 6개월씩 시차를 두고 시행하는 '순차적 번호이동성' 제도는 세계적으로 유례가 없는 첫 사례였다. 010으로 식별번호를 통합한 것은 프리미엄 식별번호로 자리잡고 있던 011 SKT 브랜드 가치를 무력화시키는 중대한 변화였다. 유효경쟁 정책의 이름으로 시행된 변화들은 생존의 위기에 있던 LG텔레콤의 사활을 건 유효경쟁 정책제안과 설득 없이는 불가능한 제도의 변화였다.

또 하나의 전략적인 고민은 "후발 사업자로서 가진 취약점을 어떻게 하면 극복할 수 있을까?"하는 것이었다. 그 중 가장 취약한 것이 유통망이었다. 1위와 2위 사업자가 역량 있는 대리점과 매장위치를 선점하고 있었다. 3위 사업자가 이들 대리점과 전환계약을 맺는 것도 어려웠고, 좋은 위치의 매장을 확보하는 데도 많은 자원과 시간이 소요되기 때문이었다. 이 문제 극복은 전통적인 방식의 점포확대만으로는 불가능했다. 좋은 위치의 거점을 확보하고 있는 타 업종의 대표기업과 협업을 통해 풀어보자는 방향을 설정했다. 그 결실이 국민은행의 지점에서 가입자 유치영업을 할 수 있게 된 것이었다. 바로 뱅크온(BankON) 서비스를 출시하면서 은행을 설득하는 명분을 얻었다. 이후 다른 주요 은행으로 서비스를 확대함으로써 좋은 위치에 있는 은행 지점을 가입자 유치 창구로 활용할 수 있었다. 창의적인 아이디어를 윈-윈 전략으로 승화함으로써 고질적인 유통의 취약점을 해결하는 혁신의 성공 사례가 만들어진 것이다.

마지막으로 고민한 것은 "어떻게 하면 확보한 판매 거점에서 최선의 성과를 올릴 수 있을까?"하는 문제였다. 이를 위해서는 판매를 대리점에 의존하는 방식보다는 판매 역량을 갖춘 자사 직원들을 많이 양성해야 한다고 판단했다. 이를 위해 직영점을 공격적으로 확대하고, 영업과 마케팅 직군의 모든 직원들의 판매점 근무를 의무화함으로써 판매 역량을 자사의 핵심 역량으로 만드는 노력을 아끼지 않았다. 회사의 비전도 "강하고 지혜로운 조직과 인재를 만드는 회사"로 조정했고, '낭비 제거'와 '일 잘하기' 활동을 적극적으로 추진하는 배경이 되었다.

이어지는 경영전략 수립단계는 앞 단계에서 정리한 전략 방향을 담아 가능성 있는 전략대안을 개발하고, 그 중 가장 타당성 있는 대안을 전략으로 정하고 구체화하는 작업이다. 2002년 LG텔레콤 상황에서 생각해 볼 수 있는 전략대안은 다음과 같다. (1) 1위와 2위 사업자의 전략을 따라가되 훨씬 효율성 높은 운영으로 가입자 기반을 확대한다. (2) 유선사업자와의 M&A를 통해 규모의 경제를 개선한다. (3) 고객사랑 경영을 통해 차별화 전략을 실행한다. 당시 LG텔레콤은 (3)번 대안을 선택했고, 그 전략을 충실히 실행함으로써 생존기반을 구축할 수 있었다.

확정한 전략대안은 '비즈니스 모델 캔버스(Business Model Canvas)"를 활용하여 정리하여 검증하고, 전략으로 구체화할 수 있다. LG텔레콤의 사례를 비즈니스 모델 캔버스에 정리하면 다음과 같다.

**그림 9. LG텔레콤 비즈니스 모델 캔버스 (2002년 현재)**

| Key Partners | Key Activities | Value Propositions | Customer Relations | Customer Segments |
|---|---|---|---|---|
| • 단말기 제조사<br>• 제휴은행<br>• 음원서비스 회사<br>• 방문 서비스 요원 관리 회사 | • 전문 영업인력 양성 프로그램<br>• 실시간 영업실적 공유 시스템<br>• 협업을 통한 서비스 개발, BankON, MusicON<br>• 맞춤형 CRM 캠페인<br>• 유효경쟁 환경 조성을 위한 대외협력 | **"고객 사랑 경영(CCVP)"**<br>• 간단하지만 나의 필요를 충족시킬 수 있는 경제적인 요금제<br>• 편리하고 실용적인 부가서비스, BankON, MusicON<br>• 직접 방문이 필요 없는 맞춤형 서비스, 엔젤 서비스, CRM | • CRM<br>• 고객센터 | • 실용성을 중시하는 이동 통신 이용자 |
| | **Key Resources** | | **Channels** | |
| | • 훈련된 영업인력<br>• 전용 단말기<br>• 유연한 가입자 관리 시스템<br>• 판매관리비 | | • 직영 판매점, 대리점<br>• 제휴사 영업점(은행 지점): 훈련된 정규직/계약직 영업사원<br>• 방문하는 서비스(엔젤 서비스) | |

| Cost Structure | Revenue Streams |
|---|---|
| • 낭비 없는 생산성 높은 자원활용<br>• 고액 보조금 경쟁 예방, 직영점 중심 영업 강화<br>• 협력을 통한 저비용 판매거점 확보 | • 고 ARPU(월이용금액) 고객 목표<br>• 공격적 가입자 유치: 600만, 800만 명 |

'고객사랑 경영'을 가장 핵심 가치제안으로 하고 실용성을 중시하는 고객들을 목표 고객으로 하는 사업 모델이다. 전략적 협업을 통해 새로운 영업거점을 공격적으로 확보하고, 훈련된 영업인력을 투입하여 가입자 기반을 공격적으로 확대하는 것이 목표다. 이를 위해서는 요금제와 단말기, 서비스가 잘 준비되고, 영업실적 관리시스템이 체계적으로 준비되도록 하고 있다. 아울러 낭비 제거 활동과 일 잘하는 법을 모든 현장에 적용함으로써 생산성을 극대화하여 목표로 하는 수익성을 확보하도록 하고 있다. 이처럼 도출된 전략 방향이 유기적으로 작동되어 목표하는 경영 성과를 낼 수 있을지 비즈니스 모델 캔버스를 통해 점검할 수 있다.

다음으로는 도출한 전략 방향을 담아 구체적으로 중장기 전략, 사업부별 전략, 주요 기능별 전략으로 전개해 나가야 한다. 확정된 전략은 "가치사슬(Value Chain)"로 그 전체상을 정리할 수 있다. 가치사슬이란 기업의 활동을 사슬처럼 연결하여 시각화 함으로써, 자사가 어떻게 가치를 창출하고 어떤 프로세스에 초점을 두는지를 파악함으로써 기업의 각 활동이 어떻게 사업에 공헌하는지를 볼 수 있는 도구다. 이 모델에서는 기업의 활동을 '주 활동'과 '지원 활동'으로 구분하고 있다. 주 활동은 구매, 생산, 물류, 영업, 고객서비스 등 가치 창출을 위한 기업의 본원적 활동을 의미한다. 지원활동은 경영(기업관리), 인사, 연구개발, 조달 등으로 주 활동을 성공적으로 수행할 수 있도록 하기 위한 기능들이다. 하지만 이 활동들은 사업의 전체상을 파악하기 위해 편의상 구분하여 보는 것이지, 서로 유기적으로 연결되어 있다는 점을 이해해야 한다.

**그림 10. 기업의 가치사슬(Value Chain)**

## Q. 지속가능 전략은 일반적인 경영전략과 어떻게 다른가?

중장기 경영전략 수립이라는 관점에서 일반 경영전략과 지속가능경영전략 수립 방법에서 본질적인 차이는 없다. 다만 일반 경영전략이 주주가치 극대화를 목표로 경제적 성과와 경쟁우위 확보를 추구한다면, 지속가능경영전략은 주주, 고객, 임직원 외 다양한 이해관계자 가치 극대화를 추구하는 목적에서 차이가 있다. 이에 따라 일반 경영전략이 재무적 성과와 경쟁 지표를 중시하는 데 비해 지속가능경영전략은 환경 영향, 사회적 기여, 투명한 지배구조 등 비재무적 지표를 추가로 중요하게 본다. 또한 지속가능경영 관련 비재무적 정보 공시를 요구하는 다양한 규제가 강화되고 있기 때문에, 이를 충족하면서 지속가능경영 목표 성과를 내는 경영전략을 수립해야 한다.

**그림 11. 일반 경영전략과 지속가능경영 전략의 차이**

| 항목 | 일반 경영 전략 | 지속가능경영 전략 |
|---|---|---|
| **목표** | 이익/주주 가치 극대화, 경제적 성과와 경쟁우위 확보 | 이해관계자 가치 극대화, 지속가능한 기업 성장, 경제적/환경적/사회적 책임 이행 |
| **가치** | 재무적 성과, 시장 점유율, 경쟁 우위 | 재무적 성과, 윤리적 경영, 환경 영향, 사회적 영향, 거버넌스 |
| **시간적 범위** | 단기적 재무성과와 성장 | 장기적 지속가능한 성장 |
| **이해관계자** | 주주, 고객, 임직원 | 주주, 고객, 직원, 협력업체, 규제당국, 지역사회, 환경 등 다양한 이해관계자 |
| **평가 지표** | 재무적 지표(매출, 이익, ROI 등), 경쟁지표(시장점유율) | 재무적 지표 + 비재무적 지표(환경 영향, 사회적 기여, 거버넌스 등) |
| **전략 수립 과정** | 시장 분석, 경쟁 분석, 마케팅 전략 중심 | 사명/비전과 전략의 정합성, 중대성 평가, 이해관계자 참여, 리스크 관리와 기회발굴 |

두 전략 수립에 있어 가장 두드러진 차이는 지속가능경영 전략 수립 시 중대성 평가(Materiality Assessment)를 해야 한다는 점이다. 중대성 평가는 기업이 경영활동에서 중요하게 다루어야 할 환경, 사회, 경제적 이슈를 식별하고 우선순위를 매기는 과정이다. 이는 기업의 재무성과와 지속가능성에 영향을 미치는 핵심 이슈를 파악하여 전략적으로 관리하기 위한 중요한 도구이다. 결과적으로, 기업은 이 평가를 통해 중요한 지속가능성 이슈에 대한 대응전략을 수립하고, 지속가능 보고서를 작성하며, 관련된 이해관계자와 소통할 수 있다.

**그림 12. 중대성 평가의 두 측면**[28]

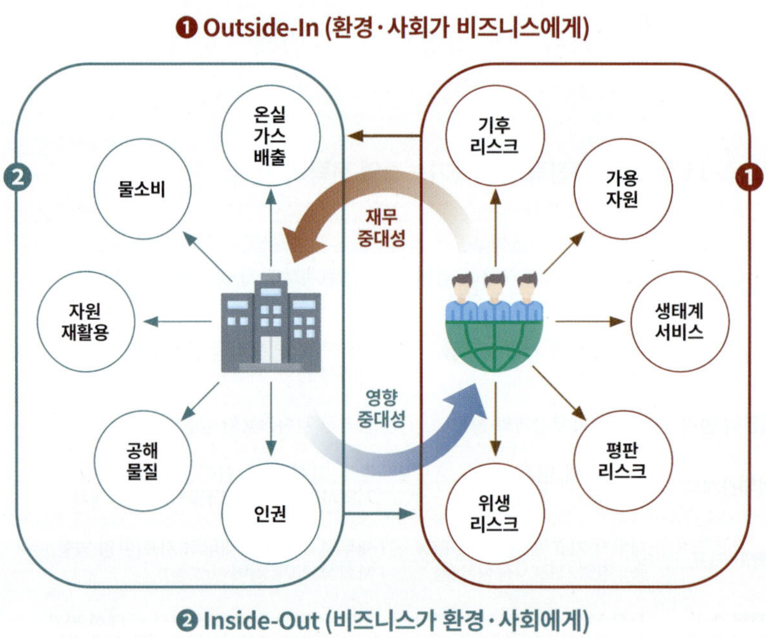


28 https://eco-act.com/blog/double-materiality-assessment/의 이미지 수정

중대성 평가는 환경, 사회 등 외부환경이 기업의 재무성과에 일방으로 미치는 긍정/부정적인 영향에 집중하여 기회 및 리스크 요인을 평가한다. (위 그림의 ❶) 반면, 이중 중대성 평가(Double Materiality Assessment)는 기업의 활동이 사회와 환경에 미치는 영향까지 포함한다. (위 그림의 ❶+❷) 중대성 평가는 투자가 중심으로 전통적인 재무적 의사결정을 위한 도구로 사용된다. 이중 중대성 평가는 지역사회, 규제당국, 환경 등 보다 광범위한 이해관계자를 대상으로 새로운 지속가능성 규제(예: EU CSRD)에 통합되어 기업이 외부 환경과 주고받는 재무적, 환경적, 사회적 리스크 및 영향을 모두 공개해야 한다. 이 두 평가의 차이는 아래의 도표를 참고하기 바란다.

**그림13. 중대성 평가와 이중 중대성 평가 비교**

| 항목 | 중대성 평가<br>(Materiality Assessment) | 이중 중대성 평가<br>(Double Materiality Assessment) |
|---|---|---|
| **정의** | 기업 외부 요인이 회사의 성과에 영향을 미칠 수 있는 재무적 리스크 및 기회를 집중 분석(예: 규제 리스크, 시장 동향). | 기업 외부의 지속가능성 문제가 회사에 미치는 재무 중대성(기업에 미치는 영향)과 회사가 사회 및 환경에 미치는 비재무적 중대성, 즉, 영향 중대성(기업이 사회 및 환경에 미치는 영향)을 평가. |
| **목적** | 기업의 운영, 명성, 재무에 중대한 영향을 미칠 수 있는 문제를 식별. (내부 초점) | 기업의 재무 건전성 외에도 사회와 환경에 미치는 기업의 영향 평가. (내부 및 외부 초점) |
| **주요 이해관계자** | 주로 재무적 수익에 관심이 있는 투자자 및 주주 중심. | 직원, 고객, 규제기관, NGO, 사회 전반을 포함한 다양한 이해관계자 고려. |
| **분석 축** | X축: 기업 내부 중요도<br>Y축: 외부 이해관계자의 관심도 | X축: 재무적 중대성<br>Y축: 사회적·환경적 영향 |
| **핵심 고려 사항** | - 재무 성과<br>- 운영 리스크<br>- 규제 영향<br>- 평판 리스크 | - 재무적 영향<br>- 환경적 영향 (예: 기후 변화, 자원 고갈)<br>- 사회적 영향 (예: 인권, 지역사회 관계) |

| 항목 | 중대성 평가 (Materiality Assessment) | 이중 중대성 평가 (Double Materiality Assessment) |
|---|---|---|
| **활용 사례** | - 전략적 경영계획<br>- 투자자 커뮤니케이션<br>- 규제 준수 | - 지속가능성 전략<br>- 재무 및 비 재무 통합보고 (예: EU CSRD)<br>- 투자자 외 이해관계자 참여 |
| **규제적 함의** | 전통적으로 자발적 보고 또는 재무 중심의 지속가능성 보고에 사용됨. | 유럽연합의 기업 지속가능성 보고 지침(CSRD)과 같은 새로운 규제에 따라 기업의 외부 영향에 대한 책임 강조. |
| **예시** | 기업이 탄소 배출과 관련된 규제 변화로 인한 재무적 리스크를 평가함. | 기업이 운영에서 발생하는 탄소 배출과 기후 변화가 회사에 미치는 재무적 영향을 모두 평가함. |

## 1. 중대성 평가(Materiality Assessment)

**그림14. 중대성 평가 프로세스**

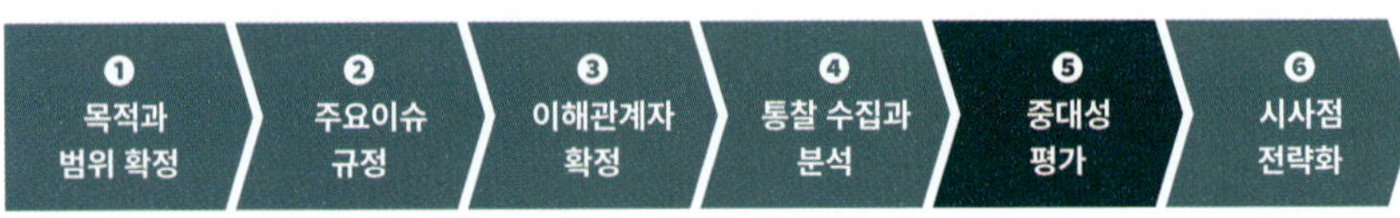


중대성 평가를 진행하는 절차는 위의 도표와 같다. 1단계는 평가의 목적과 범위를 명확히 규정하는 것이다. 단순한 내부 분석용 인지 법률에 따른 공시용 인지에 따라 분석의 범위와 깊이에 차이가 있을 수 있다. 2단계는 분석할 이슈를 사업의 특성과 중요도에 따라 적절한 개수로 확정하는 것이다. 이슈들은 경제, 환경, 사회, 지배구조 관련으로 구분할 수 있으며 다양한 자료를 활용할 수 있다. 자사의 과거 데이터, 이해관계자들의 통찰, 연구 또는 GRI 프레임워크와 SASB 표준 등에 정리된 이슈 리스트 등으로부터 추출한다. 3단계는 고려할 이해관계자 범위를 확정하는 것이다. 이해관계자는 조직의 행동에 의해 직

접적 또는 간접적으로 영향을 받는 사람을 의미한다. 흔히 내부와 외부 이해관계자로 구분하며, 내부 이해관계자는 임직원, 주주, 이사회 등이 있다. 외부 이해관계자는 고객, 협력업체, 투자가, 규제기관, 지역사회 등이 있다. 이들 중 사업에 미치는 영향이 큰 그룹을 우선적으로 고려할 필요가 있다. 4단계는 정해진 이해관계자들로부터 어떻게 유용한 정보와 통찰을 얻고 분석할지를 정한다. 정보와 통찰을 얻기 위해 많이 사용하는 방식은 설문조사, 인터뷰, 포커스 그룹 인터뷰 등이다. 확보된 정보와 통찰을 분석하여 시사점을 도출하기 위해서는 통계분석, 브레인스토밍, 시뮬레이션, 전문가 인터뷰 등 다양한 방식을 활용한다. 5단계는 이슈 우선순위를 정한다. X축은 기업 내부의 중요도, Y축은 외부 이해관계자의 관심도로 설정한다. 각 축 별로 합리적인 세부 기준을 정해 평가하고, X축과 Y축 평가를 종합하여 1순위(최우선), 2순위(우선), 3순위(보통) 등으로 우선순위화 한다. 이 작업을 통해 아래 소개된 중대성 매트릭스(예시)와 같은 결과물을 도출한다. 6단계는 우선순위 과제를 통해 전략적 시사점을 도출하고 이를 지속가능경영전략에 반영한다. 조직이 중대성 평가를 통해 매트릭스를 작성한 후, 다음 단계는 평가된 각 주제나 문제에 대해 조직의 활동이 긍정적인 영향을 미치고 있는지, 또는 부정적인 영향을 미치고 있는지 파악하는 것이다. 또한, 그 영향의 범위를 평가하고, 부정적인 영향(위험)을 줄이며 긍정적인 영향(기회)을 극대화하기 위해 취할 수 있는 구체적인 조치와 중장기적 과제를 도출하고 이를 중장기 전략에 반영하여야 한다. 또한, 전략의 목표와 진행 상황에 대해 이해관계자들과 지속적으로 소통하는 것은 성공적인 실행에 필수적이다. 선정된 이해관계자들과 긴밀히 협력하여 중요한 ESG 주제에 대한 피드백과 개선을 위한 제안을 수집하는 것이 중요하다.

중대성 평가를 진행할 때 흔히 당면하는 장애요인은 물적, 인적 자원 부족의 문제와 조직의 동기 부족이다. 자원 부족의 문제는 우선순위 조정으로 일부 해소할 수 있지만 반복될 이 문제를 해결하기 위해서는 기술적인 대안을 찾고 활용하는 시도도 필요하다. 흔히 자료 수집, 설문 진행 등에 시스템과 툴(tool)을 활용하거나 외부 전문가를 활용하는 것을 진지하게 검토하고 활용할 필요가 있다.

규제에서 중대성 평가를 하게 하는 이유는 기업이 지속가능경영 관련 재무적, 비재무적 이슈를 인지하고 해결을 위해 합리적이고 체

**그림 15. 중대성 매트릭스(Unilever)**[29]

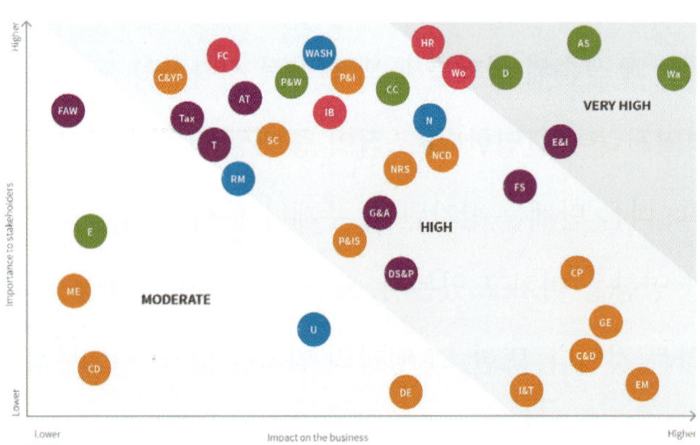


29 https://www.researchgate.net/figure/Materiality-matrix-of-Unilever-Unilever-2017_fig3_329133790

계적인 노력을 하게 하는데 있다. 따라서, 기업의 리더들은 이 작업을 규제대응 만을 위해서 진행하기 보다는, 지속가능경영 관련 조직 역량을 키워 나가는 중요한 도구로 활용하는 지혜가 필요하다.

유니레버(Unilever)의 중대성 매트릭스에는 38개 이슈의 중대성을 평가하고 있다. 중대성이 매우 높은 이슈 6개, 높은 이슈 26개, 보통 이슈 6개로 구분했다. 중대성이 매우 높은 이슈에는 수자원(Water, Wa), 농산물 조달(Agricultural Sourcing, AS), 산림 파괴(Deforestation, D) 등 환경관련 이슈와 인권(Human Rights, HR), 여성 이슈(Woman, Wo) 등 인권 관련 이슈, 윤리 및 정도(Ethics & Integrity, E&I)와 같은 책임 있는 비즈니스 행동을 포함하고 있다.

코카콜라(Coca Cola는 중대성 평가를 위해 30건 이상의 이해관계자 인터뷰와 90건의 온라인 설문 결과를 분석했다고 밝혔다. 중대성

**그림 16. 중대성 매트릭스(Coca Cola)**[30]

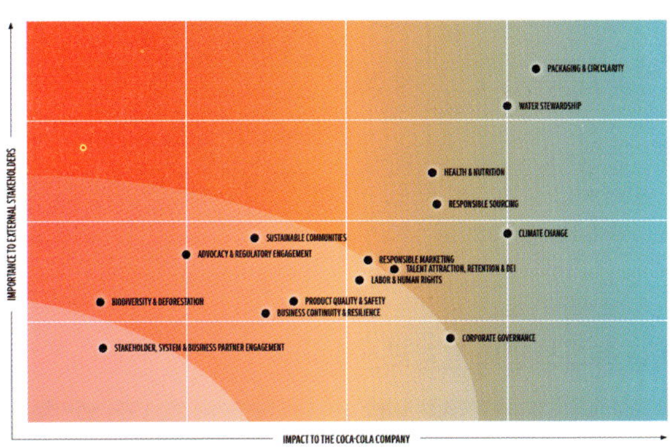


30 https://www.coca-colacompany.com/content/dam/company/us/en/reports/coca-cola-business-sustainability-report-2022.pdf

매트릭스에는 15개 이슈의 중대성을 평가하고 있다. 중대성이 매우 높은 이슈 6개, 높은 이슈 8개, 보통 이슈 1개로 구분했다. 중대성이 매우 높은 이슈에는 포장 및 순환성(Packaging & Circularity), 수자원 관리(Water Stewardship), 건강과 영양(Health & Nutrition), 기후변화(Climate Change), 책임 있는 조달(Responsible Sourcing), 인재 유치와 유지 및 다양성, 형평성, 포용성(Talent Attraction, Retention & DEI) 등이 있다. 이들 우선순위 이슈에 대해서는 관련된 리스크와 기회 요인을 파악하여 전략적인 대응을 하고 있다고 밝히고 있다.

## 2. 이중 중대성 평가

이중 중대성 평가(Double Materiality Assessment)는 기업 외부의 지속가능성 문제가 회사에 미치는 재무 중대성(기업에 미치는 영향)과 회사의 활동이 사회 및 환경에 미치는 비재무적 중대성, 즉, 영향 중대성(기업이 사회 및 환경에 미치는 영향)을 같이 평가한다. 유럽연합의 기업 지속가능성 보고 지침(CSRD)과 같은 새로운 규제에 따라 기업의 외부 영향에 대한 책임이 강조되면서 이중 중대성 평가가 필수적으로 요구되고 있다.

**그림 17. 이중 중대성 평가 프로세스**

이중 중대성 평가 프로세스는 앞서 살펴본 중대성 평가 프로세스와 유사하지만, 중대성 평가 단계를 영향 중대성과 재무 중대성으로 나누어 평가하는 점이 다르다. 영향 중대성(Impact Materiality)은 회사가 환경, 사회, 거버넌스에 미치는 영향을 강조하며, 내부에서 외부로의 관점을 채택한다. 이 접근법에서 기업은 다음과 같은 질문을 던진다:

- **내 비즈니스가 기후와 자연 환경에 미치는 환경적 영향은 무엇일까?**
  - [예] 회사가 배출하는 탄소 배출량은 얼마인가?
  - [예] 회사가 배출하는 폐기물이 환경에 미치는 영향은 무엇인가?
  - [예] 비즈니스 관행이 지역 생태계를 어떻게 보호하거나 복원할 수 있을까?

- **내 비즈니스가 직원, 공급망 노동자, 그리고 지역 사회에 미치는 사회적 영향은 무엇일까?**
  - [예] 직원들이 성장할 수 있는 근무 환경을 어떻게 조성할 수 있을까?
  - [예] 공급망 노동자들이 생활 임금을 받을 수 있도록 어떻게 보장할 수 있을까?

- **내 회사가 윤리적이고 공정한 사회에 기여할 수 있는 역할은 무엇일까?**
  - [예] 반경쟁 관행이 업계의 공정한 경쟁을 어떻게 저해할 수 있을까?

- [예] 반부패 및 반뇌물 정책을 통해 지역기관과의 관계를 어떻게 강화할 수 있을까?

재무 중대성(Financial Materiality)은 환경, 사회, 거버넌스(ESG) 문제들이 회사에 미치는 영향을 강조하며, 외부에서 내부로 미치는 영향에 주목한다. 이 평가를 위해서는 다음과 같은 질문을 던진다:

- **이 ESG 문제나 트렌드가 내 비즈니스에 어떤 리스크를 초래할까?**
  - [예] 공급망에서의 강제노동 또는 아동노동 문제가 회사의 평판에 악영향을 미칠 가능성이 있는가?
  - [예] 인권 소송 트렌드를 어떻게 선제적으로 대응할 수 있을까?

- **ESG 문제나 트렌드를 통해 어떤 기회를 창출할 수 있을까?**
  - [예] 저탄소 기술에 대한 시장수요 증가를 제품 개발전략에 어떻게 활용할 수 있을까?

- **ESG 리스크와 기회가 재무 성과에 미치는 영향은 무엇일까?**
  - [예] 탄소 가격 인상이 에너지 비용이나 투자 수익률에 어떤 영향을 미칠까?
  - [예] 회사가 생태계 서비스(예: 꽃가루받이)에 의존하는 가치는 얼마일까?
  - ESG 문제를 준수하지 않을 때 감수할 비용은 얼마일까?

이중 중대성(Double Materiality) 접근법은 영향 중대성과 재무 중대성을 통합하여, 기업이 외부에서 내부 및 내부에서 외부에 미치는 영향의 두 가지 관점을 모두 분석해야 한다.

**그림 18. 이중 중대성 매트릭스(Deutsche Bank)**[31]

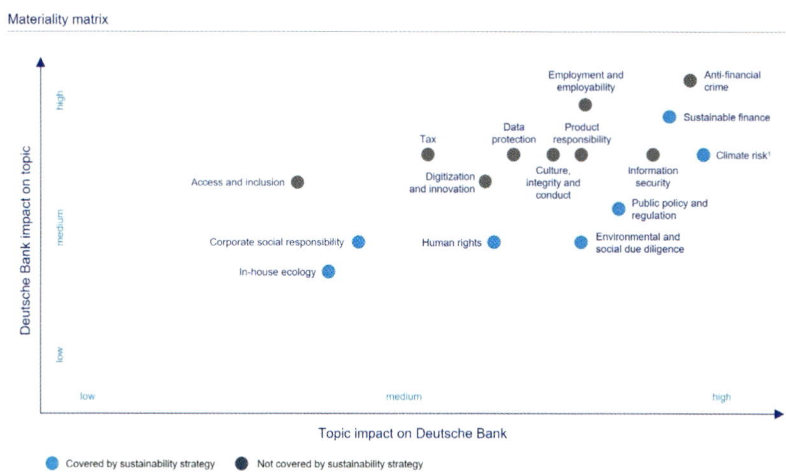


도이체 뱅크(Deutsche Bank)의 이중 중대성 매트릭스에는 16개 이슈의 중대성을 평가하고 있다. 중대성이 높은 이슈 13개, 보통 이슈 3개로 구분했다. 중대성이 매우 높은 이슈에는 반금융 범죄(Anti-financial Crime), 지속가능한 금융(Sustainable Finance), 기후 리스크(Climate Risk), 고용과 고용가능성(Employment & Employability), 정보 보안(Information Security), 상품 책임(Product Responsibility), 문화와 올바른 행동(Culture, Integrity & Conduct) 등을 포함

31 https://agm.db.com/files/documents/2023/Non-Financial-Report-2022.pdf

한다. 특징적인 것은 이들 이슈 중 지속가능경영 전략에서 다루고 있는 이슈와 그렇지 못한 이슈를 구분하여 표시하고 있다. 당장 경영전략에서 다루고 있지는 못하고 있어도 이슈의 중요성을 인지하고 있고, 향후 이를 중요하게 다루겠다는 의지를 표현하는 것으로 볼 수 있다.

**그림 19. 이중 중대성 매트릭스(Arla Foods)**[32]

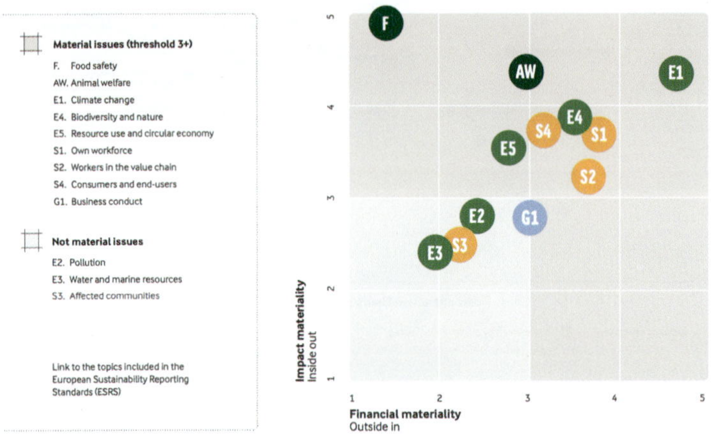


알라푸드(Arla Foods)의 중대성 매트릭스에는 12개 이슈의 중대성을 평가하고 있다. 5점 만점에 3점 이상의 이슈를 중대한 이슈로 보았고 9개의 이슈가 이에 포함된다. 식품 안전(Food Safety, F), 동물복지(Animal Welfare, AW), 기후 변화(Climate Change, E1), 생물다양성과 자연(Biodiversity and Nature, E4), 자원사용과 순환경제

32 https://www.arla.com/4a7998/contentassets/9aadd1ae29024f708f72e7c3ba8e79aa/arla_annual-report-2023_uk.pdf

(Resource Use and Circular Economy, E5) 등 환경 이슈가 이에 포함된다. 그리고, 자사 직원(Own Workforce, S1), 가치사슬의 직원(Workers in the Value Chain, S2), 소비자와 고객(Consumers and End-users, S4) 등의 사회적 이슈도 있다. 거버넌스 관련 이슈로 기업 윤리(Business Conduct, G1)도 중요한 이슈에 포함된다. 한편 중요하지 않은 이슈로 분류된 공해(Pollution, E2), 물과 해양 자원(Water and Marine Resources, E3), 영향 받은 지역사회(Affected Communities, S3) 관련 이슈도 사업상 중요하기 때문에, 중요 이슈에 대한 대책을 설명할 때 최대한 포함시키겠다고 언급하고 있다.

**그림 20. 이중 중대성 매트릭스(Santander Bank)**[33]

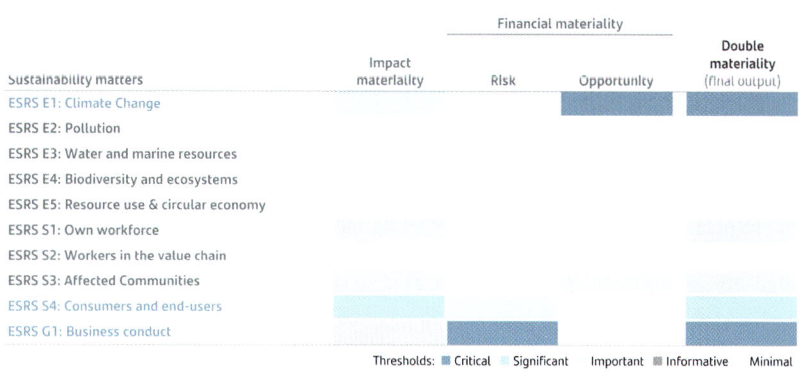


한편, 산탄데르 뱅크(Santander Bank)는 이중 중대성 평가 결과

33 https://www.santander.com/content/dam/santander-com/en/documentos/informe-financiero-anual/2023/responsible_baking-ifa-2023-consolidated-annual-financial-report-en.pdf

를 위와 같이 표 형태로 정리했다. 10개의 이슈에 대해 영향 중대성을 평가하고, 재무 중대성은 리스크와 기회 측면을 구분하여 최종 이중 중대성 평가 결과를 정리했다. 10개 이슈 중 기후변화(E1), 소비자와 최종사용자(S4), 기업윤리(G1)는 중요 이슈로 파악했고, 자사 직원(S1)과 관련 지역사회(S3)는 의미 있는 이슈로 정하여 ESG 보고서 내용에 넣었다. 그리고 2023년 평가는 ESRS 기준에 따라 이전과는 다른 방식으로 평가하였으며, 이전 년도와의 연관성을 상세히 정리하여 첨부했다.

지속가능경영 보고서에서 중대성 평가를 해 왔고, 최근 제정된 EU의 CSRD에서는 이중 중대성 평가를 요구하고 있다. 하지만, 앞서 살펴본 기업들 사례에서 꽉 짜인 틀의 평가를 요구하기 보다는 각 기업이 사업의 특성과 경영환경을 고려하여 나름의 방식으로 중대성 평가를 실시하게 하고 있다. 그에 따라 파악된 중대 이슈에 대해 기업들이 합리적인 대응을 해 나가도록 유도하고 있다. 이후 중대 이슈로 포함되지 않은 이슈에서 어떤 문제가 발생하더라도 해당 기업이 중대성 평가와 그 실행에서 합리적인 판단과 실행노력을 했음을 소명하면 면책이 될 수 있도록 길을 열어 주기도 한다. 중요한 것은 이 평가의 목적이 규제 요구에 대응하기 위한 단편적인 것 보다는, 기업이 직면한 비재무적 리스크와 기회 요인을 파악하고 이를 전략적으로 관리하는 역량을 키우도록 하는 것이다. 즉, 중대성 평가를 통해 확인된 이슈로부터 의미 있는 시사점을 찾아내고, 이를 전략에 효과적으로 반영하여 그 성과를 이끌어 내는 지혜와 조직 역량이 필요하다.

## Q. 지속가능 전략은 어떻게 수립해야 하나?

“다논(Danone)은 배리 칼레보(Barry Callebaut) 초코릿 CEO를 새로운 최고 경영자로 임명했다고 확인했습니다. 이 조치는 이 프랑스 그룹의 미래 전략에 어떤 의미를 가질 수 있을까요?”[34]라는 제목의 기사가 2021년 5월 18일 foodnavigator.com의 기사로 실렸다. 다음은 그 주요 내용이다.

“몇 주간의 프랑스 언론 추측 끝에 다논은 앙투안 드 생타프리크(Antoine de Saint-Affrique)를 신임 최고 경영자로 임명했으며, 9월 15일자로 공식 취임합니다. 드 생타프리크는 배리 칼레보에서 다논으로 이적했습니다. 배리 칼레보에서 계획된 승계를 시작했고 올해 4월에 이 초콜릿 회사를 떠나겠다고 발표했습니다. 이 회사에서 일하기 전에 이 임원은 유니레버의 식품 부문을 이끌었습니다.

드 생타프리크는 오랜 기간 회장 겸 최고 경영자를 지낸 에마뉘엘 파버(Emmanuel Faber)가 축출된 이후 불확실한 기간을 거쳐 다논에 합류했습니다. 3월에 다논의 이사회는 행동주의 투자자들의 압력에 굴복하여 파버가 즉시 회사를 떠날 것이라고 발표했습니다. 이들은 파버에 대한 반발의 원인으로 거버넌스 문제(회장과 CEO를 모두 맡음)와 사업 실적 저하를 들었습니다.

다논은 건강 및 웰빙 식품에서 강력한 입지를 확보하고 있습니

34 foodnavigator.com의 2021년 5월 18일 기사

다. 선도적인 요거트 브랜드인 Activia와 Actimel을 보유하며 유럽의 Alpro와 미국의 Silk를 통해 식물성 제품에 선도적 입지를 확보했습니다. 행동주의 투자자들은 이러한 강점이 우수한 매출과 이익으로 이어지지 못했다고 주장했습니다. 다논은 2017년에 설정한 유기적 매출 성장률 4-5%, 2020년까지 영업 이익률 16%라는 목표를 달성하지 못했습니다. 10월에 이 회사는 다소 덜 야심 찬 목표의 새로운 전략계획을 발표했습니다. 한 달 후, 이 그룹은 2,000명의 직원을 감축하고 10억 유로의 비용 절감을 위한 현지 우선조달 정책을 발표했습니다.

그러나 이 비용절감 열풍은 파버의 비평가들을 만족시키지 못했습니다. 파버와 노골적인 투자자들 사이의 충돌은 또한 다논의 지속가능성 의제를 추진하려는 파버의 노선과의 충돌로도 널리 알려졌습니다. 2014년 다논 CEO로 부임한 파버는 기업이 주주, 환경, 공급망 파트너, 사회 전반의 이익을 위해 더욱 책임 있는 자본주의를 옹호하는 경영자 중 한 명이었습니다. (중략)

일부에서는 이러한 다양한 이해관계자 중심의 관점이 매출 성장, 사업 실행, 그리고 궁극적으로 주주 수익의 희생을 초래했다고 생각합니다. 그렇다면 드 생타프리크의 임명은 프랑스의 알프로-액티비아 제조업체의 미래 방향에 대해 무엇을 시사할까요? 다논 회장 질 슈네프는 이 소식을 발표하면서, 드 생타프리크가 '다논을 다음 단계로 이끌어 나갈 가장 적합한 인물'이라고 말했습니다. (중략)

스티펠의 분석가인 파스칼 볼은 사업 실행과 지속가능성 사이에서 올바른 균형을 이루는 것이 다논에게 '긍정적인' 결과를 가져올 것이라고 말했습니다. 볼은 배리 칼레보와 유니레버에서의 경험을 언급하며, 드 생타프리크가 '수익성 있는 성장과 강력한 현금 흐름 창출에 집중하는 전략을 구축하고 실행하면서 신뢰할 수 있는 지속가능성 전략의 균형을 이룬' 실적을 칭찬했습니다."

2021년 9월 취임한 드 생타프리크는 지속가능경영 전략을 추진

**그림 21. Renew Danone 전략**

자료: "Annual Integrated Report 2023", Danone

하면서 재무적인 성장을 이루기 위한 새로운 전략을 2022년 3월 발표했다. “Renew Danone”으로 이름 붙인 이 전략에는 (1) 핵심 제품군과 지역에서 이기기, (2) 전략적 확장, (3) 미래 사업의 준비, (4) 효과적인 포트폴리오 관리 등이 포함됐다. 또한 “Renew Danone은 지속가능하고 경쟁력 있는 성장을 위한 조건을 만들기 위해 설계되었습니다.”라고 밝히면서, 이를 위한 4가지 주요동인으로 문화(Culture), 역량 (Capability), 지속가능성(Sustainability), 원가 경쟁력(Cost Competitiveness) 등을 강조했다.

새로 제정한 지속가능 로드맵(the Danone Impact Journey)에서 “가능한 많은 사람들에게 음식을 통해 건강을 전한다”는 사명을 협력의 생태계를 통해 달성하겠다고 천명했다. 그 상세 전략은 (1) 음식을 통한 건강 실현, (2) 자연보호와 재생, (2) 사람과 지역사회와의 공생 등 세 분야별로 세부 실행전략과 목표를 발표했다. 2023년 사업 성과 보고서에서는 전년대비 매출은 소폭 감소했으나, 영업이익률이 12.6%로 0.4% 개선되었고, 사상최대의 현금흐름을 보유하게 되었다고 재무적인 성과를 강조하고 있다. Renew Danone 전략이 정상적으로 작동하고 있다고 평가하고 있는 것이다. 지속가능경영을 대표하던 다논에 부가된 근본적인 과제, 즉, 수익성/성장성을 겸비한 지속가능경영 전략의 성공 여부는 좀더 지켜봐야 할 것 같다. 하지만 이 도전이 다논만을 겨냥한 것이 아니라 지속가능경영을 추구하는 모든 기업들에게 던져진 질문임을 명심해야 한다. 성장성/수익성을 겸비한 지

**그림 22. 다논의 지속가능 로드맵**

자료: “Annual Integrated Report 2023”, Danone

속가능경영 전략 수립에 창의적인 치밀함이 요구되는 이유다.

지속가능 전략은 전통적인 전략에서 고려하는 주주와 직원의 범위를 넘어 고객, 협력업체, 규제당국, 지역사회와 환경 등 다양한 이해관계자를 고려한다. 이들 이해관계자들의 가치 극대화와 지속가능한 기업의 성장을 경영 목표로 하기 때문에 전략수립 시와 비슷한 단계를 거치면서도 훨씬 다양하고 폭넓은 분야에 대한 검토와 전략 방향 설정이 필요하다.

'환경분석' 단계는 단순한 외부시장 분석을 넘어, ESG 요소를 중심으로 기업 활동의 영향력을 평가하는 과정이다. 기업이 환경에 미치는 영향, 사회적 책임, 그리고 윤리적 경영 구조를 모두 포괄적으로 분석한다. 이에는 기후변화 리스크, 자원 고갈, 법 규제 변화, 사회적 기대치, 기술변화 등이 포함된다. '이해관계자 참여 및 중대성 평가' 단계는 자사의 사업 수행에 고려해야 할 다양한 이해관계자들을 정의하고, 그들의 요구와 기대를 중대성 평가에 반영한다. 이를 통해 기업활동이 환경, 사회, 경제에 미치는 영향을 파악하고 주요 이슈의 우선순위를 정한다. 중대성 평가와 이중 중대성 평가는 앞서 소개한 방법과 사례를 참고하기 바란다. '전략 방향 도출' 단계에서는 기업의 ESG 목표와 가치 창출을 동시에 실현할 수 있는 전략 방향을 설정한다. 기후변화 대응, 자원 효율성 증대, 지역사회 기여와 같은 지속가능한 목표를 포함하되 수익성과 성장성을 동반할 수 있는 전략 방향을 설정한다. 한편, 이 작업에 있어 중요한 전제가 있다. 바로 자사의 사명, 비전, 핵심 가치가 지속가능경영의 방향성에 잘 맞는지 점검하고 조율하는 것이다. 앞선 다논의 사례에서도 수정한 지속가능 전략의 중심에 자사 사명을 두고 있음을 볼 수 있다. '경영전략 및 실행계획 수립' 단계는 지속가능성을 추진해 갈 전략과 실행계획을 구체화하는 데 중점을 둔다. 이에는 친환경 제품 개발, 에너지 절감, 사회적 책임 이행을 포함한다. 또한 이러한 계획은 ESG 성과와 연계된 성과 지표(KPI)를 구체화하고 실행을 위한 책임과 자원배분도 명확히 해야 한다. '실행/모니터링' 단계는 ESG 성과를 지속적으로 모니터링하고, 이를 통해 지속가능성 목표 달성 여부를 평가한다. 이해관계자들과의 지속적인 소통을 통해 피드백을 받고 전략을 수정하는 것이 중요하다. 전략실행 노력과 그 성과를 체계적으로 담은 지속가능경영 보고서 발간도 중요하며, **이것은 EU의 CSRD와 CSDDD 실행에 따른 요구사항이기도 하므로 진정성을 담아 준비할 필요가 있다.**

**그림 23. 지속가능 전략 수립 프로세스**

| | 환경분석 | 이해관계자 참여 및 중대성 평가 | 전략 방향 도출 | 경영전략 및 실행계획 수립 | 실행/모니터링 |
|---|---|---|---|---|---|
| 목적 | • 지속가능경영에 영향을 미치는 내외부 환경요인을 식별하고 분석 | • 이해관계자 요구를 반영하여 기업의 지속가능성 이슈를 평가하고 우신순위 설징 | • 중대성 평가 결과를 기반으로 지속가능성 전략의 방향성 설정 | • 전략목표 달성을 위한 계획을 수립하고, 필요한 책임과 자원 할당 | • 수립된 계획 실행을 모니터링하고 필요시 전략 조정 |
| 내용 | • 외부 환경분석<br>• 경쟁분석<br>• Best Practice 분석<br>• 내부역량 진단 | • 이해관계자 의견 수렴 (설문, 인터뷰 등)<br>• 중대성 매트릭스 (Materiality Matrix) 작성<br>• 주요이슈 도출 | • 사명, 비전, 핵심 가치 점검 및 수립<br>• 중요 이슈의 우선 순위<br>• 전략적 목표수립<br>• 리스크와 기회 분석 | • 전략방안 도출 및 분석, 사업계획 구축<br>• 중장기 전략 및 실행계획 수립<br>• KPI 수립<br>• 자원배분계획 수립<br>• 역할/책임방안 조직 구조 및 프로세스 설계 | • 성과 모니터링<br>• 피드백 및 조정 리스크 관리<br>• 지속가능성 보고서 발간 |
| TOOL | • 3C 분석<br>• PESTEL<br>• 포터의 5 Forces<br>• 산업구조 분석<br>• 7S<br>• 가치사슬 분석 | • 중대성 매트릭스 (Materiality Matrix)<br>• 이해관계자 분석 (Stakeholder Analysis) | • SWAT 분석<br>• Scenario Planning<br>• Business Game | • Business Model Canvas<br>• BCG 매트릭스<br>• GE-McKinsey 매트릭스<br>• 프로젝트 관리 도구<br>• Balanced Scorecard<br>• 변화관리 모델 | • PDCA 사이클<br>• Balanced Scorecard<br>• 리스크 관리도구<br>• 조직진단<br>• ESG Reporting |

## Q. 수립된 지속가능경영 전략은 어떻게 정책에 반영되어야 하나?

자사의 역량에 맞는 지속가능경영 전략을 수립한 이후 이를 성과로 도출하기 위해서는 어떤 노력을 해야 할까? 전사 조직을 가동하여 목표로 하는 성과를 이뤄내는 일은 지휘자가 오케스트라의 연주자를 조련하여 아름다운 연주를 하는 일과 같다. 흔히 오케스트라의 연주자들을 야생마로, 지휘자는 조련사로 비유한다. 지휘자는 100여 명의 자존심 강한 연주자를 인정하고 설득하고 동기부여 함으로써 감동적인 연주를 이끌어 내야 한다. 이를 위해 지휘자는 전곡의 방대한 악보를 정밀하게 이해하고 해석하여 각 파트와 악기의 역할을 악보와 톤 앤 매너로 상세히 구성해 내야 한다. 그리고 리허설을 통해 계획한 구상이 각 악기와 파트의 특성을 극대화하여 실현되도록 반복하고 소통함으로써, 실연에서 보여주고자 했던 연주를 연출해 내야 한다. 참으로 도전적인 일이다.

지속가능경영 전략을 실행하는 경영자의 역할도 지휘자의 역할과 유사하다. 가장 먼저 할 일은 **리더십의 역할과 추진체계를 명확히 하는 일**이다. 지휘자가 오케스트라 각 파트의 역할을 명확히 하듯 경영자는 리더 그룹 각자의 역할과 책임을 명확히 해야 한다. 다논의 예를 살펴보면 이사회, 이사회 내 CSR 위원회, 집행위원회, 글로벌 임팩트 관리 위원회, 글로벌 참여 위원회, 리스크 관리 위원회, 지속가능 재무

팀, 지역 지속가능성 팀 등을 촘촘하게 구성했다. 이사회, 본사, 지역, 현지법인 단위로 다양한 역할구조를 만들어 'Danone Impact Journey'의 세부 실행 항목마다 엄격한 책임 주체를 설정했다. 다음 할 일은 **수립한 지속가능경영 전략을 구체적인 정책으로 전개하는 일**이다. 정책 별로는 KPI가 명확히 설정되어야 한다. 그리고 실행 과정에서 생길 수 있는 리스크와 기회 요인도 파악하고 정책의 우선순위도 설정한다. 세 번째 단계는 **적극적인 소통과 참여 유도의 단계**다. 지속가능경영의 당위성과 내용을 충분히 알리고 각 구성원과 이해관계자들이 정책 수립에도 참여할 수 있도록 길을 열어 주는 것이 필요하다. 네 번

**그림 24. 지속가능경영 전략의 실행 단계**

| 단계 | 상세 내용 | 주요 활동 |
|---|---|---|
| ❶ 리더십의 역할과 추진 체계 구축 | • 최고 경영진의 솔선수범<br>• 추진할 과제에 대한 명확한 추진체계와 역할 정립 | • 명확한 비전 제시 및 구성원 동기 부여<br>• 지속가능경영 문화 구축<br>• 필요한 자원 및 시스템 확보 |
| ❷ 전략과 정책의 연계 | • 수립된 지속가능경영 전략을 구체적인 정책으로 전개<br>• 리스크 및 기회 요인 파악과 정책 우선순위 설정 | • 명확하고 측정 가능한 목표 설정<br>• 목표 달성을 위한 정책 선정<br>• 자원과 역량을 고려한 정책 우선순위 설정 |
| ❸ 조직 내 소통 및 참여 유도 | • 적극적인 소통과 교육<br>• 구성원들의 이해와 참여 유도 | • 다양한 채널을 통한 적극적인 소통<br>• 의견 수렴 및 정책 수립 과정 참여 독려<br>• 지속가능경영 관련 교육 훈련 프로그램 운영 |
| ❹ 정책 실행 및 모니터링 | • 효과적인 정책 실행<br>• 성과와 개선 | • 책임자 지정 및 성과 측정 지표 설정<br>• 정기적인 모니터링<br>• 성과평가를 통한 포상과 개선 |
| ❺ 외부 이해관계자와의 소통 | • 외부 이해관계자와의 협력을 통해 시너지 창출 | • 정보 공개 및 소통 강화를 통한 투명성 확보<br>• 협력업체, 지역사회 등과의 협력관계 구축 |

째 단계는 **정책 실행을 모니터링하고 성과를 이끌어 내는 단계**다. 각 과제별 추진 주체가 적극적인 모니터링을 통해 KPI 달성을 점검하고, 필요한 의사결정을 해야 한다. 마지막 단계는 **외부 이해관계자와의 소통**이다. 외부 이해관계자와의 협력을 통해 시너지를 창출하기 위해서는 실행 과정에서의 투명성 확보가 필수적이다. 이를 위해서는 정확한 정보공개, 빈번한 의사소통, 이해관계자 의견 반영 등 기본적인 활동을 활발히 하는 것이 비결이다.

위에서 살펴본 5단계를 성공적으로 실행하기 위해 참고할 팁이 몇 가지 있다. 첫째, **지속가능 전략의 당위성과 핵심 내용을 명확히 전달**하는 것이다. 기업의 창업정신과 사명 실행을 효과적으로 지속가능 전략에 담아 강조해야 한다. 다논의 경우 지속가능경영 자체가 문제가 된 것이 아니라 그 실행에 과도하게 몰입하면서 야기된 재무적인 성과 부진이 문제였다. 따라서, 지속가능경영을 지속하면서 건강한 재무성과를 만들 수 있는 전략의 수정이 필요했다. 새로 CEO를 임명할 때도 이를 이끌어 낼 수 있는 적임자를 찾았고, 새로 임명된 CEO는 Renew Danone 전략을 제시했다. 다논의 지속가능 분야의 선도적인 브랜드 자산을 훼손하지 않으면서도 재무적 목표를 달성할 수 있는 구체적인 전략을 제시하고 내 외부 이해관계자를 적극적으로 설득했다.

둘째, 지속가능경영 전략을 실행할 때는 '**진정성을 담아(authentic)", "적극적(aggressive)"으로 실행**하라. 지속가능경영이 일시적 마케팅 캠페인으로 잘못 이해되면 조직과 리더의 신뢰성을 훼손하게 된다. 진정성을 담아 지속가능경영을 실천하는 기업은 업계의 시류나 유행에 흔들리지 않는다. 조직의 구성원이 맡은 바 지속가능경영 정책의 전문가로 자리매김하도록 조직은 지속적으로 전략실행을 독려해야 한다. 궁극적으로는 지속가능 전략실행이 조직문화로 안착되도록 만들어야 한다.

셋째, **프로세스를 주도**하라. 흔히 지속가능경영을 시작하면서 처음 내리는 결정이 이 일을 HR 부서나 특정 지원 조직에서 주도하게 하는 것이다. 이렇게 되면 지원 부서는 전 직원 대상의 소통 프로그램의 하나로 임직원 대상으로 교육을 통해 실행에 돌입하게 된다. 지속가능경영은 컨센서스를 만드는 활동이 아니고, 최고경영진이 믿는 기본적이고 전략적인 가치를 조직원과 이해관계자들에게 선포하고 따라오게 하는 것이다. 따라서 이 활동은 CEO가 주도하고, 경영에 참여하는 창업자와 소수의 핵심 인력들이 추진해야 한다. 충분한 고민을 거쳐 추구할 지속가능 가치와 전략을 정립함으로써 빈번히 수정하지 않도록 준비하는 것이 중요하다. 선택한 지속가능경영 가치에 맞지 않는 조직원들이 일부 있더라도, CEO 어젠다로 강력히 추진하고, 그 진척도를 모니터링 해야 한다.

넷째, **모든 업무 프로세스에 지속가능 전략을 철저히 담으라**. 선택한 전략을 모든 업무 프로세스에 대입하여 강하게 실행해야 한다. 특히 조직원들과 관계되는 HR 프로세스에 지속가능 가치와 전략이 충실히 반영되어야 한다. 그래서 조직원들은 채용 면접에서부터 마지막 근무일까지 지속가능경영 가치가 조직의 모든 의사결정에 기본이 된다는 사실을 반복적으로 인지하게 해야 한다.

마지막으로 **지속가능경영 가치의 실천, 전략과 정책 실행을 통한 성과 창출을 조직문화로 구축**해야 한다. 지속가능경영이 ESG 가치 실행에 과도하게 몰입하여 경영 성과를 침해해서는 곤란하다. 이는 진정한 지속가능경영이 될 수 없으며 기업을 위기로 빠뜨릴 수 있음을 유의하자. 진정한 지속가능경영은 다양한 이해관계자 가치를 극대화하면서, 스스로 건강한 생산자 혜택을 확보해야 함을 잊지 말자.

1-2-3

# 박진감 넘치는 리듬의 연주

## 리스크 관리와 기회 창출

## The Dynamic Rhythm of Progress

Risk Management & Opportunity Development

## 복잡한 리스크 속 기회 설계 전략 조직

*- **글로벌 세아** 리더십 및 ESG 실무담당 인터뷰 중 -*

*“세아는 그룹 단위로 계열사가 굉장히 다양해요. 의류(세아트레이딩), 원단(윈텍스타일), 실(세아스피닝), 포장재(태림페이퍼), 골프장, 건설(EPC), 음료(FMT)… 계열사마다 업종이 달라서 리스크 구조도 다 다릅니다. 그렇기 때문에 그룹 단위로 리스크를 파악하고 계열사마다 ESG 전략을 커스터마이징해주는 게 중요해요. 세아상역 니카라과 공장과 인도네시아 공장, 베트남 공장에 대양광 설비 설치해서 전력 리소스를 회석 연료 말고 리뉴어블 에너지(renewable energy) 형태로 활용하고 있어요. 인도네시아*

*공장 경우에는 물을 많이 쓰는데 빗물을 모아서 정화해 재사용합니다. 쓰레기를 재활용하고, 완전연소 기술로 배기가스를 줄이는 것도 각 공장에서 하고 있는 작업이에요.*

*또 ESG 활동으로 저희가 우선적으로 하고 있는 것은 SBTi 탄소 감축 이니시에이티브(initiative)인데 탄소 배출 산정을 scope 3까지 진행 했어요. 전과정 평가(Life Cycle Assessment)도 Tier 4까지 다 했고. 산정한 기준이 맞다는 가정 하에 사업장에 대한 평가를 시작해서 본격적으로 실행하면 2030년까지는 지금 1.5도 시나리오에서 42%를 감축을 하고 그 다음에 25%를 감축을 하고 2050년까지는 넷제로를 달성하는 시나리오죠.*

*그리고 저희는 중국 면들을 많이 사용하다 보니까 공급망 이슈 리스크 중에 소셜 트레이스빌리티(Traceability)가 가장 중대합니다. 공급망이 500개나 되서 이를 효과적으로 관리하는 것이 중요합니다. 또 수출 부분이 아무래도 공급망 리스크가 더 크고 이 부분에 대해 미국이나 유럽에서 선도적으로 진행하는 규제(regulations)들이 많아서 그 부분은 저희가 대응하고 있습니다.*

*세아상역이 조금 독특한 게 개도국 사업장이 많아서 다양한 규제하에 사업을 해야해요. 선진국은 재생 에너지가 많이 도입이 돼서 미국이나 영국 같은 경우는 확실히 탄소 배출이 떨어지지만 개도국은 계속 올라가고 있잖아요. 제조 사업장 베이스가 개도국이어서 공장 지으려면 바이오메스 연료를 찾는 게 어려워요. 아시아권은 바이오메스들이 있지만 중남미는 그렇지 않은 경우가 많고, 태양광으로 전력 에너지를 다 커버 할 수 있는 게 아니다 보니 힘들어요. 그런 것들의 효율을 내는 방법들은 사실 사업장의 공정과 산업 구조를 알아야 하기 때문에 계속해서 각 단의 요소 요소별로 탄소 배출을 저감할 수 있는 에너지 효율을 봐야 되는 거죠. 그래서 주*

*무 부서들, 법인들과 계속 얘기하고, 법인별 사업장 별로 가능한 연료를 찾고 그리드에 맞는 전환 방법을 찾아야 하는 게 다른 곳들보다 업무폭이 넓은 그룹사인 거죠.*

*저희는 면을 재배, 수확하고, 편직을 하고 염색한 천을 가져와서 의류를 제조하고 수출해서 소비자에게 파는 일련의 과정이 너무 복잡하잖아요. 더군다나 의류의 최종소비자는 Z세대가 많고, 이들은 중고를 사서 입는 것을 좋아하잖아요. 이들이 이미 매우 깨어 있기 때문에 저희가 그걸 쫓아가지 못하면 저희 리테일러들도 상품을 계속 젊게 만들 수가 없는 거죠. 리테일러 입장에서는 새로운 소비자(new customers)를 계속 생성하려면 Z세대와 그 후 세대들을 잡아야 계속 성장을 하잖아요. 그래서 환경 생각하고 세컨 핸드 다시 수거하고 혁신적인 소재가 계속 나오면서 사업장 이노베이션은 가속화 되고 있어요.”*

글로벌 세아의 사례는 복잡하고 이질적인 산업 포트폴리오를 가진 기업이 어떻게 ESG 리스크를 ‘조율’하고 ‘관리’하며, 동시에 지속가능한 기회를 창출해 나가는지를 보여주는 훌륭한 사례다. 의류, 건설, 포장, 음료 등 각기 다른 업종을 가진 계열사를 그룹 단위로 관리하면서도, 각 사업의 고유한 리스크를 면밀히 파악하고 이를 맞춤형 전략으로 전환하려는 노력이 돋보인다.

특히 제조 공장이 위치한 국가들이 대부분 개발도상국이라는 특성상, 재생에너지 적용이나 바이오매스 연료 확보 등에서 선진국과는 다른 제약조건에 직면하고 있다. 세아는 이러한 한계를 단순한 장벽이 아니라 현장의 공정과 제도에 기반한 실행 전략으로 전환하고 있다. 에너지 전환과 탄소 감축이 ‘계획’에 머무르지 않고, 사업장 단위에서 실현 가능한 경로를 지속적으로 탐색한다는 점은 ESRS가 요구하는 '전략-실행-성과'의 연계성 측면에서 의미 있는 접근이다.

또한 세아의 공급망은 500개 이상의 파트너로 구성되어 있어 소셜 리스크의 중첩도가 높다. 면화 원산지 추적, 인권 관련 규제 대응, 리테일러 요청에 따른 인증 체계 운영 등은 기술적 시스템 구축을 요구하며, 실제로 AI 기반의 소재 분류나 트레이스빌리티 시스템이 활발히 도입되고 있다. 이처럼 윤리와 기술이 결합된 '복합 리스크'를 다층적으로 다루고 있는 점은 향후 글로벌 공급망 리스크 대응의 방향성을 제시한다.

한편, 세아는 B2B 기업이지만, 제품이 도달하는 마지막 고객은 Z세대이다. 이들은 지속가능한 소비에 민감하며, 중고 의류의 재사용과 순환경제에 익숙한 세대다. 결국 ESG는 '리스크 방어'의 수단이자, Z세대의 가치를 반영한 사업 혁신의 기회로도 기능하고 있다. ESG를 단순히 규제 대응이 아니라 미래 고객과 시장을 향한 기업의 약속으로 전환하고 있는 것이다.

무엇보다도 인상적인 점은, ESG를 담당하는 조직이 단지 데이터와 기준을 관리하는 부서가 아니라, 산업적 복잡성과 공정적 특수성을 이해하고 이를 기반으로 실행 가능한 경로를 설계하는 전략 조직으로 기능하고 있다는 점이다. 리스크 관리가 단순한 리스크 회피가 아니라, 조직의 구조와 에너지, 문화 전반에 영향을 미치는 전략적 역량으로 전환되고 있는 것이다.

## Q. 지속가능경영 추진 시 다양한 리스크와 기회에 직면할 수 있다. 이에 대한 준비와 대응을 어떻게 해야 하나?

EU ESRS에서 임팩트와 리스크와 기회 관련 제시하는 공시 가이드라인은 굉장히 구체적이거나 꽉 짜인 틀을 요구하고 있지는 않지만 다음과 같은 내용을 담도록 하고 있다. 첫째, 전체적인 중대성 평가 프로세스를 공시하도록 하고 있다. 이에는 주요한 임팩트와 리스크, 기회 요인을 찾고 그 영향을 평가하는 프로세스가 들어있다. (IRO-1) 다음으로는 지속가능성 보고서에 포함된 이슈에 대해 선택된 배경을 설명하고, 기후 위기와 같이 중대한 이슈를 보고서에 포함하지 않을 경우 그에 대한 이유도 설명하도록 하고 있다. (IRO-2) 둘째, 파악된 임팩트, 리스크, 기회가 전략 및 사업 모델과 어떻게 관련되어 있는지 공시하게 한다. (SBM-3) 셋째, 파악된 임팩트, 리스크, 기회 요인에 대한 관리 및 대응 정책(policy)과 실행(action) 계획을 설명하도록 하고 있다. (MDR-P, MDR-A) 정책에 대한 공시에는 각 이슈 요인에 관련된 공급망 범위나, 이해관계자들을 표시하고, 정책추진 책임자도 명시하도록 하고 있다. 실행계획에는 각 이슈별 대응을 위한 실행계획과 소요 자원 그리고, 가능하다면 소요 시간과 목표 수준도 제시하도록 권유하고 있다.

리스크와 기회에 관해 공시한 다양한 사례를 종합해 보면 3가지 방식을 사용하고 있는 것을 알 수 있다. 첫 번째 방법은 중대성 평가 시 각 이슈에 대한 리스크와 기회 요인을 파악하고 이를 종합하여 정리하는 방법이다. 앞서 살펴본 산탄데르 은행의 중대성 매트릭스는 주요이슈에 대한 리스크와 기회 요인을 구분하여 명시하고 있는 좋은 사례다.

두 번째는 자사 사업이 직면하고 있는 근본적인 리스크와 기회 요인을 파악하고 이에 대한 대응 방안을 제시하는 방법이다. 이 방법은 중대성 평가라는 형식적인 틀에 구애받지 않고 자사의 사업과 시장 특성에 맞는 이슈를 다룰 수 있는 장점이 있다. 아래의 내용은 유니레버의 연차보고서에서 볼 수 있는 사례다. 유니레버는 자사 사업과 관련된 리스크 14개를 규정하고, 이에 대한 관리 조치와 연도별 각 리스크의 동향을 제시하고 있다.

**그림 25. 유니레버의 주요 리스크와 대응**

| 리스크 명 | 설명 | 관리 조치 | 동향 |
|---|---|---|---|
| 소비자 선호도 | 사회적 또는 환경적 목적을 가진 브랜드에 대한 소비자 취향의 급격한 변화. | 소비자 요구에 맞춘 혁신, 디지털 커뮤니케이션 개발, 파워 브랜드 홍보. | 증가 중 |
| 포트폴리오 관리 | 유니레버의 장기적인 성장과 수익성에 영향을 미치는 전략적 투자 결정. | 잠재력 높은 카테고리와 시장에 자원 우선 할당, 전략적 인수 및 처분. | 변동 없음 |
| 기후 변화 | 탄소세, 물 부족, 극한 기상 현상과 같은 기후 변화로 인한 방해. | 탈 탄소화, 생태 효율성, 재생 가능에너지 사용, 물 절약 제품 개발 및 정책 변화 옹호. | 증가 중 |
| 플라스틱 포장 | 플라스틱 사용 및 환경 영향에 대한 규제 및 소비자 압력. | 원재료 플라스틱 감소, 재활용 촉진, 혁신적인 포장 솔루션 개발. | 변동 없음 |
| 고객 및 유통 채널 | 고객과의 강력한 관계 유지 및 새로운 기술 중심의 사업 모델에 적응하는 문제. | 공동 비즈니스 계획, 고객 서비스 투자, 디지털 상거래 채널 확대. | 변동 없음 |
| 인재 | 신흥 시장에서의 다양하고 숙련된 인재 유치, 유지 및 개발의 어려움. | 통합 관리 개발, 인재 프로그램, 민첩한 작업 방식 촉진. | 변동 없음 |
| 비즈니스 운영 | 지정학적 긴장 및 공급망 혼란으로 인한 자재 구매, 제조 및 적시 유통의 리스크. | 공급망 회복력 강화, 비즈니스 연속성 계획, 원자재 가격 리스크 관리. | 변동 없음 |
| 안전하고 고품질의 제품 | 공급망 또는 제품 품질상 오염이나 결함으로 인한 평판 손상의 리스크. | 엄격한 제품 품질 프로세스, 원자재 인증, 소비자 안전을 위한 사고 관리 팀 운영. | 변동 없음 |

| 리스크 명 | 설명 | 관리 조치 | 동향 |
|---|---|---|---|
| 시스템 및 정보 | 운영 및 데이터 관리에 영향을 미치는 사이버 위협 및 기술 혼란의 증가. | 고급 사이버 보안, 데이터 개인정보 보호 정책, 정기적인 IT 시스템 백업. | 증가 중 |
| 비즈니스 변혁 | 디지털화 및 지속가능성 이니셔티브와 같은 주요 변혁 프로젝트로 인한 방해 리스크. | 강력한 프로젝트 관리, 디지털화 팀, 고위 임원의 감독. | 변동 없음 |
| 경제/정치적 불안정 | 수요 및 수익성에 영향을 미치는 불리한 경제 및 정치적 상황에 대한 노출. | 비즈니스 모델 유연성, 예측 및 지리적 다변화. | 변동 없음 |
| 재무 및 세금 | 환율 변동 및 세법 변경과 같은 재무 리스크에 대한 노출. | 헤징 수단 사용, 현금 흐름 모니터링, 세금 준수 프레임워크 운영. | 변동 없음 |
| 윤리적 리스크 | 평판을 보호하기 위한 높은 윤리적 기준 유지. | 비즈니스 윤리 강령, 모니터링 및 공급망 전반의 윤리적 관행 준수. | 변동 없음 |
| 법적 및 규제 | 재무적 또는 평판적 손실을 초래할 수 있는 환경 및 안전법과 같은 규제 변화로 인한 리스크. | 정기적인 법적 준수 점검 및 규제 변화에 대응하기 위해 법률 전문가와 협력. | 변동 없음 |

자료: "Unilever Annual Report and Accounts 2023"

알라푸드도 이 방식을 사용하는 좋은 사례다. 알라는 연차보고서 내에 '리스크과 기회' 섹션을 넣고 특히 리스크관리에 대한 자사의 접근방법과 내용을 상세히 기술하고 있다. 우선 리스크 관리 프로세스를 리스크에 대한 이해, 계획, 실행 단계로 나누어 체계적으로 접근하고 있음을 알리고 있다.

**그림 26.알라푸드의 리스크 관리 프로세스**

자료: "Arla Annual Report 2023"

이어서 파악된 8개의 리스크를 주변 리스크, 시장 관련 리스크, 자사 관련 리스크 등 세 그룹으로 나누고, 각 리스크를 손익에 미치는 영향과 발생가능성에 따라 우선순위를 평가하여 대응하고 있다. 각 리스크 별로는 변화추이와 리스크가 미치는 영향을 분석하고, 부정적인 영향을 완화할 수 있는 대응책들을 제시하고 있다.

**그림 27. 알라푸드의 리스크 분석**

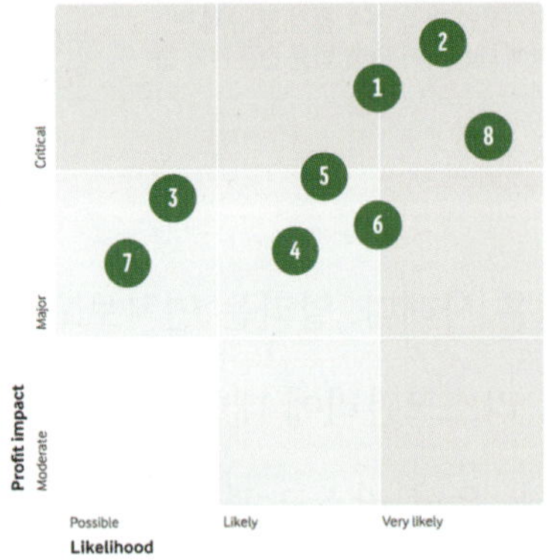


**Peripheral risks**
1. Climate-related regulatory changes
2. Geopolitical instability and economic turmoil

**Market-specific risks**
3. Transformation of consumer behaviour
4. Loss of competitiveness in branded portfolio
5. Loss of international competitiveness due to increased production costs

**Company-specific risks**
6. IT disruptions, including major cyber attacks
7. Major product quality and safety issues
8. Currency volatility

자료: "Arla Annual Report 2023"

포장재 사업을 하고 있는 영국기업 몬디(Mondi)는 사업상의 리스크와 자사의 핵심 전략과의 관련성을 명확히 하고 있는 좋은 사례다. 몬디는 사업 관련 리스크을 전략, 재무, 운영, 컴플라이언스 리스크로 구분하고 각 리스크 관리 책임자를 명확히 규정하고 있다. 또한 각 리스크가 자사의 5개 핵심 전략과 어떻게 연계되어 있는지 명확히 제시하고 있다.

## 그림 28. 몬디의 리스크 관리

**Our principal risks**

| | | Risk owner | Link to strategy: Drive value accretive growth, sustainably | Drive performance along the value chain | Invest in assets with cost advantage | Inspire our people | Partner with customers for innovation |
|---|---|---|---|---|---|---|---|
| Strategic | 1 Industry productive capacity | Executive Committee | | ● | ● | | |
| | 2 Product substitution | | ● | | ● | | ● |
| | 3 Fluctuations and variability in selling prices or gross margins | | | ● | ● | | ● |
| | 4 Country risk | | ● | | ● | | |
| | 5 Climate change risks | Group Head of Sustainable Development | ● | ● | ● | | ● |
| Financial | 6 Capital structure | Group CFO | ● | ● | ● | | |
| | 7 Currency risk | Group Treasurer | ● | ● | ● | | |
| | 8 Tax risk | Group Head of Tax | ● | ● | ● | | |
| Operational | 9 Cost and availability of raw materials | Executive Committee | ● | ● | | | |
| | 10 Energy security and related input costs | Group Head of Operations | ● | ● | ● | | |
| | 11 Technical integrity of our operating assets | | ● | ● | ● | | |
| | 12 Environmental impact | Group Head of Sustainable Development | ● | | | | |
| | 13 Employment and contractor health and safety | Group Head of Safety & Health | ● | | | ● | |
| | 14 Attraction and retention of key skills and talent | Group HR Director | ● | | | ● | |
| | 15 Cyber security risk | Chief Information Officer | ● | ● | ● | ● | ● |
| Compliance | 16 Reputational risk | Executive Committee | ● | | ● | ● | ● |

**Link to strategy**
Our principal risks, independently or in combination, may impact the Group's ability to deliver on its strategy. The above table indicates the components of our strategy that are most likely to be impacted as a result of each principal risk and are defined below:

Drive value accretive growth, sustainably · Drive performance along the value chain · Invest in assets with cost advantage · Inspire our people · Partner with customers for innovation

자료: "Integrated report and financial statements 2023", Mondi Group

세 번째는 기후 위기 또는 자사 사업과 관련성이 높은 리스크와 기회를 별도로 분석하고 그 대응 방안을 체계적으로 제시하는 방법이다.

## 그림 29. 도이체 뱅크의 리스크 관리

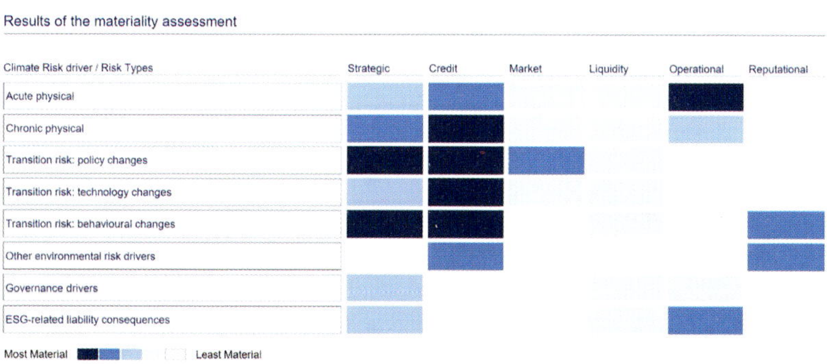


자료: "Non-Financial Report 2022", Deutsche Bank

도이체 뱅크(Deutsche Bank)는 매년 기후와 환경 관련 중대성 평가를 실시하고, 주요 리스크가 자사 사업의 다양한 분야에 미치는 단기, 중기, 장기 영향을 파악하고 있다. 리스크 유형을 전략적, 신용, 시장, 유동성, 운영, 평판 리스크 등 6개로 구분하여 대응한다.

노르웨이의 알루미늄 및 신재생에너지 기업인 노스크 하이드로(Norsk Hydro)는 인권 이슈를 관리하는 데 진심이다. 8개의 인권관련 리스크가 자사 직원, 협력업체 직원, 지역사회 구성원에 미치는 영향을 구분하여 제시하고 있다. 자사 직원에 대한 다양한 통계자료와 핵심 KPI 정보는 물론이고, 3만 개가 넘는 협력업체 중 10,446개 업체를 평가하여 1,095개 업체를 고위험군으로 분류하여 개선 노력을 기울이고 있다. 이런 평가작업은 협력업체 자체 평가도 하지만 에코바디스 (EcoVadis)라는 지속가능성 평가업체를 고용하여 객관적 실사도 시

**그림 30. 노스크 하이드로의 인권관련 리스크 관리**

| Salient human rights risk | Hydro employees | Employees working for our suppliers | People in our local communities |
|---|---|---|---|
| Forced labor, modern slavery and child labor abuse | | ● | |
| Discrimination and harassment | ● | ● | ● |
| Freedom of association and collective bargaining | | ● | |
| Decent working conditions | | ● | |
| Health and safety | ● | ● | ● |
| Access to information and participation in dialogue | | ● | ● |
| Land rights and resettlement | | | ● |
| Vulnerable individuals and groups | ● | ● | ● |

자료: “Integrated Annual Report 2023”, Norsk Hydro

행하고 있다. 실사 결과 리스크가 확인되고, 이에 대한 개선 의지와 계획이 없으면 계약을 해지한다. 2023년에도 3개 업체에 대한 계약을 해지했음을 알리고 있다.

한편 기회 요인에 대해 상세히 보고하는 경우는 흔하지 않다. 핀란드의 환경 서비스 회사인 라모르(Lamor)는 리스크 요인에 대한 보고에 더하여 기회 요인에 대한 상세한 보고를 하고 있어 눈길을 끈다. 라모르는 주요 ESRS 토픽별로 투자와 고용 관점에서의 기회 요인을 설명하고, 그 기회의 크기도 평가하고 있다.

여러 기업의 리스크와 기회 요인 관리 방안을 살펴본 바와 같이 각사는 CSRD/ESRS 공시에서 요구하는 중대성 평가를 통한 리스크와 기회 요인 관리를 기본으로 하고 있다. 이에 더하여 각사의 사업 특성과 전략에 따라 중요시하는 분야의 리스크와 기회를 창의적인 방식으로 분석하고 그 대응 방법을 선택적으로 제시하고 있음을 알 수 있다. 자사의 지속가능경영 전략 체계 속에서 리스크와 기회 요인의 파악, 그 관리 및 성과 보고를 누구의 책임하에 어떤 범위로 어떻게 진행할 것인지를 정하는 것이 우선해야 될 것으로 보인다.

한가지 소홀하지 말아야 할 것은 Plan-Do-Check-Act 사이클 외 수시로 발생하는 리스크/위기 상황에 신속, 적절하게 대응하는 체계를 상시 가동하는 일이다. 이것이 효과적으로 가동되려면 전 조직의 말단까지 리스크/위기 인지기능이 살아있어야 하고, 인지된 이슈가 신속히 보고되어야 하며, 적기에 의사결정이 일어나 대응조치가 가동되어야 한다. 우리 몸의 말단 촉각과 신경이 살아서 위험을 감지하고, 신속한 대응이 일어나는 체계를 조직내에도 구현해야 할 것이다.

**그림 31. 라모르의 기회 요인 관리**

| ESRS topic | Opportunity driver | Opportunity | Opportunity level |
|---|---|---|---|
| Environment / Pollution: Pollution of water, soil and living organisms and food resources | Investors | Opportunity to decrease the company's cost of capital by attracting impact-sensitive investors by increasing the company's positive impact related to this topic | Medium |
| | Employees | Opportunity to increasingly attract impact-sensitive employees by increasing the company's positive impact related to this topic | Medium |
| Environment / Water and marine resources: Water withdrawals and consumption | Investors | Opportunity to decrease the company's cost of capital by attracting impact-sensitive investors by increasing the company's positive impact related to this topic | Medium |
| | Employees | Opportunity to increasingly attract impact-sensitive employees by increasing the company's positive impact related to this topic | Medium |
| Environment / Biodiversity: Direct impact drivers of biodiversity loss and impact on the state of species, as well as on the extent and condition of ecosystems | Investors | Opportunity to decrease the company's cost of capital by attracting impact-sensitive investors by increasing the company's positive impact related to this topic | Medium |
| | Employees | Opportunity to increasingly attract impact-sensitive employees by increasing the company's positive impact related to this topic | Medium |
| Opportunity to increasingly attract impact-sensitive employees by increasing the company's positive impact related to this topic | Investors | Opportunity to decrease the company's cost of capital by attracting impact-sensitive investors by increasing the company's positive impact related to this topic | Medium |
| | Employees | Opportunity to increasingly attract impact-sensitive employees by increasing the company's positive impact related to this topic | Medium |
| Society / Affected communities / Communities' economic, social and cultural rights: Adequate food, water and sanitation, land-related impacts, security-related impacts | Investors | Opportunity to increasingly attract impact-sensitive employees by increasing the company's positive impact related to this topic | Medium |
| | Employees | Opportunity to increasingly attract impact-sensitive employees by increasing the company's positive impact | Medium |

## Q. 지속가능경영 실행 중 기술적 난관 등 단기적 해결방법이 없어 주저하는 경우 어떻게 해야 하나?

기술 전환(Technology Transition)은 기업의 장기적인 성장과 경쟁력 유지에 있어 필수적인 요소다. 빠르게 변화하는 기술 환경 속에서 기업이 기술 전환에 민첩하게 대응하지 않으면, 시장에서 도태될 수밖에 없다. 애플과 넷플릭스 같은 기업들은 기술 혁신을 선도하며 성공을 거둔 반면, 코닥과 노키아 같은 기업들은 변화에 뒤처지면서 시장에서 실패를 경험했다. 현대자동차와 기아의 경우 기술 전환을 유연하게 대응하여 잠재적인 성공 사례로 자리매김하고 있다.

현대와 기아자동차는 전기차(EV) 및 수소 전기차로의 기술 전환을 선제적으로 준비하여 글로벌 자동차 시장에서 빠르게 성장하는 사례가 되고 있다.[35] 정의선 현대차그룹 회장은 내연기관 차량에서 발생하는 수익을 바탕으로, 전기차와 수소차 기술 개발에 대규모 투자와 연구개발(R&D)을 집중했다. 이러한 전략 덕분에, 현대차와 기아는 시장이 본격적으로 열리는 초기에 준비된 전기차 모델을 선보일 수 있었으며, 이를 통해 전기차 시장에서 선도업체 지위를 빠르게 확보해 가고 있다. 현대차의 '아이오닉5'와 기아의 'EV6'는 전기차 시장에서 성공적인 모델로 자리 잡았으며, 두 회사는 각각 전기차 기술력과 디자인 혁신을 결합해 소비자들에게 강력한 인상을 남겼다. 특히 2024년 1분기 기준, 현대차는 미국 전기차 시장에서 테슬라에 이어 2위를 기록하며 전기차 시장에서 선도적인 위치를 점하고 있다. 글로벌 랭킹 1, 2위인 토요타, 폭스바겐 그리고 미국 GM, Ford와 비교해도 현대차와 기아의 전기차에 대한 공격적인 행보는 돋보인다.

이러한 전략은 애플, 넷플릭스와 같은 성공 사례들에서 볼 수 있듯이, 기술 전환의 흐름을 선도하는 기업이 시장에서 우위를 차지할 수 있음을 잘 보여준다. 물론 이 과정은 아직 진행 중이며, 전기차 및 수소차 시장에서의 성공 여부는 향후 몇 년간의 시장 변화에 따라 결정

35 현대자동차 고위임원 인터뷰

될 것이다. 그러나 현대차와 기아는 기술 전환에 대한 철저한 준비와 전략적 대응을 통해 이미 성공적인 전환을 이루어 가고 있으며, 앞으로도 지속적인 성장을 기대하게 만든다. 현대차와 기아의 사례는 기술 전환에 대응하지 못한 코닥이나 노키아와 같은 기업들의 실패 사례와 대비된다. 이들은 기존의 수익 모델에 지나치게 의존하다가 새로운 기술의 도입 시기를 놓쳤고, 결과적으로 시장에서 도태되었다.

현대차와 기아의 사례는 다른 기업들에게도 중요한 시사점을 제공한다. 기술 전환이 필수적인 시대에서 기업들은 기존 비즈니스 모델에 안주하지 않고, 새로운 기술을 받아들이고 적극적으로 투자하는 것이 생존과 성장을 좌우할 핵심 요소임을 보여준다. 특히, 신기술 도입이 초기 단계일 때의 선제적 준비와 과감한 투자, 그리고 소비자 경험을 중시한 디자인 경영은 경쟁력을 확보하고 시장에서 차별화될 수 있는 중요한 전략임을 현대차와 기아가 입증하고 있다. 지속가능성과 관련한 환경문제 해결에 다양한 신기술이 요구되고 있다. 하지만 아직 경제성이 검증된 기술은 많지 않은 것이 문제다. 과연 자사의 사업에서는 지속가능성과 관련하여 어떠한 기술적인 전환이 요구되고 있는지 정확히 파악하고, 이에 대한 자사의 대응이 시기를 놓치지 않도록 전략적 선택과 준비에 만전을 기해야 할 것이다.

1-2-4

# 연주의 완성도 높이기

## 측정과 모니터링

## Elevating the Quality of the Performance

Measurement & Monitoring

### Q. 지속가능경영에 진전이 있는지, 무슨 문제는 없는지 어떻게 파악해야 하나?

지속가능경영의 진전 여부를 효과적으로 파악하고, 발생할 수 있는 문제를 관리하기 위해서는 명확한 핵심 성과 지표(KPIs)를 설정하고, 이에 맞춘 측정가능한 목표를 설정한 뒤, 이를 정기적으로 검증하고 관리하는 체계가 필요하다.

이코랩(Ecolab)은 이러한 관리 체계를 잘 운영하는 지속가능경영의 모범 사례로 꼽힌다. 이코랩은 자원과 사람을 보호하는 물, 위생 및 감염 예방 솔루션과 서비스를 제공하는 글로벌 강자다. "세상을 더 깨끗하고, 안전하고, 건강하게 만들기 위해 사람과 삶에 중요한 자원을 보호하면서 고객사의 성공을 돕는다"는 사명을 갖고 있다. 이러한 사명 달성을 위해 이코랩은 2030년까지의 도전 목표를 제시하고, 매년 그 진척도와 연도별 목표 달성 여부를 아래와 같이 보고하고 있다. 3,000억 갤런의 물 절약, 600만 미터 톤의 온실가스 배출 방지, 20억 명에게 안전한 식품 제공, 900억 건의 손 씻기가 2030년 목표다. KPI가 사업 전략과 잘 연관되어 있고, 구체적이며, 측정 가능하다.

고객사가 이코랩 제품 및 서비스 투자의 기하급수적인 수익을 개선, 솔루션의 긍정적인 영향을 평가하기 위해 eROI(Exponential Return on Investment, 기하급수적 투자수익률)라는 방법론을 사용한다. eROI는 고객사의 성과에 영향을 미치는 주요 요인을 찾고, 이들을 환경적, 사회적 영향과 원가절감 효과와 연결함으로써 고객사가 세상에 창출하는 가치를 트래킹할 수 있도록 한다.

**그림 32. 이코랩의 2030 경영 목표**

이코랩이 Marriott Vacations Worldwide(MVW)에 제공한 솔루션을 통해 KPI 설정과 운영에 진심인이 회사의 접근방식을 이해할 수 있다. MVW는 회원들에게 리조트 서비스를 제공하는 회사로서 물 절약, 에너지 절약과 폐기물 절감, 생산성 개선에 주력하는 회사다. 이코랩은 MVW에 냉각수 효율성을 극대화하는 솔루션, 식당 세척력을 강화하는 솔루션, 저온 세탁 프로그램, 농축 세정제 공급, 헹굼이 필요 없는 바닥 세척제를 공급했다. 이를 통해 2023년간 물 절감 2,340만 갤런, 에너지 절약 120억 BTU, 이산화탄소 절감 1,400톤, 폐기물 절감 46,000파운드의 성과를 이루어 냈다. 아울러 9,100시간 상당의 노동 생산성 개선, 279,000달러 상당의 수리 및 교체 비용 절감, 자동 디스펜싱 및 폐쇄형 포장재 시스템을 통한 안전성 강화 효과를 통해 연간 627,000달러의 가치를 제공했다고 보고하고 있다. 이처럼 KPI는 고객사의 구체적 요구에 맞춰 설정되며, 이를 통해 고객사가 지속가능경영의 성과를 모니터링 할 수 있도록 이코랩은 솔루션을 제공한다.

이코랩은 KPI를 기반으로 측정가능한 목표를 설정하고 그 진전 상황을 체계적, 지속적으로 모니터링 하는데 탁월하다. 앞서 살펴본 것처럼 고객사에 제공한 임팩트뿐만 아니라 자사 운영 관련 KPI도 명확히 설정하고 운영한다. 이에는 물 절감, 온실가스 배출 감소, 생물 다양성, 폐기물 절감, 다양성, 형평성, 포용성(DE&I), 안전 관련 KPI를 포함한다. 2030년까지 100% 신재생 전력 사용이라는 장기 목표를 세우고, 유럽에서는 이미 이 목표를 달성했으며, 2023년 기준 80%의 진척도를 보고하고 있다. 이러한 구체적이고 측정가능한 목표는 성과를 명확히 파악할 수 있게 하며, 진전 여부를 수치로 검증할 수 있게 한다.

성과 평가 결과를 어떻게 활용하느냐에 따라 목표 달성 문화 구축에 큰 영향이 있다. 이코랩은 설정된 목표를 초과 달성했을 때 더 큰 보상을 제공하는 인센티브 시스템을 통해 성과 평가 결과를 적극 활용한다. 성과 목표를 105% 달성할 경우 인센티브를 150%로 지급하는 방식으로 직원들이 지속가능성 목표 달성에 대한 동기를 부여받고 있으며, 이를 통해 지속가능경영 성과를 극대화하고 있다. 이러한 시스템은 직원들의 참여를 촉진하고, 지속가능한 목표 달성에 기여하는 중요한 원동력이 된다.

또 한가지 이코랩이 탁월한 것은 철저한 규칙 준수와 제도 운영이다. 이코랩은 사고 예방을 위해 다양한 규칙과 안전장치를 운영하고 있다. 모든 업무를 'safety moment'로 시작하고 있으며, 산업안전을 위해 생산현장 내 휴대폰 사용을 금하고 있다. 회사차량의 안전 운행을 위해서도 운전습관을 모니터링 할 수 있는 장치를 차량에 설치하고 있으며, 운전 중 휴대폰 사용도 금지하고 있다. 또한 운행 관련 사고 발생 시 24시간 내 보고하도록 하고 있다. 이러한 규정을 어길 경우 필요한 교육을 이수케 하거나 이용을 제한하는 조치를 내린다. 윤리경영 측면에서도 엄격한 규정을 운영하고 있으며, 위반사례에 대한 익명제보가 활성화되어 있다. 직장 내 성희롱과 같은 민감한 사항에 대해서는 'one-strike out'제를 엄격히 시행하여 유사사례 발생을 차단하고 있다. 이러한 철저한 규칙 준수는 기업의 신뢰성을 높이고 장기적인 성장을 뒷받침하는 중요한 요소이다. 이코랩의 사례는 단순한 규정 준수가 아닌, 지속가능성을 실현하는 도구로서의 규칙 운영이 기업 내에서 어떻게 활용될 수 있는지를 잘 보여준다. 이는 직원들의 안전뿐만 아니라, 고객사와의 신뢰 구축에도 긍정적인 영향을 미치는 것을 알 수 있다.

이코랩은 명확한 KPI 설정, 측정가능한 목표 설정과 검증, 성과 평가 결과의 활용, 규칙 준수와 제도 운영을 통해 고객사에게 지속적인 임팩트를 제공함으로써 자사의 지속가능경영 목표를 달성해 가고 있다. 그 바탕에는 철저한 고객 중심의 사고, 과학적인 솔루션 제공, 철저한 계량화와 모니터링, 엄격한 규칙 준수, 윤리경영에 대한 진정성이 담겨 있음을 확인할 수 있다. 이러한 진정성이 담긴 체계적인 접근 방식은 이타적인 지속가능경영이 비즈니스 성과와 맞물려 운영될 때 얼마나 큰 영향을 미칠 수 있는지를 입증하는 좋은 사례라 할 수 있다.[36]

## Q. 지속가능경영 실행 과정에 다양한 의사결정과 문제해결이 필요한데 이를 위한 방법은?

지속가능경영을 실현하는 과정에서는 신속한 의사결정과 문제 해결이 필수적이다. 지속가능한 목표를 달성하기 위해서는 다양한 이해관계자 간의 협력, 데이터를 바탕으로 한 전략적 의사결정, 피드백을 통한 지속적 개선, 그리고 문제 해결을 위한 거버넌스와 전담팀의 구성

36 "2023 Growth & Impact Report", 이코랩: 고위임원 인터뷰

이 중요한 역할을 한다.

'이해관계자 참여(Stakeholder Engagement)'는 지속가능경영의 필수적인 출발점이다. 기업은 환경적, 사회적 목표를 설정할 때 직원, 고객, 협력사, 지역사회 등 다양한 이해관계자의 의견을 반영해야 한다. 이는 의사결정의 투명성을 높이고, 더 나은 해결책을 도출하는 데 기여하며, 실행상의 장애를 예방한다. 예를 들어, 유니레버는 다양한 이해관계자와의 긴밀한 협력을 통해 지속가능경영 목표를 설정하고, 이를 경영전략에 통합했다. 특히 유니레버는 자사 제품의 원료 조달에서부터 판매까지 모든 과정에서 이해관계자와 협력하며, ESG 목표를 실현했다. 이를 통해 지속가능한 공급망을 구축하고, 고객과의 신뢰를 강화할 수 있었다.

지속가능성을 달성하기 위한 의사결정 과정에서 '데이터 기반(Data-driven Decision Making)' 접근법도 매우 중요하다. 기업은 에너지 소비, 탄소 배출, 물 사용량 등의 데이터를 수집하고, 파악된 이슈에 대한 과학적인 솔루션을 적용하여 합리적인 의사결정을 내린다. 문제해결과 의사결정의 출발점은 측정(measurement)이다. 계수화하기 어려운 지표의 경우에도 창의적인 측정 방법을 찾아야만 의사결정을 할 수 있고, 지속적인 모니터링이 가능하다. 예를 들어, 이코랩은 고객사와 협력해 각 고객의 물 소비 패턴과 에너지 사용 데이터를 분석한 뒤, 투자 효율을 극대화할 수 있는 맞춤형 솔루션을 제공함으로써 물과 에너지를 절감하도록 돕고 있다. 측정 방법에 대한 고객사 동의가 있어야 솔루션 적용 효과를 분석하여 합리적 의사결정이 가능하고, 또한 지속적인 성과를 관리하는 도구로 활용된다.

'순환 피드백 루프'는 문제 해결 과정에서 지속적인 개선을 가능하게 하는 핵심요소다. 이는 목표 달성 과정을 모니터링하고, 그 결과를 바탕으로 새로운 개선점을 도출하고, 이를 적용하는 과정으로 이루어진다. 전통적인 PDCA(Plan-Do-Check-Act)로 지속적인 개선의 선순환을 만드는 과정과 유사하다. 마이크로소프트는 데이터 센터 운영에서 순환 피드백 루프를 적용해 에너지 사용 최적화 및 자원 재활용을 극대화하고 있다. 이 회사는 데이터 센터에서 발생하는 에너지 사용 데이터를 실시간으로 수집하고 분석하여, AI 기술을 활용해 에너지 효율성을 지속적으로 개선하는 프로세스를 운영한다. 또한, 데이터 센터에서 사용된 장비를 재사용하거나 재활용하는 순환 경제 모델을 도입하여, 자원의 낭비를 줄이고 있다. 마이크로소프트는 각 데이터 센터에서 수집된 피드백을 바탕으로 운영 방식을 수정하고, 이를 전사적으로 적용해 지속가능한 에너지 관리 시스템을 구축하는 데 성공했다. 이처럼 순환 피드백 루프는 기업이 문제를 즉각적으로 해결하고, 더 나은 의사결정을 내리는 데 중요한 도구다.

지속가능성을 실현하기 위한 목표를 달성하려면 특정 문제에 집중할 수 있는 '거버넌스와 전담팀(Task Force)' 구성이 필수적이다. 특정 분야와 이슈에 대한 책임자가 명확히 정의되는 것이 가장 중요하다. 그 책임자는 맡은 분야에 대한 의사결정이 적기에 일어나도록 해야 한다. 여러 조직에 걸친 문제해결을 위해 전담팀을 구성하기도 한다. 앞서 살펴봤던 LG텔레콤의 사례에서는 FET(Fully Empowered Team)라는 전담팀이 중요한 역할을 했다. 전사 차원의 현장혁신 활동을 출범하면서 다양한 조직간 이슈를 해결하기 위해 구성된 팀이 FET다. 이 팀은 CEO의 직접적인 지원 하에 다양하고 복잡한 이슈를 해결하는 모범을 보였다. CEO는 매주 FET를 방문하면서 현장에서 필요한 의사결정을 했다. 신속한 의사결정을 통해 혁신 활동에 추진력이 실렸고, 이를 통해 조기에 가시적인 성과를 확인할 수 있었다. 또한 CEO가 주도하는 혁신 활동에 진정성이 실려 있음을 전 조직에 알리는 효과도 컸다. 각 분야를 책임진 리더들에게도 신속한 의사결정에 앞장서도록 하는 계기가 되기도 했다. 충분한 시간을 써서 완벽한 답을 찾는 것과 신속한 의사결정이 주는 긍정적 효과 사이에 트레이드 오프(trade-off)가 있다. 경영의 현장에서는 신속한 의사결정이 주는 장점이 더 큰 경우가 많다. 이를 취하고 과정에 생길 수 있는 오류로 인한 리스크를 최소화하기 위해 다양한 이해관계자 간의 협력, 데이터를 바탕으로 한 전략적 의사결정, 피드백을 통한 지속적 개선, 그리고 문제 해결을 위한 거버넌스와 전담팀의 구성 등 다양한 장치를 지혜롭게 활용할 수 있어야 할 것이다.

제 3 장

# 악보 업그레이드하기

## 혁신과 파트너십 담기

## Upgrading the Score

Embracing Innovation and Partnerships

1-3-1

# 새로운 리듬의 편곡

## 새로운 트렌드와 기술 적용

## The Evolving Score

Integrating New Trends and Technologies

### 협업 에이전트로서의 생성형 AI

*- **AI 스타트업** 리더십 인터뷰 중 -*

*" 요즘 사람들이 AI에 대해 가장 많이 걱정하는 게 'AI가 너무 잘하면 나는 뭘 해야 하지?' 같은 질문이잖아요. 저는 오히려 그게 당연한 변화라고 생각해요. AI가 할 수 있는 영역이 점점 명확해지면서, 그 기능만으로 살아가는 직업은 자연스럽게 줄어들 수밖에 없다고 봐요. 예를 들어, 단순히 그림을 그리는 사람, 반복적인 정보를 가르치는 사람은 당연히 대체될 수 있겠죠. AI가 잘하는 건 정말 잘하니까요. 특히 교육 분야에서도 마찬가지입니다. 단순히 구구단이나 알파벳을 가르치는 역할이라면, 사실 이미 대체되고 있어요. 교육자라는 직업이 살아남기 위해서는 단순 전달자를 넘어서*

*는 전문성과 설계력이 필요해진거죠.*

*중요한 건, AI는 계속 발전할 거라는 거예요. 그러니까 기업이든 교육이든 AI를 '언젠가 써야 할 것'으로 생각할 게 아니라, 지금 이 수준에서 어떻게 활용할지를 고민해야 해요. '아직 부족하다', '더 완성되어야 한다'는 관점보다는, 지금 가능한 범위 안에서 디렉팅을 어떻게 할 수 있을지 고민해야 하는 거죠. 예를 들어, AI가 아직 구구단밖에 못 가르친다고 해서 쓸모없다고 말할 게 아니라, 그걸 활용해서 어떤 교육 콘텐츠를 만들 수 있을지 고민해야 한다는 겁니다. 어떻게 쓰느냐가 핵심이에요. 결국 이건 사용법의 문제가 아니라, 활용 전략의 문제죠.*

*다시 말하지만 AI는 무조건 도입해야 해요. 도입하지 않는 조직은 살아남기 힘들 겁니다. 이제 경쟁 상대는 사람이 아니라, AI를 잘 활용하는 사람 혹은 조직이 될 거니까요. 미래에는 AI를 직접 만드는 사람이 아니라, 잘 쓰는 사람이 더 중요해질 수 있어요. 우리가 예전에 미국에서 계산기 쓰면서 미적분 배웠던 이유도 그걸 '외워서'가 아니라 '활용해서 문제를 풀기 위해서'였잖아요. AI도 똑같아요. 우리가 기술을 완성된 상태에서만 쓴 적은 없잖아요. 늘 미완성 상태에서 배우면서 써왔죠. 이건 교육뿐 아니라 기업 전략도 마찬가지입니다. 지금 AI를 안 쓰는 회사는 이미 뒤처지고 있는 거고, AI를 어떻게 잘 쓰고, 그걸 기반으로 어떤 차별화된 가치를 만들 수 있을지를 고민하는 기업만이 살아남게 될 거예요.*"

이 인터뷰는 AI를 단순한 자동화 도구로 보는 것이 아니라, 인간과 함께 학습하고 사고하는 '협업 파트너(agent)'로 바라보는 전환적 관점을 보여준다. 이들은 AI가 할 수 있는 영역이 명확히 존재하는 만큼, 사람은 그 기술을 어떻게 맥락화하고 전략화할 수 있는가에 집중해야 한다고 본다. 단순한 전달자 역할(지식, 반복업무, 암기 중심 교육 등)은 AI에 의해 대체될 수 있으나, 질문을 설계하고, 경험을 만들고, AI의 출력을 책임감 있게 디렉팅하는 능력은 인간 고유의 역할로 남게 된다. 이것이 바로 AI가 가져올 변화의 핵심이다.

특히 주목할 점은, 기술이 미완성이라는 이유로 도입을 미루기보다는, 현재 가능한 수준에서부터 유연하게 활용하고 학습하는 태도가 지속 가능한 경쟁력을 만든다는 점이다. 이는 교육뿐 아니라 경영, 디자인, 기획 등 거의 모든 비즈니스 영역에서 AI 활용의 리스크 관리와 역량 설계가 동시에 병행되어야 함을 시사한다. 결국 AI는 '다 쓸 수 있게 된 다음에' 쓰는 게 아니라, 지금부터 '함께 일하는 법을 배우는 존재'이며, 미래는 AI와 협업하는 사람과 협업하지 못하는 사람 사이의 차이로 갈릴 가능성이 높다. 기술에 대한 태도와 실천이 곧 기업의 생존과 지속가능성의 핵심이 되는 시대가 도래하고 있다.

## Q. AI를 지속가능경영에 접목하고자 한다. 어떻게 하면 좋을까?

지멘스(Siemens)의 암베르크(Amberg) 공장은 AI와 IoT 기술이 결합된 스마트 공장의 대표적인 성공 사례로, 지속가능경영을 지향하는 제조업의 미래를 선도하고 있다. 이 공장에서 생산되는 주요 제품은 산업 자동화에 필수적인 PLC(Programmable Logic Controller)로, 다양한 기계 및 시스템을 제어하는 데 사용된다. 이 공장에서는 연간 1,700만 개의 제품을 생산하며, 1000종 이상의 품목을 생산한다.

지멘스는 제조업의 디지털화와 자동화가 필수적이라는 판단 아래, AI와 IoT를 활용해 생산성과 품질을 극대화하고자 했다. 특히, 다양한 제품을 소량 다품종으로 생산해야 하는 상황에서 고객 요구를 신속하게 반영할 수 있는 유연한 생산 체계가 필요했다. 기존의 전통적인 공정에서는 예기치 않은 기계 고장이나 품질 문제로 생산이 중단되는 일이 잦았기 때문에, 이를 해결할 수 있는 AI 기술의 필요성을 절감하게 되었다.

1989년 설립된 암베르크 공장은 2013년 스마트 공장 프로젝트를 시작해 2015년에 AI와 IoT 기술이 완벽하게 통합된 스마트 공장으로 전환되었다. 이 공장은 IoT 센서를 통해 모든 기계와 설비가 실시간 데이터를 수집하고 AI가 이를 분석해 생산 효율을 극대화하는 시스템을 구축했다. 초기에는 기계 간 통신을 원활히 하기 위해 데이터 표준화와 통신 프로토콜 통합에 중점을 두었다. 이 과정에서 클라우드 기반 데이터 분석 플랫폼인 MindSphere를 도입해 방대한 데이터를 실시간으로 처리할 수 있게 하였다.

암베르크 공장은 AI 도입 과정에서 CRISP 원칙을 지향점으로 삼아 스마트 공장 구축을 진행했다. CRISP는 Connectivity(연결성), Robust Processes and Resilient Supply Chains(견고한 공정과 복원력 있는 공급망), Intelligence(지능화), Sustainability(지속가능성), People Centricity(사람 중심의 접근)를 의미한다. Connectivity(연결성)를 위해 공장 내 모든 기계와 설비는 IoT로 연결되어 실시간으로 데이터를 주고받는다. 이를 통해 전체 생산공정이 하나의 통합된 시스템으로 작동하며, 각 기계가 서로 데이터를 공유해 생산성을 최적화할 수 있다. Robust Processes and Resilient Supply Chains(견고한 공정과 복원력 있는 공급망)를 위해 AI가 생산 공정을 견고하게 유지하며, 예기치 못한 변수에도 대응할 수 있게 복원력 있는 공급망을 구축했다. 예를 들어, AI 기반 예측 유지보수로 기계 고장을 미리 예측해 생산 중단을 최소화할 수 있었다. Intelligence(지능화)를 구현하여 AI는 실시간 데이터를 분석해 의사결정을 자동화하고, 이를 통해 최적의 생산 속도와 자원 배분을 가능하게 했다. 불량률을 실시간으로 감지해 문제가 발생하기 전에 해결할 수 있었다. 또한 AI를 통해 에너지 사용을 최적화하여 탄소 배출을 줄이고, 자원 낭비를 최소화하는 공정으로 운영하여 Sustainability(지속 가능성)을 추구했다. People Centricity(사람 중심의 접근)를 바탕으로 암베르크 공장은 자동화된 시스템에도 불구하고 사람 중심의 운영을 지향했다. AI는 근로자들의 반복적이고 위험한 작업을 대신 수행하게 해, 더 높은 부가가치가 있는 작업에 근로자들이 집중할 수 있도록 했다.

구축 과정에서 데이터 처리 속도와 기계 간 통신 호환성 문제가 발생했다. 수집된 데이터가 방대해 처리 속도가 느려지고, 다양한 기계가 서로 다른 통신 프로토콜을 사용하여 데이터 흐름이 원활하지 못했다. 이를 해결하기 위해 지멘스는 MindSphere 플랫폼을 도입해 모든 데이터를 실시간으로 처리하고, 통신 프로토콜을 통합하여 기계 간 원활한 소통을 가능하게 했다. 이로 인해 공장 내 모든 기계가 데이터를 효과적으로 공유하고, 생산성은 물론 복원력 있는 공급망을 구축할 수 있었다. 암베르크 공장은 AI를 활용한 예측 유지보수(Predictive Maintenance), 수요변화에 따른 생산속도와 공정의 유연한 조정, 실시간 불량감시를 통해 고객의 다양한 요구에 완벽한 품질로 유연하게 대응할 수 있었다.

암베르크 공장은 전통적인 제조 공장에 비해 75% 이상의 생산성 향상을 달성했으며, 가동 중단 시간은 10분의 1 이하로 감소했다. 이와 함께 제품 불량률도 크게 줄여 거의 0%에 가까운 수준을 기록했다. 이 공장은 탄소 배출량도 30% 이상 절감하며, 환경적 성과 또한 크게 향상되었다. 암베르크 공장은 지속적으로 AI 알고리즘을 업그레이드하고, 새로운 데이터를 학습해 더 나은 생산 최적화를 이루고 있다. 이 성공 사례를 바탕으로 지멘스는 뉘른베르크(Nuremberg) 등 다른 공장에도 유사한 기술을 적용해 스마트 공장으로 전환하고 있다. 이로 인해 지멘스의 전반적인 제조 네트워크가 디지털화되고, 연결된 공급망을 통해 더욱 효율적인 운영이 가능해졌다.

암베르크 공장은 2023년 세계경제포럼(World Economic Forum)이 수여하는 Sustainability Lighthouse Award를 수상했다. 이 상은 에너지 및 자원의 효율적인 운영을 통해 지속가능한 제조를 선도하는 공장에 수여된다. 암베르크 공장은 디지털 기술을 활용하여 환경적 지속가능성을 높이고, 탄소배출 감소, 에너지 효율성 개선, 자원 최적화 등에서 거둔 혁신적 성과를 인정받은 것이다. 암베르크 공장은 AI 도입을 통해 지속가능경영의 성과를 극대화했다. AI를 활용해 에너지 사용을 최적화하고 자원 낭비를 줄이며, 탄소 배출을 크게 감소시켰다. 이는 제조업이 디지털 전환을 통해 환경적 책임을 다할 수 있는 가능성을 보여주는 사례로, 다른 기업들에게도 지속가능경영 목표 달성을 위해 AI와 IoT 기술을 적극 도입할 필요성을 시사한다.[37]

37 "Sustainability Report 2023", Siemens: 고위임원 인터뷰

1-3-2

# 대합창

## 협력 생태계 구축으로 성과 극대화

## The Grand Chorus

Maximizing Impact through a Collaborative Ecosystem

# 기술과 생태계를 통한 지속가능성 실현

## 전략적 협업과 리더십의 힘

*- **구글** 리더십 인터뷰 -*

*“ 구글 클라우드 측면에서 우리가 집중하는 것은 ‘클라우드 허브’입니다. 컴퍼니들, 파트너들, 커스터머들한테 오픈해서, 자사 데이터를 업로드하고 공유하는 생태계(Ecosystem)를 만들고, 그 안에서 서로 데이터를 모으고 연결해서 그 데이터를 활용하여 여러가지 sustainability 관련 프로젝트들을 직접적으로 지원할 수 있도록 돕는 겁니다… (중략)*

*단순한 기술 제공을 넘어, 리소스를 매칭하고, 함께 투자하고, 프로젝트가 성공할 수 있도록 enable, empower하는 구조를 갖고 있습니다. 특*

*히 AI와 클라우드 플랫폼을 API 형태로 개방해서 다양한 파트너가 자신의 지속가능성 과제에 활용할 수 있게 돕고 있죠. 내부적으로는 데이터센터를 net-zero로 만들고 있고요. Gemini AI 같은 기술도 지금은 초기지만, 특히 지속가능성 분야에 우선 적용되고 있어요. 우리가 이걸 가능하게 하는 건, 결국 우리 조직이 갖고 있는 일관된 정책과 믿음, 그 기반 위에서 이런 전략들이 돌아가고 있기 때문입니다.*"

구글의 사례는 첨단 기술 기업이 단순한 솔루션 제공을 넘어, 파트너의 지속가능성을 "Enable, Empower, and Promote"하는 에코 시스템을 어떻게 전략적으로 만들어가는지를 보여준다. 특히 구글은 기술 그 자체보다 "기술을 누구와, 어떻게 연결할 것인가"에 중점을 둔다. 내부적으로는 데이터센터의 net-zero 실현, 외부적으로는 파트너와의 협업을 통한 확산 전략을 동시에 구사한다. 이는 지속가능성이 단지 내부 ESG 실천에 머무는 것이 아니라, 기술과 생태계 전반으로 퍼져 나가도록 설계된 '플랫폼 전략'임을 보여주는 대표적 사례다. 이러한 전략의 기반에는 "일관된 정책과 신념(consistency of policies and beliefs)"이 자리 잡고 있다.

## Q. 지속가능경영을 자사만 고립되어 추진할 수는 없다. 다양한 이해관계자의 참여를 이끌어내고, 함께 추진하는 방법은?

지멘스는 단순히 자사만의 지속가능경영을 추구하는 것이 아니라, 고객과 공급업체, 파트너까지 포함한 전체 가치사슬에서 함께 지속가능성을 실현하는 것을 목표로 하고 있다. 이를 위해 지멘스는 Siemens Xcelerator와 SiGreen 같은 플랫폼과 도구를 제공하며, 다양한 이해관계자들이 협력 생태계에 적극 참여하도록 독려하고 있다. 이러한 노력은 단순한 기술 제공을 넘어, 함께 더 나은 미래를 만들어 나가는 과정에서 흥미로운 스토리를 만들어가고 있다.

지멘스는 Siemens Xcelerator라는 개방형 디지털 비즈니스 플랫폼을 통해 기업들이 디지털 전환을 이루고, 이를 바탕으로 지속가능성 목표를 달성할 수 있도록 돕고 있다. 이 플랫폼은 하드웨어, 소프트웨어, 그리고 서비스가 모두 통합된 솔루션을 제공하며, 기업들이 에너지 효율성, 탄소 저감, 그리고 자원 최적화를 실현할 수 있도록 지원한다. Xcelerator는 단순히 하나의 기술 도구가 아니다. 지멘스는 이 플랫폼을 열린 생태계로 만들어, 파트너사와 고객들이 자유롭게 기술을 활용하고 공유할 수 있는 공간을 제공했다. 이곳에서는 대기업뿐만 아니라 스타트업, 중소기업들도 쉽게 접근할 수 있으며, 이들이 새로운 혁신을 이끌어낼 수 있도록 다양한 솔루션과 아이디어가 상호작용하고 있다. 예를 들어, 지멘스와 아토스(Atos)가 협력해 Xcelerator에 디지털 트윈 기술을 통합한 사례가 있다. 디지털 트윈은 실제 제품의 가상 모델을 만들어 운영 효율성을 분석하고 최적화하는 기술인데, 이를 통해 기업들은 생산 과정에서 에너지를 덜 사용하면서도 더 효율적으로 제품을 만들 수 있게 되었다. 이러한 협력의 힘은 지속가능성을 향한 큰 걸음을 가능하게 했다.

지멘스의 또 다른 도구인 SiGreen은 기업들이 전체 공급망에서 발생하는 탄소 배출을 추적하고 줄일 수 있도록 돕는 탄소 관리 솔루션이다. 많은 기업이 직접 배출하는 탄소뿐만 아니라, 공급업체와 고객을 포함한 간접 배출(Scope 3)까지 관리해야 하는 상황에서, SiGreen은 이 모든 데이터를 투명하게 제공함으로써 협력적 개선을 가능하게 한다. 탄소 배출 관리는 어느 한 기업이 단독으로 해결할 수 없는 문제다. 예를 들어, 제품을 만드는 데 필요한 재료가 공급업체에서 온다면, 그 재료가 생산되는 과정에서 발생하는 탄소 배출까지 고려해야 진정한 지속가능성을 실현할 수 있다. SiGreen은 기업들이 이러한 복잡한 공급망의 탄소 배출을 추적할 수 있도록 하고, 데이터를 바탕으로 공급업체와 협력해 개선할 수 있는 기회를 제공한다. Siemens Energy는 SiGreen을 활용해 자사의 에너지 솔루션 제품이 공급망 전체에서 얼마나 많은 탄소를 배출하는지 투명하게 분석하고, 그 정보를 바탕으로 공급업체와 협력해 저탄소 대안을 개발했다. 이를 통해 기업 전체가 하나의 목표 아래 함께 움직이며, 탄소 배출량을 실질적으로 줄여 나가는 사례를 만들어냈다.

지멘스는 디지털 플랫폼 외에도 혁신 허브와 협력 네트워크를 운영하며 지속가능한 솔루션 개발을 위한 공동의 노력을 이끌어내고 있다. 이를 통해 고객, 스타트업, 학계 등 다양한 이해관계자들이 한 자리에 모여 새로운 아이디어를 공유하고, 이를 실현할 수 있는 실질적 솔루션을 개발하고 있다. 지멘스는 독일 에를랑겐에 위치한 혁신 센터에서 파트너들과 협력해 에너지 전환과 지속가능한 제조를 위한 다양한 프로젝트를 진행 중이다. 이곳에서 참여자들은 각자의 전문성을 바탕으로 지속가능한 에너지 솔루션을 개발하고, 이를 전 세계 공급망에 적용할 수 있도록 한다. 또한, 이러한 협력 모델은 글로벌 네트워크로 확장되어 다른 기업들이 지멘스의 혁신을 참고할 수 있도록 한다. 또한, 지멘스는 Global Lighthouse Network와 같은 국제적인 네트워크에도 적극 참여해 지속가능 제조의 모범 사례를 공유하며, 다른 기업들에게도 디지털 혁신의 필요성과 가능성을 보여주고 있다.

지멘스는 지속가능성을 단순히 에너지 효율성이나 탄소 배출 관리에만 국한하지 않고, 순환 경제(Circular Economy)로까지 확대하고 있다. 이를 위해 고객과 공급업체가 함께 재활용과 재사용을 촉진하는 협력 모델을 구축했다. Siemens Xcelerator를 통해 기업들은 순환 경제 설계를 도입하고, 폐기물을 줄이는 방식으로 제조 공정을 혁신할 수 있게 된다. 지멘스는 쉬나이더 일렉트릭(Schneider Electric)과 협력하여 재활용 가능한 전기 부품을 제조하는 데 중점을 둔 지속가능한 제조 프로세스를 개발했다. 이들은 재료를 최대한 재사용하고, 제품의 수명을 연장하는 방안을 모색함으로써 폐기물 감소와 동시에 에너지 효율성을 향상시켰다. 이러한 협력은 Siemens Xcelerator 플랫폼에서 디지털 도구를 통해 실시간으로 모니터링 되며, 각 기업이 자원 낭비를 최소화할 수 있도록 돕고 있다.

지속가능성 생태계는 혼자 이루어 내는 것이 아니라, 고객, 공급업체, 파트너와 함께 만들어가는 대합창(The Grand Chorus)이다. 이러한 생태계가 활성화되기 위해서는 참여함으로써 시너지가 커지고, 이해관계자 모두에게 실질적 가치를 줄 수 있어야 한다. 지멘스는 Siemens Xcelerator와 SiGreen 같은 플랫폼을 통해 다양한 이해관계자들이 지속가능성 목표를 향해 함께 나아가도록 독려하고, 참여를 통해 상당한 가치를 창출할 수 있도록 지원하고 있다. 이러한 협력적 노력은 단순한 기술적 혁신을 넘어, 탄소 중립과 자원 최적화라는 궁극적인 목표를 달성하는 데 공감대를 두고 있다. 지멘스는 이처럼 협력과 혁신을 통해 단순히 기업의 성장을 넘어서, 지구 환경을 보호하고 더 나은 미래를 만들어가는 글로벌 리더로서의 역할을 충실히 하고 있다.[38]

38 "Sustainability Report 2023", Siemens: 고위임원 인터뷰

인터미션

# 글로벌 스포트라이트

## 다양한 시각과 사례 공유

## A Global Spotlight

Sharing Diverse Thoughts and Practices

IM-1

# 다양한 해석의 연주

## 글로벌 지속가능성 규제 읽기

## Diverse Interpretations to Play

Reading Global Sustainability Regulations

### Q. 지속가능경영을 강제하기 위한 글로벌 규제는 어떻게 변화하고 있나?

지속가능성경영은 이제 선택이 아닌 필수다. 기업들이 환경, 사회, 그리고 거버넌스(ESG)를 고려한 경영을 해야 한다는 압박은 점점 더 커지고 있다. 이는 소비자, 투자자, 그리고 정부의 요구가 반영된 결과다. 특히 글로벌 규제 환경의 변화는 기업들이 지속가능성을 더 이상 앞으로의 일로 미룰 수 없도록 하고 있다.

그럼 글로벌 지속가능성 규제가 유럽, 미국, 그리고 아시아 주요국에서 어떻게 변화해 왔는지 살펴보자.

## 1. 유럽연합: 선도적 규제의 표준화

유럽연합(EU)은 지속가능성 규제의 선두에 서 있다. 그럴 수 있었던 이유는 기후 변화와 환경 악화에 대한 높은 인식과 더불어 이를 법적 체계로 연결하려는 정치적 의지가 강했기 때문이다. EU는 지속가능한 발전을 경제적 이익과 통합하려는 전략을 통해 글로벌 표준을 만들어왔다.

- **EU 지속가능성 보고 지침(CSRD)**: EU는 2014년 최초로 비재무 보고 지침(NFRD, Non-Financial Reporting Directive)을 도입하여 ESG 정보 공개의 필요성을 강조했다. 이후 2024년부터 시행되는 CSRD는 NFRD를 대체하며 더 많은 기업들에게 ESG 정보를 보고하도록 요구하고 있다. 기업들은 탄소 배출량, 생물 다양성 보호, 사회적 영향 등을 상세히 보고하도록 하고 있다. 2024년 7월 25일에는 EU 기업 지속가능성 실사 지침(CSDDD)이 공식적으로 발효되었다. 이 지침은 OECD 다국적기업 가이드라인과 UN 기업과 인권 이행 원칙(UNGPs)에 기반을 두어 기업이 자사 운영과 글로벌 공급망 전반에서 인권과 환경에 미치는 부정적인 영향을 파악하고 해결하도록 요구하며, 기업의 관행을 지속가능하고 책임 있는 방식으로 전환하는 것을 목표로 한다. 여기서 공급망 전반이란 회사의 사업 활동, 제품 또는 서비스와 관련된 상업적 계약을 맺은 직접적 비즈니스 파트너

와 협력사뿐만 아니라, 이와 관련된 활동을 수행하는 간접적 파트너까지 모두 포함하고 있음을 주목할 필요가 있다.

- **탄소중립 목표(European Green Deal)**: 2019년 발표된 European Green Deal은 EU가 2050년까지 탄소중립을 달성하겠다는 장기적인 계획이다. 이를 실현하기 위해 탄소 배출권 거래제(ETS, Emission Trading System)를 강화하고, 산업 및 농업 부문에서 엄격한 탄소 배출 기준을 도입했다. EU의 이러한 정책은 고 배출 산업에 추가적인 부담을 주고 있으며, 기업들은 신재생 에너지로의 전환, 에너지 효율성 향상을 통해 비용 부담을 줄이는 방안을 모색하도록 하고 있다.
- **EU의 선도적 역할 배경**: EU의 규제 강화는 2000년대 초반부터 시작된 시민 사회와 환경 단체들의 압력, 그리고 에너지 자립과 경제적 지속가능성을 동시에 추구하는 전략에 기인한다. 특히 파리협정 이후 각국의 목표 설정에서 리더십을 발휘하며, 이는 EU 내부의 정치적 통합과 경쟁력 강화를 위한 중요한 요소로 작용했다. 특히 2020년 1월 EU를 탈퇴한 영국은 2021년 자국의 탄소중립 전략[39]을 발표했다. 당시 영국 수상 보리스 존슨(Boris Johnson)은 이 전략을 주도적으로 실행함으로써 영국을 녹색 산업혁명의 발상지로 만들어 글로벌 경쟁 우위를 확보하자고 역설했다.

39 "Net Zero Strategy: Build Back Greener", October 2021, UK Department for Business, Energy & Industrial Strategy

- **추가적 혁신과 정책 강화**: 최근 EU는 CSRD의 확장과 함께 지속가능성 정책의 디지털 전환을 도입하고 있다. 이를 통해 기업의 보고 과정을 자동화하고, AI 기반 데이터 분석을 통해 규제 준수를 간소화하고 있다. 이와 같은 기술 활용은 기업들에게 규제 이행 비용 절감과 지속가능성 개선을 동시에 제공할 수 있는 기회를 열어주고 있다.

## 2. 미국: 강제와 유인의 균형

미국은 규제보다는 시장 중심의 접근법을 선호해 왔지만, 최근 ESG 관련 법안과 지침이 늘어나고 있다. 특히 행정부의 변화에 따라 지속가능성 규제의 방향성이 크게 달라져 왔다.

- **오바마 행정부(2009-2017)**: 오바마 행정부는 파리기후협약에 가입하며 글로벌 기후 리더십을 강조했다. Clean Power Plan과 같은 정책을 통해 전력 부문에서 온실가스 배출을 줄이는 데 집중했으며, 재생에너지 산업의 성장을 적극 지원했다.
- **트럼프 행정부(2017-2021)**: 트럼프 행정부는 "America First" 정책을 기조로 하여 파리기후협약에서 탈퇴하고, 환경 규제를 완화하는 방향으로 전환했다. Clean Power Plan은 폐기되었으며, 석탄과 석유 산업을 부흥시키기 위한 정책들이 도입되었다. 이는 ESG 경영과 지속가능성에 대한 기업의 동기를 약화시

키는 결과를 초래했으나, 일부 주(State)와 민간 부문은 여전히 지속가능성을 유지하려는 노력을 이어갔다.

- **바이든 행정부(2021-2024)**: 바이든 행정부는 파리기후협약에 재가입하며 지속가능경영을 적극적으로 추진했다. 증권거래위원회(SEC)는 상장 기업들에게 기후 리스크와 ESG 관련 정보를 보고하도록 권장하고 있으며, IRA(Inflation Reduction Act, 2022)를 통해 청정 에너지 기술에 대한 세제 혜택과 보조금을 제공하고 있다. 이는 미국 기업들에게 규제에 대응하면서도 신사업 기회를 창출할 수 있는 기반을 제공했다.
- **트럼프 2기 행정부(2025-현재)**: 2025년 1월 취임한 트럼프 대통령은 파리기후협약 재탈퇴, 전기차 보조금 철폐, 추가적인 관세부과 등을 주도하고 있고, 연방정부의 DEI 조직을 폐쇄하고 인력을 정리하는 조치를 취했다. 이러한 변화는 미국 내 지속가능경영 흐름을 크게 약화시킬 것이라는 우려를 낳고 있다. 그러나 주요 선도기업들은 연방정부의 이러한 움직임과는 별도로 자사의 사명을 지속가능경영 전략과 목표와 연결하고 글로벌 시장에서의 경쟁력을 유지하려는 움직임을 지속하고 있다.

### 3. 아시아: 점진적 변화와 지역 특화

아시아는 국가별로 지속가능성 추진과 관련한 정부의 역할과 규제의 편차가 크지만, 글로벌 트렌드를 수용하는 움직임이 점차 강화되고 있다. 중국은 강력한 정부 주도의 정책을 통해 대규모 전환을 추진하고 있으며, 일본은 기술 중심의 접근법과 기업 자율성 강조로 차별화된다. 한국은 글로벌 규제 동향에 맞춰 정부는 가이드라인을 제시하고 있으며, 글로벌 사업 비중이 큰 대기업들은 업의 특성과 자사 전략에 맞춘 대응을 하고 있다.

- **중국**: "탄소 배출 피크(2030년)와 탄소중립(2060년)" 목표를 선언하며, 탄소 배출권 거래소를 운영 중이다. 이는 에너지 집약적 산업에서 지속가능한 전환을 가속화하고 있다. 국영 기업 중심의 산업 구조와 경제 성장 우선 정책이 조화롭게 진행될 수 있을지에 대한 의문이 남아 있지만 글로벌 사업 비중이 큰 중국 기업들은 유럽과 미국의 규제에 능동적으로 대응하고 있다. 대표적으로 화웨이는 지속가능성을 글로벌 전략의 핵심으로 설정하며, 탄소배출 감소를 위해 제품설계에서부터 운영, 공급망까지 전 과정을 최적화하고 있다. 예를 들어, 재생가능 에너지를 사용하는 데이터 센터를 설립하거나, 제품의 에너지 효율성을 높이는 배터리와 전력관리 기술을 개발하여 EU 중심으로 시장을 적극 공략하고 있다.
- **일본**: 일본은 2050년까지 탄소중립을 목표로 하며, 재생에너지 확대와 수소 에너지 개발에 집중하고 있다. 일본 정부는 "그린 성장 전략"을 통해 자동차, 배터리, 수소 기술 개발을 위한 강력

한 지원을 아끼지 않고 있다. 특히 일본의 대표적인 선도기업인 도요타(Toyota)는 수소 연료전지 자동차 개발과 생산에 선제적으로 투자하며 글로벌 ESG 규제 요구를 초과 달성하고 있다. 도요타는 지속가능한 혁신을 통해 자동차 산업의 탈탄소화를 선도하는 사례로 평가받고 있다.

- **한국**: 한국은 K-택소노미(K-Taxonomy)와 녹색금융을 통해 지속가능 금융을 촉진하고 있다. 특히 대표적인 제조업인 반도체, 제철, 배터리 및 자동차 산업에서 탄소중립 기술개발을 통해 글로벌 경쟁력을 확보하려는 움직임이 두드러진다. 특히 현대자동차는 수소연료전지 자동차와 전기차 개발에 대규모 투자를 단행하며, 글로벌 탈탄소화 흐름을 성장기회로 잘 활용하고 있다. 특히 "아이오닉"과 "EV" 브랜드를 통해 전기차 시장의 선두주자로 자리잡고 있으며, 다가올 수소 자동차 기술도 주도함으로써 에너지 전환과 관련 규제를 기회로 전환하고 있다.

IM-2

# 지역 특성을 반영한 곡 해석과 연주
## 글로벌 규제와 기업문화의 연결

## Regional Approaches
Linking Global Regulations and Corporate Culture

# 스페인의 ONCE
## (Organizacion Nacional de Ciegos Espanoles)
## 복권이 써내려간 사회적 포용의 약속

*- **ONCE** 홈페이지, Annual Report -*

스페인 거리를 걷다 보면, 활기찬 목소리로 "쿠폰!"을 외치며 복권을 파는 이들을 만날 수 있다. 이들은 ONCE(스페인 시각장애인 전국 기구)의 판매원들이다. 2024년, ONCE는 복권 수익을 통해 사회적 지속가능성의 역사를 새로 쓰고 있으며, 그 드라마의 핵심에는 장애인 고용과 자립이라는 포용의 약속이 있다.

이야기는 1930년대, 스페인 내전으로 시력을 잃고 절망에 빠진 이들이 스스로 운명을 개척하며 시작된다. 거리에서 복권을 팔기 시작한 그들의 용기 있는 움직임은 마침내 1938년 12월 13일, ONCE 복권의 공식 출범으로 이어졌다. '프로 블라인드' 쿠폰은 희망이자 새로운 삶의 신호탄이 되었다. 스페인 정부는 ONCE에 복권 사업의 독점적 운영권을 부여하며, 이 단체가 자체 재원을 마련하고 사회적 목표를 달성할 수 있도록 지원했다.

2024년 기준, ONCE의 연간 복권 판매 수익은 28억 2,980만 유로에 달하며, 이는 2023년 대비 7.9% 증가한 수치다. 이 막대한 자금은 교육, 재활, 직업 훈련 프로그램이 되고, 나아가 장애인들의 당당한 일자리로 전환되는 사회적 자본이자, 포용적인 스페인을 만드는 핵심 동력이다.

ONCE는 사회적 기업의 모범을 제시한다. 2024년, ONCE 사회 그룹 전체 직원은 24,146명이며, 이 중 88%가 장애인이다. 2024년에만 4,989개의 신규 일자리 계약이 체결되며 꾸준히 고용 기회를 확대하고 있다. 이 경이로운 수치는 ONCE가 전 세계적으로도 유례없는 규모의 장애인 고용을 주도하고 있음을 보여준다.

ONCE 복권 수익 22.3%는 장애인 판매원들의 급여 및 사회적 부담금으로 지급되며, 5.8%는 시각장애인에 대한 직접적인 사회 서비스 제공에, 3.2%는 ONCE 재단 및 다른 장애인 단체 지원에 할당된다. ONCE 재단(Fundación ONCE)은 2024년에만 8,860만 유로를 지원받았고, 이 중 67.9%가 고용 및 훈련 관련 프로젝트에 사용되었다. 이는 장애인들이 스스로의 힘으로 경제 활동에 참여할 수 있도록 돕는 데 집중적인 투자가 이루어지고 있음을 의미한다. ONCE는 직간접적으로 장애인 고용을 창출하며, 특히 ILUNION 그룹은 호텔, 세탁, 시설 관리, 컨택센터 등 다양한 산업 분야에서 비즈니스를 운영하며 장애인 일자리를 직접 창출한다. ILUNION은 경쟁력 있는 사업 운영을 통해 수익을 창출하고, 이 수익을 다시 장애인 고용과 복지에 재투자하는 혁신적인 선순환 구조를 구축한다. ONCE는 매년 수천 명의 시각장애 학생들에게 교육을 지원하며, 2023/2024학년도에는 7,153명의 학생이 ONCE의 교육 혜택을 받았다. 2024년에는 49,398건의 개인 맞춤형 서비스가 제공되었으며, 서비스 이용자들의 만족도는 84.1점으로 '매우 좋음' 수준을 기록했다. 보조공학 지원도 활발하여, 2024년 36,964개의 점자 및 시각 보조기구와 7,643개의 저시력용 보조기구가 보급되었고, 121마리의 안내견이 인도되었다.

ONCE의 마법 같은 손길은 스페인 국경을 넘어 확장된다. 스페인어권이라는 공통점을 가진 라틴 아메리카의 시각장애인들을 돕기 위한 FOAL(Fundación ONCE para la Solidaridad con las Personas Ciegas de América Latina) 재단을 통해 2024년 150만 유로를 지원하며, 국제적인 연대 활동을 펼친다. ONCE는 이제 전 세계 장애인 복지 모델의 상징으로 우뚝 섰다.

스페인 정부는 ONCE와 손잡고 사회적 지속가능성의 드라마를 더욱 풍성하게 해가고 있다. 특히, 정보 접근성을 높이기 위한 '점자 혁명'은 전 세계의 귀감이 된다. 유럽연합의 가정상비약 포장 점자 표기 규제에 적극적으로 참여하는 것은 물론, 스페인은 한발 더 나아가 일반 슈퍼 판매 식품, 음료, 소비재 품목 포장에까지 점자 표기를 확대하는 법안 시행을 예고했다. 이는 시각장애인들도 비장애인처럼 자유롭게 물건을 고르고, 유통기한을 확인할 수 있게 되는 진정한 포용의 시대를 향한 담대한 진전이다. 심지어 많은 국회의원들이 약품 포장에 유효기간까지 점자로 포함하도록 청원하며 변화를 촉구하고 있다.

2024년 스페인은 헌법에서 장애인에 대한 비하적인 표현('disminuidos')을 삭제하고 '장애를 지닌 사람(personas con discapacidad)'으로 변경하는 헌법 개정안을 통과시켰다. 이는 장애인의 존엄성과 완전한 사회적 통합을 법적으로 보장하겠다는 스페인 사회의 강력하고 진심 어린 의지를 보여주는 사례다.

스페인 정부와 ONCE 사례는 다른 국가들에게 사회적 지속가능성을 위한 포용(Inclusion)과 접근성(Accessibility)의 중요성에 대한 강력한 시사점을 제공한다.

첫째, 혁신적인 사회적 기업 모델이 복지 의존성을 넘어선 자립적 지속가능성을 구현할 수 있음을 입증한다. ONCE와 그 계열사들은 장애인이 수혜자가 아닌, 경제 활동의 주체로서 사회에 기여하는 선순환 구조를 구축했다. 이는 전통적인 복지 모델의 한계를 극복하고, 장애인 스스로 가치를 창출하는 혁신적인 대안을 제시한다.

둘째, 일상생활 속 '접근성' 확보가 진정한 포용의 핵심이라는 점이다. 소비재 점자 표기 확대, 헌법 개정을 통한 권리 강화는 장애인의 삶을 근본적으로 변화시키는 정책적 의지를 보여준다. 이는 물리적 장벽 제거를 넘어 정보 접근성과 사회 참여 기회를 보장하는 것이야말로 장애인의 존엄성을 높이고 완전한 사회 통합을 이루는 필수 조건임을 강조한다.

셋째, 국경을 초월한 연대와 지식 공유의 가치이다. ONCE가 라틴 아메리카 국가들의 시각장애인 재단을 지원하는 것은 자국의 성공 경험을 공유하고 글로벌 사회의 불평등을 해소하는 데 기여하는 모범 사례이다. 이는 사회적 지속가능성이 특정 국가의 문제를 넘어, 인류 전체의 공동 과제임을 일깨워준다.

## Q. 지속가능경영에 대한 글로벌 규제에 대해 기업들은 어떻게 대응하고 있나?

지속가능경영의 미래는 규제와 기업의 혁신이 상호 작용하며 만들어진다. 글로벌 규제의 변화는 분명 도전이지만, 이를 기회로 삼는 기업만이 지속가능한 성공을 이룰 수 있다. 강화되는 규제에 어떻게 대응할지를 정하는 것은 각 기업의 전략적 의사결정이다. 각 사 사업의 특성, 핵심 기술 동향, 자사의 사명과 비전, 역량, 그리고 경쟁 상황을 종합하여 전략 방향을 설정하게 된다. 이론적으로 가능한 선택지는 3가지가 있다. 첫째, 강화되는 지속가능 규제와 관련이 적은 사업의 경우 당장은 이에 대응하지 않는 선택을 한다. 하지만 그 영향이 가시화되는 시점에서 대응하겠다는 생각이 깔려 있을 수 있다. 둘째, 규제에서 요구하는 수준까지의 대응을 선택하는 방법이다. 이에는 규제 대응이 비용이라는 생각이 깔려 있다. 따라서 규제에서 요구하는 수준에 맞추기 위한 가장 비용효율적, 다소 수동적 대응을 하게 된다. 셋째, 규제의 변화를 성장의 기회로 보고 적극적인 대응을 하는 방법이다. 규제가 일시적인 것이라면 이를 전략적 기회로 삼기 어려울 것이다. 약간의 속도 조절이 있더라도 규제가 지속가능성을 심화할 큰 흐름이라면 이에 대해 적극적으로 대응할 필요가 있다. 특히 자사의 사명과 비전, 핵심 가치가 지속가능경영과 연결되는 사업이라면 더욱 그렇다.

지속가능경영을 성장의 계기로 만들고자 하는 기업은 다음과 같은 준비를 통해 행동에 나설 시간이다. 당신의 기업은 이 거대한 변화의 흐름에 어떻게 대응할 것인가? 이 의사결정은 당신 사업의 미래를 좌우할 가장 중요한 결정이 될 수 있다.

## 1. ESG 통합 전략 수립

글로벌 규제가 더욱 정교해짐에 따라, ESG 경영은 별도 부서의 일이 아니라 전사적 전략으로 통합되어야 한다. 통합 전략 수립에 있어 중요한 것은 자사의 사명과 비전을 충분히 녹여 넣어야 한다는 점과 지속가능경영을 기업문화로 정착시키는 목표와 계획이 포함되어야 한다는 점이다. 앞서 살펴본 여러 사례 중 유니레버가 가장 대표적 성공 사례다. 유니레버는 지속가능성을 기업의 성장 전략과 브랜드 전략에 통합했다. 자사의 "Sustainable Living Plan"은 제품의 환경적, 사회적 가치를 강조하며, 규제를 준수하는 동시에 소비자의 신뢰를 얻고 있다.

## 2. 글로벌 공급망 관리

공급망의 지속가능성은 주요 규제의 핵심이다. 기업은 협력사와의 파트너십을 강화하고, 지속가능한 조달 방식을 채택해야 한다. 단순히 협력업체에게 요구하여 해결될 문제가 아니며, 단기적으로 완성될 과제도 아니다. 지속가능경영에 대한 가치를 공유하고, 협력업체와 함께 문제해결을 해 나가는 장기적 접근과 가치에 공감하는 생태계를 만들어야 하는 도전적 과제다.

### 3. 데이터 기반 의사결정

규제 보고의 핵심은 데이터다. 기업은 신뢰성 있는 ESG 데이터를 수집, 분석, 보고할 수 있는 시스템을 구축해야 한다. 유니레버, 마이크로소프트, 이코랩 등 많은 선도기업들이 자사의 지속가능성 실행은 물론이고 협력업체, 고객사를 위해 효과적인 데이터 플랫폼을 운영하고 있다.

### 4. 혁신과 투자

지속가능성을 규제 대응이 아닌 비즈니스 기회로 바라보는 것이 중요하다. 장기적 관점 지속가능성은 단기적 성과보다 장기적 이익을 추구한다. 기업은 미래를 위한 투자와 단기적 성과 창출을 균형 있게 추진해야 한다. 테슬라는 미국 내 전기차 보조금 정책 변화에 민감하게 대응하면서도 전기차 생산 확대와 배터리 혁신을 통해 시장 경쟁력을 강화했다. 특히 에너지 저장 기술을 활용한 신사업 기회를 창출하며 글로벌 규제를 초월하는 비즈니스 모델을 구축한 대표적 성공 사례다.

제 2 막

# 지속가능성 교향곡 지휘하기

## 문화로 내재화

## Conducting the Sustainability Symphony

Embedding Practices into Culture

제 1 장

# 무대 위의 연주

## 일상에서 살아 숨 쉬는 지속가능성

## The Score Comes Alive

### Operationalizing Sustainability

2-1-1

# 리허설을 넘어 무대로

## 지속가능성 일상화

## From Score to Stage

Translating Sustainability into Daily Operations

## 일상에서 철학이 살아 숨 쉬는 지속가능성 실행

*- **POSCO** ESG 담당 인터뷰 중 -*

*“ 사실 포스코는 역대 회장님의 ‘제철보국’이라는 철학적 출발에서 ‘기업시민’이라는 개념으로 지속가능성의 언어를 확장해왔습니다. 이 철학은 단순한 CSR을 넘어 ESG 전략과 사업 실행으로 내재화되고 있습니다. 태생 자체가 철을 통해 나라에 기여하겠다는 철학으로 출발한 조직이기 때문에, 존재 이유 자체가 사회적 가치와 무관할 수 없었던 거죠.*

*다만 최근의 변화는, 단지 좋은 일을 한다는 수준을 넘어서서 비즈니스 전략과 ESG가 연결되고 있다는 점입니다. 예전에는 지역사회와 상생하는 식의 '사회공헌' 중심이었다면, 지금은 ESG 공시, 평가 프레임이 요구하는 기준에 따라 소셜의 의미와 방향성이 명확해 졌고, 실제 투자와 사업 전략에도 반영되고 있어요.*

*예를 들어, 포스코는 벤처 투자 펀드를 운영하면서 그룹의 8대 핵심 산업과 관련된 유망 기술 기업에 투자하고 있고요. 생물다양성도 중요하게 보고 있습니다. 탄소만이 아니라 수자원, 생물다양성 등 복합적 환경 요소를 고려하지 않으면 '친환경 미래소재 기업'으로 진화하겠다는 전략과 맞지 않기 때문이에요.*

*저는 가장 중요한 키워드는 '소통'이라고 생각해요. 소통이 잘 안 되면 지역사회와도, 조직 내부에서도 지속가능한 시스템이 만들어지기 어렵습니다. 오히려 중소기업들이 면대면 커뮤니케이션이 가능해서 더 유리할 수도 있고, CEO의 의지가 있다면 그런 문화를 더 실질적으로 만들 수 있다고 생각해요.*"

포스코 사례는 지속가능성이 단지 전략 보고서나 외부 공시 대응 수준에 머무는 것이 아니라, 기업의 철학과 존재 이유에서 출발하여 실제 비즈니스와 조직문화 전반에 깊숙이 내재화될 수 있음을 보여준다. '제철보국'이라는 창립 철학은 시간이 흐르며 '기업시민'이라는 새로운 언어로 진화했지만, 그 본질은 변하지 않은 채 ESG의 시대적 요구에 맞추어 재구성되었다. 특히 소셜 영역의 실행에서 보이는 변화—예컨대 핵심 산업과 연계된 벤처 투자, 생물다양성을 고려한 환경전략, 지역사회 및 구성원과의 실질적 소통 기반 DE&I 실천 등—은 지속가능성이 철학적 선언에서 그치는 것이 아니라, 일상적 의사결정과 사업 실행을 통해 실현되어야 한다는 점을 시사한다.

이러한 실행은 단순히 좋은 일을 한다는 윤리적 차원을 넘어서, 기업의 정체성과 경쟁력, 그리고 이해관계자와의 신뢰 기반을 형성하는 문화적 리더십의 결과로 해석할 수 있다. 포스코가 강조한 '소통'은 제도나 시스템만으로는 이룰 수 없는 조직 내외의 리듬이며, 진정한 지속가능경영은 이러한 신뢰와 커뮤니케이션이 뒷받침될 때 가능해진다. 결국 지속가능한 경영이란 특별한 프로젝트가 아니라, 철학이 일상 속에서 반복되고 실천되며 사람과 사람 사이의 관계 속에 뿌리내리는 과정이라는 것을 포스코의 사례는 보여주고 있다.

## Q. 지속가능경영 전략을 실행하는데 요구되는 리더십은?

"우리는 더 이상 분기 실적을 발표하지 않겠습니다. 나는 세계 도처에 있는 소비자와 고객들의 삶을 개선하는데 주력하여 올바른 일을 하기만 하면 사업의 성과는 좋게 따라온다는 것을 알고 있습니다." 2009년 1월 유니레버 사상 처음 외부영입 CEO로 출근한 폴 폴먼이 Wall Street Journal에 밝힌 내용이다. 유니레버는 장기적 가치를 창출하기 위해 존재하며, 진정한 지속가능한 성장을 이루는 것이 유니레버가 나아가야 할 방향이라고 선언했다. 이 기사가 나가자 유니레버의 주가는 6%나 하락하여 시가총액이 22억달러나 감소했다. 2009년 폴먼이 CEO로 부임하기 전 유니레버는 전통적인 글로벌 기업의 경영 방식을 따르고 있었다. 연간 목표 달성, 주주 이익 극대화, 그리고 단기적인 재무성과에 집중하는 일반적인 글로벌 기업의 모습과 다르지 않았다. 기업의 규모가 커질수록 지속가능성보다는 수익성을 추구했고, 이는 당연한 선택으로 여겨졌다.

하지만 2009년, 폴 폴먼이 CEO로 부임하면서 유니레버는 완전히 다른 방향을 바라보기 시작했다. 그는 단순히 수익을 내는 기업이 아닌, 사람과 지구의 미래를 함께 생각하는 기업으로의 전환을 선언했다. 그의 비전은 야심 찼다. 그는 기업의 성공을 단순한 재무적 지표로만 측정하지 않고, 사회적 가치와 지속가능한 미래라는 더 큰 목표를 향해 나아가고자 했다. 이 전환은 쉽지 않았다. 폴먼은 많은 도전에 직면했다. 하지만 그는 취임 초기 시장과, 주주, 그리고 사내 임직원들의 부정적인 반응에 굴하지 않았고, 그의 신념에 찬 흔들리지 않은 리더십은 유니레버가 새로운 길을 개척하는데 핵심적인 역할을 했다. 폴먼은 10년간 CEO로 재임하는 동안 유니레버를 평범한 글로벌 소비재 회사에서 지속가능경영의 가장 모범회사로 변화시켰다.

그럼, 이런 결과를 만들어 낼 수 있는 리더는 어떤 사람일까? 폴먼은 자신이 쓴 『넷 포지티브: 취하는 것보다 더 많은 것을 줌으로써 어떻게 용감한 회사들이 성공하는가』[40]에서 넷 포지티브 리더의 특성

40 넷 포지티브(Net Positive) 기업이란 단순히 환경적, 사회적 피해를 최소화하는 것을 넘어, 긍정적인 영향을 더 많이 창출하는 기업을 의미한다. 이러한 기업은 운영 과정에서 발생하는 부정적인 영향을 줄이거나 없애는 데 그치지 않고, 환경, 사회, 경제 전반에서 순 긍정적인 기여를 목표로 한다.

다섯 가지를 다음과 같이 밝히고 있다.[41] 첫째, 넷 포지티브 리더는 **기업의 목적을 명확히 이해하고 자신의 목적과 일치시킨다**. 많은 사람들은 열정을 발휘하여 경력을 쌓고 성공하지만, 대부분 자신의 일에서 목적을 찾지는 않는다. 자신의 목적을 깨달은 사람은 오로지 수익만 추구하는 직장에서 인지부조화를 느끼기 쉽다. 자신의 목적을 파악한 사람은 올바른 길로 인도하는 등대를 마음속에 가지고 있으며, 이 등대의 도움을 받아 도덕적인 리더가 된다. 목적 지향적인 리더가 이끄는 목적 지향적인 회사는 사회에 도움이 되고, 경쟁사보다 높은 성과를 거두며 최고의 인재를 회사로 끌어 들인다.

**둘째, 높은 수준의 공감능력이 있다**. 마스터카드 CEO였던 아제이 방가는 어떤 사람을 돋보이게 하는 것은 지능지수나 감성지수가 아닌 품위지수(DQ, Decency Quotient)라고 하며 다음과 같이 말했다. "당신은 날마다 출근할 때 품위지수를 갖추어야 한다. 당신과 함께 일하는 사람, 당신의 지시를 받고 일하는 사람, 당신에게 지시를 내리는 사람 그리고 당신 주변에 있는 사람을 배려할 필요가 있다." 인도네시아의 팜유 생산에 대한 접근법을 어떻게 바꿀 수 있을까? 의류 부문이나 전자 부문의 공급망에 속해 있는 모든 노동자가 생활 임금을 보장받도록 하려면 어떻게 해야 할까? 이런 어려운 문제를 푸는 유일한 방법은 세상을 향해 겸손하게 "나는 그 모든 답을 갖고 있지 않다. 그러므로 나를 도와달라"라고 솔직하게 말하는 것이다.

41 "넷 포지티브", 폴 폴먼, 앤드루 윈스턴 지음, 현대지성, 2023, pp88-108 부분적으로 재인용

**셋째, 엄청나게 크고 높은 도전과제를 추구할 용기가 있다**. 미국 지속가능경영협의회(ASBC, American Sustainable Business Council) 의장인 제프리 홀렌더는 "지속가능경영 보고서를 발표할 때 당신의 변호사가 심장이 덜컥 내려앉는 느낌을 받지 않는다면, 당신이 일을 제대로 못했다는 뜻이다"라며 지속가능성 목표나 성명서는 충분히 공격적이어야 한다고 말했다. 충분히 공격적인 목표는 꿈으로 시작하지만 이 목표를 붙들고 늘어질 용기 있는 리더가 있으면 도전을 통해 현실로 만들어질 수 있음을 강조하고 있다. 펩시코의 CEO였던 인드라 누이도 리더로서 진정한 용기를 보여 주었다. '목적 있는 성과(Performance with purpose)'라는 경영 이념 아래 제품의 환경물질 배출을 적극적으로 줄이고 건강한 제품 개발을 전략으로 제시했을 때, 투자가들이 강하게 반발했고 그녀는 해임 직전까지 몰렸다. 그러나 그녀는 단기적인 성과와 변혁을 위한 투자 사이 균형을 맞추어 위기를 극복했다. 이렇게 할 수 있는 것이 용기다. CEO로 12년간 일하면서 매출을 80% 넘게 성장시켰고, 코카콜라를 제치고 만년 2위 펩시를 1위로 올려놓았다.

**넷째, 도덕적 리더십을 일관되게 발휘한다**. 리더의 책임은 사람들에게 공동의 목적을 불어넣고 단결시키는 것이다. 다른 사람들에게 동기를 부여하고, 어디로 나아가는지를 알게 하며, 그를 통해 성과를 거두도록 하는 것이다. 동기를 불어넣는 좋은 방법의 하나는 사람들이 각자의 진정한 목적을 찾도록 돕는 일이다. 이를 위해 자신이 하는 일의 선한 영향력을 직접 보고 느끼게 하는 일이 중요하다. 회사에서 하는 일이 단지 생활의 방편이 아니라 나의 가치관과 연결고리가 확실할 때 진정성이 실린 열정이 발휘되는 법이다. 또 하나 중요한 것이 리더의 솔선수범이고 언행일치다. 업무시간 중에 보이는 가치관과 우선순위, 그리고 실천의 모습이 개인적인 삶과 관심사, 행동에도 이어져야 진정성을 인정받을 수 있다. 특히 상황이 어려울 때 리더가 내리는 의사결정을 통해 사람들은 리더의 진정성을 가늠한다. 코로나19가 전 세계를 강타했을 때 몇몇 기업은 고객과, 협력업체, 임직원들에게 했던 약속을 어기고 거래중단, 대량해고 등을 시행하는 일이 많았다. 하지만 몇몇 리더들은 위기 상황이 주는 고통에 공감하여 어려운 상황에서도 인간애를 잃지 않았고, 스스로 의료현장으로 자원봉사 활동에 나서는 등 진정성을 보였다. 도덕성을 잃지 않는 진정성 있는 행동은 넷 포지티브 리더의 중요한 특성이다.

**다섯째, 변혁적인 협력관계를 찾아 나선다**. 오랜 동안 기업의 전략은 자사의 역량을 활용하여 경쟁에서 이기는 방법에 집중해 왔다. 하지만 관점을 살짝만 밖으로 돌려 보면 세상이 필요로 하는 큰 문제들이 보인다. 흔히 이러한 문제들은 한 기업의 노력 만으로는 해결이 불가능하다. 다양한 이해관계자와의 협력이 필수이고 경우에 따라서는 경쟁사와도 협력해야 문제를 풀 수 있다. 이러한 협력관계는 리더가 뒤에 숨어 지시만 해서는 이뤄질 수 없다. 선입관을 내려 놓고 공동의 이해기반을 찾아 협력의 고리를 주도적으로 만들어 가는 것이 리더의 역할이다. 구찌, 입생로랑, 발렌시아가 등 명품 브랜드를 보유하고 있는 케링(Kering)을 이끌고 있는 프랑수아 앙리 피노는 패션회사가 환경보호에 적극 나서게 하기 위한 다양한 노력을 하고 있다. 그는 캠브리지 대학과 협력하여 패션 분야 회사가 생물다양성 보호에 어떻게 영향을 미칠 수 있을지 연구하고 있다. 그는 또한 비영리 환경보호단체인 국제보호협회(Conservation International)와 함께 2025년까지 약 1만 제곱 킬로미터의 농지를 재생 농업용지로 바꾸겠다는 계획을 실천하고 있다. 프랑스의 마크롱 대통령으로부터 패션산업 부문에서 환경보호를 주도해 달라는 부탁을 받고 환경보호를 위한 패션 브랜드 글로벌 협약인 '패션 팩트(Fashion Pact)'를 시작했다. 이 활동의 성과는 아직 미지수이지만 한 분야의 160개 이상의 브랜드, 60명 이상의 CEO가 참여[42]하여 협력할 때 어떤 성과가 나올지는 주목된다. 한 기업의 제한된 노력만으로 얻을 수 있는 성과보다는 충분히 클 것으로 기대된다.

앞서 넷 포지티브 리더의 특성 다섯 가지를 살펴보았다. 여러분은 공감이 가는가? 하나같이 중요한 덕목이지만 **목적에 충실한 신념을 가지고 열린 마음으로 일관되게 실천해 가는 용기**가 가장 중요한 것 같다. **지속가능경영 전략을 실행하고 장기적인 성과를 내는 중심에는 이런 리더들이 포진해 있어야 하고, 육성되어야 함**을 기억하자.

42 The Fashion Pact, 홈페이지(www.thefashionpact.org)

## Q. 지속가능경영 전략 실행 초기에 해야 할 일은 무엇이며, 전체 조직이 전략실행에 적극적으로 참여하게 하려면 어떻게 해야 하나?

2009년, 폴 폴먼이 새로운 CEO로 부임했을 때, 유니레버는 죽음의 소용돌이에 빠져 있었다. 2000년에 243억 달러에 인수한 베스트푸즈(Bestfoods)는 기대만큼의 성과를 내지 못했고, 미국 지역 세제 브랜드와 같은 몇몇 덩치 큰 부분을 매각한 이후에는 매출규모가 큰 폭으로 줄었다. 세계 최대의 소비재 회사의 지위를 잃고 네슬레와 P&G에 비해 매출과 시가총액이 훨씬 뒤처져 업계 3위로 추락했다. 비현실적인 단기 수익 목표를 추구하는 동안 소비재 기업에 있어 중요한 투자와 혁신은 급격하게 줄었다. 실적이 저조한 사업 매각이 이어졌고, 핵심 브랜드에 대한 홍보 마케팅 부족으로 성과는 급격히 악화됐다. 전반적인 부진이 기업문화에도 악영향을 미쳐 조직은 오로지 내부 문제에만 초점을 맞추었다. 직원들은 회사 전체 보다는 자신과 브랜드, 소속 부서와 지역에 집중하고, 회사에 대한 충성심과 자부심은 바닥으로 떨어졌다. 유니레버가 주주 우선주의 철학의 희생양이 되어 있었다.

폴먼은 전통적인 경영 방식을 완전히 뒤집고, 유니레버가 가진 강점과 잠재력을 되살려야 했다. 올바른 가치관과 역량, 리더십 등 가치 있는 것들을 유지하면서도 망가진 시스템에 충격을 주고 기업을 전성기처럼 활력이 넘치는 조직으로 되돌려 성과를 내야 했다. 이를 위해 유니레버에게 필요한 것은 '기본을 다시 갖추는 일'이었다. 즉 조직을 정비하고, 인재를 적절한 자리에 배치하고, 전략을 예리하게 다듬는 것, 성장의 사고방식과 문화를 되살리는 것이었다.

폴먼은 지속가능한 미래가 진정한 기업의 성공이라고 믿었고, 이를 통해 기업이 단순히 이익만 추구하는 존재가 아니라, 사람들과 지구에 긍정적인 변화를 만들어내는 주체가 되어야 한다고 생각했다. 폴먼이 취임한 직후 첫 번째 공식 발표에서 유니레버가 더 이상 분기별 실적 발표를 하지 않겠다고 담대히 선언한 배경에 이런 믿음이 있었다.

### 지속가능경영을 추진할 조직으로 재편하다.

이러한 신호탄에 이어 그는 조직재편에 들어갔다. 몇 가지 영역을 중심으로 진행된 조직개편의 **첫 순서는 핵심 사업에 재투자가 가능하도록 만드는 것이었다**. '2009년의 9개 핵심과제' 연구를 통해 성장영역을 파악하고 비용을 절감하여 재투자에 필요한 재원을 확보했다. "우리는 유니레버다"라는 슬로건으로 직원들의 마음을 모았다. '맥스 더 믹스(Max the Mix)' 운동을 통해 혁신의 75%는 이윤을 늘리고 최소한의 규모의 경제를 달성해야 한다는 목표를 정해 연구개발의 효율을 높였다. 부가가치 창출에 기여하지 않는 비용을 절감함으로써 성장동력에 재투자 되게 하였다. 회사가 예전의 모습을 찾아가자 조직의 자신감과 열정도 살아났다. 악순환을 선순환으로 바꾸는 첫 바퀴가 돌기 시작했다.

**둘째, 조직구조를 단순화해 속도를 높였다.** 경영진은 유니레버가 강력한 브랜드를 가진 단일 기업이면서 경쟁이 치열한 시장에서 이길 수 있는 민첩성을 갖길 원했다. 이를 위해 시장에서 더 빠른 피드백을 받고 이를 잘 반영하기 위해 주요제품 중심으로 조직구조를 단순화했다.

**셋째, 이사회를 재구성하여 활성화했다.** 전통적으로 이사회는 단기성과를 요구하는 주체로 인식되어 왔다. 이들이 지속가능경영을 정확히 이해하고, 이에 대한 지원역할을 충실히 하지 않으면 지속가능경영은 성공할 수 없다. 유니레버는 이사회를 장기적인 사업 모델을 지원하는 이사회로 바꾸었다. 먼저 이사회의 인종적 다양성, 성별 다양성을 증가시켰다. 기후변화부터 음식의 미래까지 다양한 분야의 전문가들로 이사회를 구성했다. 이후 회사의 여러 활동에서 이사회를 전면에 내세워 활용할 수 있었다. 이사회가 경영진의 의도를 전적으로 이해하고 동조할 때 지속가능성은 회사의 DNA로 녹아들 수 있다.

**넷째, 폴먼은 경영진을 재편했다.** 회사는 외부 전문기관에 고위경영진을 평가하는 일을 맡겼다. 전반적으로 사고의 다양성과 시스템적 사고가 부족하다는 평가 결과였다. 상위 100명의 임원 중 핵심 직군을 포함하여 냉소적인 비판으로 일관하던 리더 약 70명이 물갈이 되었다. 지속가능경영을 강하게 드라이브하기 위해 커뮤니케이션, 마케팅, 지속가능성을 최고마케팅책임자(CMO)로 통합하였다. 연구개발, 영업, 공급망, 재무 등 주요부서 리더들이 새로운 전략과 가치를 전파하고 조직을 이끌 수 있어야 했다. 이를 돕기 위해 리더들을 대내외의 다양한 지속가능 관련 활동에 참여시켰다. 폴먼은 CFO이던 그래임 피케틀리를 '세계지속가능발전기업위원회'의 가치 재규정 프로젝트에 참여시키고, '기후관련재무정보공개 태스크포스(TCFD)'의 부회장직을 맡게 하는 등 지속가능경영의 중요성을 체험하고 주도하도록 했다. 이러한 조직정비를 통해 직원들에게 올바른 신호를 보냈고, 유니레버의 심장을 뛰게 만들었다.

### 직원들에게 일관성 있는 신호를 보내다.

조직을 개편함으로써 기본을 되찾는 것만으로는 수익창출 토대를 만들기에 충분하지 않았다. 경영진은 새로운 방향과 바람직한 행동에 대해 명확한 신호를 보내야 했다. 폴먼은 분기별 성과와 전망을 내놓지 않겠다고 선언함으로써, 관리자들이 더 큰 시각에서 장기적 차원의 의사결정을 내려야 한다는 의미를 전달했다. 이어서 재무, 인사, 조달 등 운영 전반에 걸친 제도개선과 의사결정 시 추진하고자 하는 지속가능경영 원칙에 맞도록 일관성을 유지했다. 유니레버가 운영하던 연금펀드도 유엔의 '책임투자 원칙(PRI, Principles for Responsible Investment)'을 따르게 하고, 펀드 매니저 인센티브도 장기 기준으로 변경했다. 자금조달을 위해 최초로 지속가능성 채권을 발행하기도 했다. 임원 보상 체계도 성과와 보상이 연계되도록 수정했다. 또한 같은 직급의 사람은 전 세계 어느 지역으로 가건 세후 소득기준으로 동일한 급여를 받도록 조정했다. 이외에도 채용 정책을 개선하고, 경영진

비율 및 급여에서 성 불평등을 개선했다. 전략과 가치체계에 입각한 제도개선이 이어지고 일관성 있는 의사결정과 솔선수범이 계속되면서 변화는 가속화되고, 신뢰는 더욱 강한 실천으로 이어졌다. 또한 핵심 성과 지표(KPI)는 회사가 다양한 이해관계자의 이익을 지지한다는 명확한 신호를 보냈다. 일관성 있는 신호를 보내는 데는 집중과 헌신, 용기가 필요했다.

### 핵심 가치를 기반으로 성장전략을 구체화했다.

폴먼은 유니레버의 발생지인 포트 선라이트에서 취임 후 첫 고위임원 회의를 열었다. 회의의 주제는 유니레버라는 회사를 위대하고 지속가능하게 만들었던 가치를 찾는 것이었다. 창업자 레버 형제는 빅토리아 시대 영국인의 건강 상태를 개선하겠다는 목적으로 선라이트 세제와 라이프부이 비누 두 브랜드를 만들었다. 19세기에 이미 기업이 소비자와 함께 번영하고, 사회에 공헌한다는 관점을 가졌던 것이다. 유니레버는 이러한 창업정신을 담아 컴퍼스(Compass)라는 새로운 전략의 틀을 마련했다. 회사가 존재하는 이유를 명확히 정리했고, 유니레버의 가치관, 행동 편향과 리더십의 기준을 이 틀에 명확히 했다. 컴퍼스는 행동규범이나 판단의 원칙으로 작용했고, 원칙에 따라 운영되는 회사는 수시로 정해지는 규정이나 규칙에 따라 운영되는 회사보다 훨씬 더 효과적이었다.

2010년 11월에는 더욱 도전적이고 정교한 USLP(Unilever Sustainable Living Plan)라는 장기 전략을 발표했다. 10년 내 달성할 목표를 다음 세 가지로 제시했다. (1) 10억 명 이상 사람들의 건강과 복지를 돕는다. (2) 환경에 미치는 영향을 절반으로 줄인다. (3) 기업의 성장을 통해 수백만 명의 생계 수준을 높인다. 이 세 가지 목표 아래 보건 위생, 영양, 온실가스, 물, 쓰레기, 지속가능한 조달, 더 나은 생계라는 일곱 개 범주를 두고 상세한 목표를 설정했다. 마지막 범주는 이후 직장 내의 공정성, 여성의 기회, 포용적인 기업으로 더욱 세분화되었다. 제시된 목표는 유니레버 자체 노력만으로는 달성이 불가능한 수준의 높은 목표였다. 목표 달성을 위해서는 당연히 다양한 외부의 이해관계자들과 협력하지 않으면 안 되었다. 이에 따라 유니레버의 가치관과 걸맞은 국제기구, NGO, 심지어 경쟁 관계의 기업들과도 협력하는 사례가 다양하게 만들어졌다.

### 직원들 개개인의 목적을 찾아주고 사명과 연결시켰다.

폴먼은 지속가능성을 단순한 목표가 아니라 유니레버의 DNA로 만들기 위해 적극적인 내부 변화를 추진했다. 그는 임원진에게 지속가능성을 위한 구체적인 목표를 할당하고, 이를 성과 평가와 보상 체계에 반영했다. 이로 인해 각 부서의 리더들은 지속가능성 목표를 달성하기 위해 자신들의 역할을 재정립해야 했다. 폴먼은 리더십 전문가를 위촉하여 ULDP(Unilever Leadership Development Plan)이라는 임원교육 프로그램을 만들었다. 1주 단위의 이 프로그램은 폴먼 자신을 포함한 상위 100명의 임원 대상으로 먼저 실행되었다. 과정의 핵심은 임원이 각자 자기만의 목적을 찾게 하는 것이었다. 그리고 자신의 목적을 어떻게 하면 더 큰 목적으로 변환할 수 있는지 고민하게 했다. 과정에서 각 참여자는 지금의 자신을 있게 한 엄청난 시련을 털어놓게 함으로써 서로 간의 벽을 허물고 투명성과 신뢰를 높이는 중요한 계기를 만들었다. 이후 이 과정은 상위 1,800명으로까지 확대되었고, 나중에는 1.5일 과정으로 변형하여 모든 임직원을 대상으로 진행했다. 이 프로그램을 이수한 사람은 자신의 목적과 열정, 채워야 할 역량, 자신의 신체적, 정신적 복지를 어떻게 관리하고 싶은지 깨닫게 되고, 이를 개인 차원의 계획에 통합하게 된다.

조직을 원하는 방향으로 이끌어 가기 위해서는 조직의 기본을 정비할 필요가 있다. 우선 버스에 태울 사람과 그렇지 않을 사람을 객관적으로 평가하여 적재적소에 배치해야 한다. 전략적인 사업과 과제에 자원이 집중될 수 있도록 필요한 자원을 확보하고 우선순위에 맞게 배정해야 한다. 또한 조직에 일관성 있는 신호를 반복적으로 보내야 한다. 리더들이 솔선수범하는 모습을 보여야 하고, 솔직하고 진정성 있는 커뮤니케이션을 활발히 해야 한다. 조직이 나아갈 방향과 목표를 추구하는 사명과 핵심 가치를 담아 명확히 제시하는 것이 무엇보다도 중요하다. 그 방향과 목표는 다양한 이해관계자들이 충분히 공감할 수 있어야 한다. 기업의 가치가 개인적인 가치와도 연결되어 일을 통해 삶의 보람을 느낄 수 있을 때 직원들의 자발적인 동참을 이끌어 낼 수 있다. 직원들의 적극적인 동참을 이끌어 낼 수 있는 조직문화는 기업의 가장 강력하고 차별화되는 자산이 된다는 것을 명심하자.

2-1-2

# 잠재력 극대화하기

## 핵심 팀 육성

## The Forte of Potential

Nurturing a Core Team of Champions

### Q. 효과적인 변화 관리를 위해서는 실행을 주도하는 핵심 그룹 확보와 육성이 매우 중요하다. 이를 위한 효과적인 방법은?

2011년 만화가 마누 코넷(Manu Cornet)이 마이크로소프트의 내부 상황을 그렸다. 만화 속에서 직원들은 마치 이권 다툼을 하는 조직 폭력배처럼 서로에게 총을 겨누고 있었다.[43] 익살스러운 만화가가 전하는 메시지를 부정하기란 불가능했다. 2014년 2월 Satya 나델라가 마이크로소프트의 세 번째 CEO로 지명됐을 때 회사 문화를 쇄신하는 것이 그의 첫 번째 사명이라고 밝혔다. 그는 직원 모두가 마이크

43 Manu Cormet, www.bonkersworld.net

**그림 33. 마이크로소프트의 망가진 조직문화**

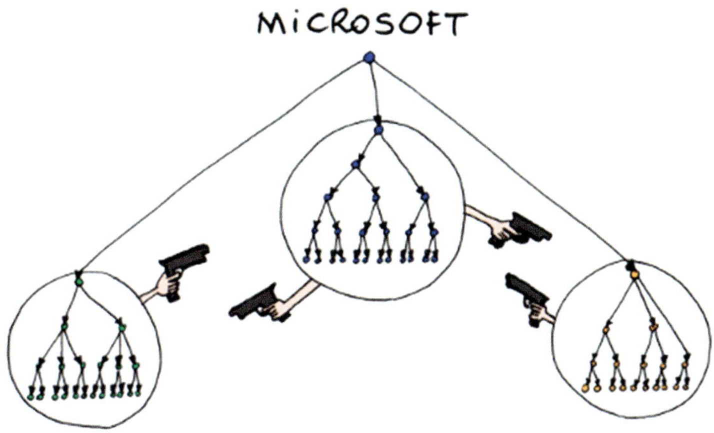


로소프트에서 이루고자 했던 목표, 즉 세상을 변화시키겠다는 목표로 다시 돌아가기 위해 혁신을 가로막는 장벽을 제거하겠다고 말했다. 마이크로소프트는 개인의 열정이 더욱 큰 목표와 연결되도록 항상 최선을 다했다. 윈도우, 오피스(Office), 엑스박스(Xbox), 서피스(Surface), 마이크로소프트의 서버, 그리고 마이크로소프트 클라우드(Microsoft Cloud). 이러한 마이크로소프트의 제품은 디지털 초석이 되어 개인과 조직이 꿈을 이룰 수 있게 했다. 이는 고귀한 성과였다. 그는 마이크로소프트의 직원들이 훨씬 더 유능하고, 더 많은 성취에 목말라하는 걸 알고 있었다. 그것이 그가 되살리고자 했던 마이크로소프트 문화이자 가치였다.

CEO 임기가 시작되고 얼마 지나지 않아 나델라는 가장 중요한 회의에서 한 가지 실험을 했다. 매주 한 번씩 CEO를 포함해 SLT(Senior Leadership Team)는 모임을 갖는다. 이 자리에서는 여러 가지 중대한 기회와 어려운 결정에 대한 검토와 브레인스토밍이 이루어진다. SLT는 대단한 역량과 경험을 지닌 엔지니어와 연구원, 관리자, 마케팅 담당자로 구성된다. 그들은 기술을 사랑하고 자신이 세상을 바꿀 수 있다고 믿었기 때문에 마이크로소프트에 입사한 사람들이었다.

스티브 발머(Steve Ballmer)가 CEO였던 시절 SLT 일원이었던 나델라는 SLT의 모든 팀원이 서로를 더욱 깊이 이해해야 한다고 느꼈다. 다시 말해 각각의 팀원을 움직이는 요인이 무엇인지 철저히 파악해야 하고, 개인의 철학을 회사 내의 역할과 연결해야 한다고 느꼈다. 그는 임직원들이 만화 속의 총을 버리고 지혜와 힘을 모아 회사에 새로운 활력을 불어넣는다면 빌 게이츠와 폴 앨런(Paul Allen)을 자극했던 꿈, 즉, 최첨단 컴퓨터 기술을 널리 보급하겠다는 꿈으로 되돌아갈 수 있음을 깨달았다.

나델라는 고도의 성과를 이끌어내는 명상 훈련 전문가 마이클 저베이스(Michael Gervais)[44]를 고용하여 SLT 미팅을 새롭게 진행했다. 다음은 나델라가 자신의 책 『히트 리프레시(Hit Refresh)』에서 이 상황을 기술한 내용이다. "어느 금요일 이른 아침, SLT 멤버들이 모였다. 이번만은 답답한 이사회 회의실이 아닌 다른 장소가 선택됐다. 우

44 저베이스 박사는 미식축구팀인 시애틀 시호크스 팀과 함께 움직이면서 선수와 코치진의 마음을 완벽하게 하나로 엮어 운동장 안팎에서 최고의 성과를 거두게 한 명상훈련 전문가이다.

리는 회의실 반대편에 자리한 더 편안한 공간에서 만났다. 사방이 탁 트여 바람이 잘 통했지만 탁자와 의자는 없었다. 컴퓨터를 켜고 이메일과 뉴스 피드를 들여다볼 자리는 없었다. 우리는 바지 주머니든 가방이든 눈에 보이지 않게 휴대전화를 쑤셔 넣고 원형으로 놓인 편안한 소파에 몸을 기댔다. 숨을 곳은 없었다. 나는 모두에게 판단을 미루고 되도록 이 순간에 집중해달라고 했다.

첫 훈련에 참석한 저베이스 박사는 우리에게 특이한 경험을 하고 싶은지 물었다. 우리는 모두 고개를 끄덕였다. 그러자 저베이스 박사가 자원자는 일어서 달라고 했다. 아무도 일어서지 않았다. 잠시 굉장히 조용하고, 어색한 시간이 흘렀다. 이윽고 저베이스 박사가 질문을 퍼부었다. “어째서 다들 벌떡 일어나지 않았지요? 여러분은 고도의 성과를 추구하는 집단 아닌가요? 모두 특이한 경험을 하고 싶다면서요?” 휴대전화도 컴퓨터도 없던 우리는 신발을 내려다보거나 서로에게 어설픈 미소를 날렸다. 우리 모두 혀끝에서 맴도는 대답을 선뜻 내뱉지 못했다. 바로 두려움 때문이었다. 웃음거리가 될지도 모른다는, 실패할지도 모른다는, 여기서 가장 멍청한 사람으로 찍힐지도 모른다는 두려움. 그리고 오만 때문이었다. 나는 이런 게임을 하기에는 너무나 중요한 사람이라는. 우리는 듣는 것에 익숙했다.

저베이스 박사는 사람들을 격려했다. 그러자 다들 숨소리가 편안해지고 얼굴에 조금씩 웃음기가 돌기 시작했다. 어둑어둑하던 하늘이 여름 태양빛에 밝아왔다. 한 명씩 돌아가며 말을 꺼내기 시작했고, 결국 모든 이가 입을 열었다. 우리는 개인적인 열정과 철학을 공유했다. 저베이스 박사는 가정과 직장에서 우리가 어떤 사람인지를 곰곰이 생각해보게 했다. 우리는 직장 안에서의 모습과 직장 밖에서의 모습이 어떤 식으로 연결되는지를 떠올렸다. 팀원들은 정신적인 측면에 대해, 즉, 가톨릭적 뿌리나 공자의 가르침 등에 대해 이야기했다. 또한 부모로서 최선을 다하는 자신의 모습에 대해서도 이야기했다. 일이나 취미에 사용될 제품을 만들기 위해 끊임없이 노력하는 모습도 공유했다. 마이크로소프트에 입사한 이래 이런 사적인 대화를 나누는 건 처음이었다. 심지어 두어 명의 눈에는 눈물이 맺히기까지 했다.

내 차례가 되자 나는 감상에 흠뻑 젖어 입을 열었다. 나는 내 인생에 대해, 부모님과 아내와 아이들과 일에 대해 생각하던 중이었다. 나는 이 자리에 오기까지 기나긴 여정을 겪었다. 내 머릿속은 과거로 돌아갔다. 인도에서 보낸 유년 시절과 미국에서 보낸 청년 시절로. 남편으로서, 특별한 보살핌이 필요한 아이의 아버지로서, 전 세계 수십억 명이 접하는 기술을 설계하는 엔지니어로서 보낸 시간들로. 심지어 크리켓에 홀딱 빠져 프로 선수를 꿈꾸던 먼 옛날로. 나를 구성하는 모든 부분이 CEO라는 새로운 역할 속에서 하나로 뭉쳤다. 우리의 과제가 그날 모인 모든 이에게, 마이크로소프트에서 근무하는 모든 이에게 도움을 청하는 것이었듯이 CEO는 자신의 열정과 기술과 가치에 도움을 청하는 사람이었다.

나는 동료들에게 우리가 직장에서 별 의미 없는 일에 너무 많은 시간을 보낸다고 말했다. 만약 우리가 자신의 목표와 회사의 역량을 연결할 수만 있다면 해내지 못할 일은 거의 없을 것이다. 내가 기억하는 한, 대상이 시든, 친구와의 대화든, 스승의 가르침이든 나는 늘 배움에 굶주렸다. 오랜 시간 서로 다른 경험들을 통해 철학과 열정이 발전하면서 공감 능력을 새로운 아이디어에 연결할 수 있게 되었다. 아이디어는 가슴을 뛰게 했고 공감 능력은 나의 기반이자 중심이 되었다.

SLT 팀원의 역할이 그날부터 바뀌기 시작했다. 개별적인 목적으로 마이크로소프트에서 일하던 시간은 끝났다. 팀원들은 각 부문의 수장으로서 더욱 중요한 목표를 향해 다가갔다. 그들은 '다른 사람들에게 힘을 실어준다'는 사명을 추구하기 위해 마이크로소프트에서 일했다. 그날은 감정에 휩쓸려 진이 모두 빠졌다. 하지만 곧 새로운 분위기가 마련됐으며 SLT가 하나로 뭉치기 시작했다. 그날이 끝날 무렵 우리는 함께 냉혹한 현실에 다가섰다. 어느 한 리더도, 어느 한 조직도, 어느 한 CEO도 마이크로소프트를 부활시킬 수는 없었다. 마이크로소프트를 재탄생시키려면 우리 모두와 우리의 모든 능력들이 필요할 것이다. 회사 문화를 쇄신하는 작업은 열매를 맺기까지 더디고 고통스러울 것이다."

나델라는 지속가능경영을 추진하는 일은 어느 전담팀의 일이 되어서는 부족하다고 보았다. 그는 전사의 리더그룹 모두가 이 일을 주도해야 된다고 생각해서 SLP을 핵심추진 주체로 삼았다. 이들이 서로의 마음을 열어 원팀이 되게 하기 위해 나델라는 위와 같은 이벤트를 계획했고, 그 결과 각자가 맡은 조직을 '하나의 마이크로소프트'로 만드는 리더로 우뚝 설 수 있었다.

한편 나델라의 이러한 시도는 유니레버의 폴먼이 했던 선택과 너무나 유사하다. 폴먼은 UNLP 전략 발표 이후 ULE(Unilever Leadership Executive)라는 조직을 신설했다. 이 조직은 CEO를 포함하여 C-레벨 13명의 최고경영진으로 구성되었다.[45] UNLP 추진을 CSR 부서나 전사 주요 부서가 참여하는 별도의 위원회에 맡기지 않고, 회사의 핵심 임원들의 책임으로 두었다. ULE는 회사의 성장과 수익 창출의 책임을 가지는 동시에 UNLP를 추진하고 성과로 만들어 내는 책임을 가졌다. USLP를 이끄는 총괄 책임은 CMO인 키스 위드(Keith Weed)에게 맡겼다. 지속가능경영 담당 임원(Chief Sustainability Officer)을 별도로 두었지만, 이 임원을 CMO 밑에 소속시켜, CMO로부터 마케팅과 커뮤니케이션 지원을 받는 동시에 전사적 지원을 받도록 했다. 이를 통해 지속가능성 업무가 고립되지 않게 했고, 성장과 지속가능성을 분리된 것으로 보지 않겠다는 의지를 천명한 셈이다.

폴먼이 리더십 전문가를 위촉하여 ULDP(Unilever Leadership Development Plan)라는 임원 교육 프로그램을 만든 것도 나델라에게 참고가 되었을 법하다. 1주 단위로 폴먼 자신을 포함한 상위 100명의 임원 대상으로 먼저 실행된 이 프로그램에서 핵심 임원들이 각자 자기가 경험한 인생의 중요한 일을 공유하고, 자신만의 목적을 찾게 하였다. 그리고 그 목적이 회사의 더 큰 목적과 연결되게 함으로써 이들이 UNLP를 주도하도록 유도했다.

---

45 "Annual Reports & Accounts 2011", Unilever

자칫 지속가능경영 추진이 CRS 부서나, 전담 위원회의 역할이 됨으로써 나와는 직접 관련 없는 일이 되어버리는 리스크를 철저히 차단한 점은 폴먼과 나델라의 공통점이다. 그리고 추진체제의 선택과 리더들을 원팀으로 묶어낸 이들의 솔선수범이 지속가능경영을 성공적으로 추진하는데 주요한 요인이 되었음에 주목할 필요가 있겠다. 또한 성장과 지속가능성이 분리되지 않도록 현업 조직의 리더들이 맡은 사업에서 이 두 목표를 통합하여 추진하게 한 것도 주요한 성공의 요인으로 볼 수 있겠다.

2-1-3

# 오케스트라의 동력 강화를 위한 투자

## 숙련되고 지속가능한 인재 육성

**The Orchestra's Engine**

Building a Skilled and Sustainable Workforce

## 동반 성장의 리더십

### 스타트업과 투자자가 함께 키우는 지속가능한 인재

*- **VC 투자사** 리더십 인터뷰 중 -*

*"초기 투자는 숫자보다는 '사람'을 보고 들어갑니다. 아직 제품이 없거나, 매출이 안 나는 단계에서도 투자 결정을 내릴 수 있는 건 결국 창업자와 팀의 리더십, 그리고 그 팀이 어떤 조직문화를 만들어가고 있는가에 달려 있습니다. 초기 투자일수록 회사가 아직 제대로 갖춰지지 않은 경우가 많기 때문에, 단순히 돈만 넣고 손 떼는 모델보다는 함께 성장해 가는 파*

*트너십 모델이 중요해지고 있어요. 스타트업 입장에서는 자금도 중요하지만, 조직을 안정적으로 운영할 수 있는 재무나 운영 노하우, 그리고 위기 상황에서의 빠른 의사결정 지원이 큰 도움이 됩니다.*

*좋은 VC는 단순한 자금 지원자가 아니라, 스타트업이 직면한 다양한 문제를 함께 풀어가는 조력자입니다. 직접 창업을 경험한 파운더형 VC는 본인의 실전 경험을 바탕으로 인사이트와 백오피스 지원을 해주기도 하죠. 미국 VC는 PR, HR 등 운영 지원 기능까지 제공하는 경우도 많고요. 어떤 때는 직접 전화해서 '요즘 어떤 문제 있냐'고 묻기도 하죠.*

*결국 스타트업이 살아남고 지속가능하게 성장하려면 처음 아이디어가 틀렸을 때 얼마나 유연하게 변화하고 리더십으로 대응할 수 있느냐에 달려 있어요. 그래서 저희도 대표의 성향, 대응력, 팀의 구성과 커뮤니케이션을 가장 중요하게 봅니다.*

*요즘 VC 업계도 점점 더 '인재'를 키우는 산업이 되어가고 있어요. 단순히 단기 수익률만을 보는 것이 아니라, 5년, 10년 함께 가는 과정에서 VC가 어떤 신뢰 기반을 형성하는지가 중요해지고 있어요. 그래서 코-지피(CO-GP) 등 협업 모델을 통해 글로벌 파트너와 함께 스타트업을 키워가는 구조도 늘어나고 있습니다.*"

이 사례는 지속가능한 비즈니스의 핵심이 단지 '돈'이 아니라 사람과의 관계, 신뢰, 리더십 기반의 상호 성장 모델에 있음을 보여준다. 또한 지속가능한 인재 육성이 더 이상 기업 내부만의 과제가 아님을 보여준다. 특히 스타트업 생태계에서는 투자자, 리더, 팀원 간 신뢰 기반 협력 구조가 조직의 회복 탄력성과 성장을 좌우한다. 초기 단계일수록 제품보다 중요한 것은 '사람'이며, 창업자의 철학과 실행력, 팀워크, 조직문화에 대한 이해 없이 자금만으로는 지속가능성을 담보할 수 없다. 투자사 또한 전문성과 경험, 리더십 코칭 능력을 갖춘 인재를 키워야 하며, 이는 결국 펀드 성과로도 이어진다. 스타트업을 키우는 일은 '단기적 선택'이 아니라 '함께 성장할 사람과 팀을 보는 장기적 안목'이 필요하며, 이를 뒷받침하는 생태계가 곧 지속가능한 미래를 만들어간다는 것을 보여준다.

## Q. 지속가능경영 전략 실행의 승패는 전체 조직 구성원과 이해관계자들을 조기에 동참시키고, 이들이 전략실행을 생활화하고 협업하게 할 수 있느냐에 달려 있다. 이런 분위기를 만들기 위한 방안은?

앞서 지속가능경영의 본질을 살펴보면서 그 필요조건이 '바른 목적', 경쟁력 있는 '사업 전략', 사업을 올바르게 경영할 수 있는 '경영 능력'임을 알 수 있었다. 이것들은 경영자가 전제 조직과 이해관계자에게 제시해야 할 과제다. 제시하는 바른 목적은 다양한 이해관계자들에게 가치를 주고, 공감을 이끌어 낼 수 있어야 한다. 전략은 도전의식을 불러 일으키고 실행을 통해 성과를 낼 수 있다는 확신을 줄 수 있어야 한다. 경영 능력은 사업의 방향성과 목적지를 제시하는 능력에 더하여 얼마나 진정성 있게 솔선수범하는지, 그리고 얼마나 효과적으로 많은 이해관계자들의 동참을 이끌어 내는지를 통해 평가받을 수 있을 것이다. 이러한 지속가능경영의 필요조건이 제시된 이후 전체 조직원과 이해관계자들의 동참을 이끌어 내는 것은 제시된 계획에 대한 공감의 정도에 달려있다.

유니레버의 폴먼이 USLP 전략을 발표했을 때 직원들 사이에는 상당한 우려가 있었다. 첫째, 환경영향을 절반으로 줄이면서 두 배의 성장을 이루겠다는 것을 모순적이라 생각하기도 했다. 둘째, USLP를 경영전략과는 분리된 별도의 프로그램으로 보기도 했다. 셋째, USLP에 대한 투자의 성과는 장기간 소요되는데, 이를 사업 부서에서 수용하기 어려울 것이란 의견도 많았다. 이러한 우려를 불식하고 USLP 실행에 모든 직원이 참여하도록 독려하기 위해 유니레버는 다양한 노력을 기울였다.

USLP 전략에 제시된 세가지 목표, 즉, 건강과 복지를 개선하는 것, 환경오염을 줄이는 것, 삶의 질을 개선하는 것과 개인적인 목표 한가지를 연결하는 '3+1'계획서를 작성하게 했다. 직원들에게 좋은 보수를 주는 것뿐만 아니라 회사의 일과 가치가 개인적 삶의 가치와 연결되게 함으로써 일을 통해 직원들이 행복을 찾을 수 있게 이끌어 나갔다. 직원들이 지닌 개인적인 의미가 충족되면서 조직 전체가 같은 방향으로 나아갈 때 기업의 목표도 달성할 수 있게 된다. 자기의 가치관을 실천하며 살아갈 기회를 제공하는 회사에는 유능한 인재도 몰려들게 된다.

USLP Refresh는 사업 부서에서 지속가능경영을 효과적으로 접목함으로써 성공 체험을 돕는 역할을 했다. CSO(Chief Sustainability Officer)는 USLP 실행과제 7개 분야(2013년 9개 분야로 확대)별로 리더를 선임하여 사업 부서와 협력하고, 전문성을 동원하여 지원하도록 했다. 대기, 물, 쓰레기, 영양 등 전문가들은 사업 모델을 점검하고, 개선 방향을 찾고, 실천 과제를 도출하고, 실행을 지원함으로써 변화를 이끌어 내는 실질적인 촉매역할을 했다. 이렇게 추진된 개별 프로젝트는 지속가능성 효과를 네 가지 영역(성장, 비용 절감, 리스크 감소, 신뢰 강화)으로 정량화함으로써 그 성과를 숫자로 볼 수 있게 했다. 또 다른 시도로 '지속가능한 생활 브랜드(Sustainable Living Brands)'를 정의하도록 했다. 유니레버는 제품이 하나 이상의 USLP 목표에 기여하고, 지속가능한 삶의 목표에 기초하여 구축된 브랜드를 '지속가능한 생활 브랜드'로 자체 인증했다. 이러한 지속가능한 생활 브랜드가 성장을 이끌고 비용을 절감하고 고객으로부터 신뢰를 받는다[46]는 것을 보여줌으로써 직원들에게 성공 체험을 할 수 있게 했고, 이를 통해 더 큰 변화를 만들고자 했다.

회사는 또한 직원들이 지속가능성을 일상에서 실천할 수 있도록 돕기 위한 "USLP in Action"이라는 인트라넷 플랫폼도 운영했다. 이 프로그램은 직원들이 6주 동안 매주 새로운 지속가능성 과제를 해결하고, 퀴즈를 통해 포인트를 획득하며 보상을 받을 수 있는 구조로 설계되었다. 이 과정은 게임 메커니즘을 활용하여 직원들의 자발적 참여를 유도했고, 직원들은 음식 및 종이 낭비 절감, 쓰레기 분리, 에너지 절약 등의 행동을 실천함으로써 점차 지속가능성의 중요성을 직접 느끼게 했다. 자신의 삶의 목적을 찾고, 작지만 의미 있는 실천을 통해

46 "Unilever's purpose-led brands outperform", Unilever Homepage

점차 지속가능성이 조직 문화로 연결되도록 운영했다.

아울러 USLP에 직원들의 참여를 독려하기 위해 24시간 온라인 브레인스토밍 사이트도 운영했다. 이 사이트에는 2만 명이 참여해 USLP 목표 달성과 관련된 질문을 하고 함께 해답을 모색했다. 이처럼 직원들의 적극적인 참여가 활성화되면 직원들이 회사가 더 많은 일을 하라고 요구하는 현상이 생기기도 한다. 아마존의 사례가 그러했다. 직원들은 회사가 더 적극적으로 기후문제 해결에 동참하도록 요구하고 나섰다. 지속가능성을 진심으로 추구하는 기업이라면 적극적인 행동을 하는 직원들을 귀한 자산으로 활용할 필요가 있다. 그럼 이런 귀한 자산을 만들려면 어떻게 해야 할까? 회사가 직원들에게 봉사한다는 사고에서 출발한다면 그 길이 보이지 않을까?

마이크로소프트의 나델라 회장이 조직문화 변화에 직원들의 참여를 유도했던 방식도 폴먼 회장의 방식과 유사한 점이 많았다. 나델라 회장은 자신이 할 일은 세상을 바꿔 나가는 일에 동참하기 위해 입사한 재능 있는 직원들이 마음껏 일하고 보람을 느낄 수 있도록 조직문화를 바꾸는 일이라고 선언했다. 스스로를 'Culture를 바꿔나가는 Orchestrator'라고 주장하며, CEO의 'C'와 'O'가 그 머리 글자라고 설명했다. 그가 던지는 질문은 "세상에서 마이크로소프트가 사라진다면 사람들이 무엇을 잃을 것인가? 마이크로소프트는 무엇을 위한 기업인가? 마이크로소프트가 존재하는 이유는 무엇인가?"였다. 그는 "우리를 특별한 존재로 만드는 우리의 영혼을 다시 찾아야 한다"고 직원들에게 말했다. 영혼은 사람들에게 동기를 부여할 뿐만 아니라 외부의 압력이 아닌 자신의 가치관에 따라 역량을 쏟아 붓게 한다. 그는 마이크로소프트의 새로운 사명선언문으로 "**지구상의 모든 개인과 조직들이 더 많은 것을 얻어 낼 수 있도록 힘을 실어 주는 것이다(to empower every person and every organization on the planet to achieve more)**"라고 선포했다. 그는 또한 추구해야 할 전략 방향도 "**모바일 최우선, 클라우드 최우선(Mobile First, Cloud First)**"으로 명확히 제시했다. 그는 이 사명과 전략 방향을 도출해 내기 위해 공감(Empathy)의 중요성을 역설하며 취임 후 5개월 동안 조직 구석구석으로부터 직원들의 의견과 제안을 경청했다. 조직 외부에서 만들어져 뚝딱 제안된 것이 아니라 CEO가 직접 직원들의 의견을 수렴하여 정리한 사명과 전략이었기 때문에 거부감이 별로 없었다. 이어서 회사의 사명과 추구하는 가치를 각 개인의 가치와 연결시키고, 이를 추구하기 위해 배우고 도전하고 협업하는 '**성장형 사고방식에 기반한 조직문화**' 구축을 선포했다. 사람이든 조직이든 사회든 스스로 '새로고침'을 해야 하는 순간이 찾아온다. 그 순간이 오면 다시 열정을 불러일으키고 새로운 마음으로 목표를 재설정하고 치열하게 고민해야 한다. 새로운 조직문화 구축을 위해 HR 프로세스도 완전히 뜯어고쳤다. (이에 대해서는 다음 장에서 상세히 알아보자) 실제로 일대일로 진행되는 각 직원 별 멘토링 미팅 시에도 이 주제가 논의의 중심이 되게 했다. 회사 가치 추구에 도움이 되는 다양한 사내 모임을 장려했고, 회사 외부와 연계된 봉사나 기부활동에 직원이 참여할 경우 회사가 매칭하여 힘을 보태는 프로그램이 활성화되었다.

실제 나델라 회장은 지난 10년 동안 항상 회사의 사명을 반복적으로 강조했으며, 그 가치에 따라 기존의 전략과 입장을 과감히 뒤집는데 솔선수범했다. 2014년 11월 마이크로소프트는 아이폰, 아이패드용 MS Office 앱을 무료로 사용할 수 있도록 출시했다. 자사의 상징적인 제품을 가장 대표적인 경쟁사의 모바일 기기에 출시한 것이다. 2016년에는 Windows의 강력한 경쟁자인 리눅스 재단에 플래티넘 멤버로 가입하여 협력관계로 전환했다. 스티브 발머 전임 CEO가 "리눅스는 암과 같다"고 폭언을 했던 것에 비하면 놀라운 입장 변화였다. 나델라 회장에게 이러한 일련의 선택은 "세상의 모든 개인과 조직이 더 큰 성과를 낼 수 있도록 힘을 실어 주겠다'는 사명에 충실한 의사결정이었다. 나델라 회장은 직원들로부터 공감능력이 뛰어나고, 말과 행동이 일치하는 리더로 인정받고 있다.[47] 그는 10년 전 공표한 사명 선언문과 가치를 일관되게 실천하고 전도하는 에반젤리스트(evangelist)다. 때때로 용기 있는 결단을 내렸고, 논란 있는 사회적인 사건에 대해서도 입장표명을 두려워하지 않았다. 그 이면에는 항상 "이 판단이 우리의 사명에 부합하는 것인가?" 라는 질문이 깔려 있었다. 그는 투철한 사명감, 어려운 판단을 미루지 않는 용기, 진정성을 담은 소통 능력을 인정받고 있다. 아울러 회사의 사명과 가치를 개인의 가치와 연결하게 하여 직원들이 일을 통해 보람을 찾

47 마이크로소프트 Leadership Interview

을 수 있게 했고, 회사가 직원들에게 끊임없이 성장할 수 있도록 기회를 준다는 믿음을 준 것이 직원들의 참여를 이끌어 낸 주요 요인이 아닐까?

나델라 회장의 직원에 대한 공감 능력과 조용하지만, 용기 있는 리더십은 회사의 조직문화를 크게 바꿔 놓았다. 매년 '미국 최고 직장' 리스트를 발표하는 글래스도어 순위[48]에서 2024년 마이크로소프트는 18위에 올랐다. 이는 구글(26위)과 애플(39위) 보다 높은 순위다. 조직문화를 가장 많이 지적 받던 회사가 10년만에 다시 최고의 기술인재들이 일하고 싶어하는 매력적인 기업으로 변신한 것은 주목할 만한 성과다. 회사가 제시한 사명에 공감하고, 일을 통해 내가 추구하는 가치를 실현하는 동시에 끊임없이 성장할 수 있는 기회를 제공하는 직장이라는 신뢰가 형성되었으니, 직원들의 적극적인 참여를 이끌어 내는 것은 당연하지 않을까?

## Q. 지속가능경영 실행을 위해 조직문화를 '학습조직'으로 변화시켜야 하는데, 이를 위해 필요한 HR 프로세스를 비롯한 제도적 변화는?

마이크로소프트 조직문화는 악명 높았다. 남을 누르고 자기네 팀 또는 나만 잘 되면 그만이라는 이기주의와 내부경쟁이 만연했다. 일을 잘하는 것보다 사내 정치에 능한 사람이 조직에선 잘 나갔다. 6개월마다 시행하는 상대평가에서 좋은 고과를 받기 위해 단기 성과에 목을 맬 수밖

48 "Best Places to Work 2024", Glassdoor(https://www.glassdoor.com/Award/Best-Places-to-Work-LST_KQ0,19.htm)

에 없었고, 내 것을 챙길 수밖에 없었다. 이에 질려서 인재들이 떠났다.

나델라는 CEO 취임 첫해 시간의 대부분을 직원 의견 듣는 데 쓰면서 무엇이 조직의 문제인지를 파악했다. 2015년 6월 나델라는 새로운 회사의 사명('지구상의 모든 사람과 모든 조직이 더 많은 것을 성취할 수 있도록 힘을 실어주는 것')과 함께 '성장형 사고방식(growth mindset)'에 기반한 조직문화를 실천하겠다고 선언했다. 미국 스탠퍼드 대학 심리학과 캐롤 드웨크(Carol Dweck) 교수가 저서 『마인드셋(Mindset)』에서 소개한 개념을 기업 경영에 접목한 것이다. 성장형 사고방식은 사람의 능력이 고정된 것이 아니고, 노력을 통해 얼마든지 개발될 수 있다고 믿는다. 나델라는 발달장애를 겪고 있던 아들의 치유를 위해 이 책을 읽은 아내의 권유로 이 책을 접하게 되었다고 한다. 그가 구축하고자 했던 마이크로소프트의 문화는 다음 네 가지 요소를 갖춘 문화였다.

**첫째, '성장형 사고방식'이다**. 나델라는 2015년 전체 직원에 보낸 이메일에서 다음과 같이 말했다.[49] "그것은 모든 사람이 성장하고 발전할 수 있다는 믿음에서 시작됩니다. 잠재력은 미리 정해진 것이 아니라 키워지는 것입니다. 우리는 항상 배우고 끝없는 호기심을 가져야 합니다. 불확실성에 기대고, 리스크를 감수하고, 실수할 때 빠르게 움직여야 하며, 미스터리로 가는 길에 실패가 발생한다는 걸 알아야 합니다. 우리는 다른 사람의 아이디어에 열려 있어야 하며, 다른 사람

49 "The buzzy new term at 마이크로소프트 is 'growth mindset' — here's what it means", Business Insider (https://www.businessinsider.com/satya-나델라-instilling-growth-mindset-at-마이크로소프트-2015-6)

의 성공이 우리의 성공을 깎아 내리지 않아야 합니다."

기술의 세계는 변화와 발전이 끊이지 않으므로, 계속 배우고 쫓아가지 않으면 한 순간에 도태될 수 있다. 지금 얼마나 아는지가 중요한 게 아니라, 앞으로 얼마나 배울 수 있느냐가 훨씬 더 중요하다. 나델라가 생각한 성장형 사고방식에 기반한 조직문화는 "뭐든 다 아는 체(know-it-all)"하는 문화에서 "모든 것을 다 배우는(learn-it-all)" 문화로 전환하는 것이었다.

**둘째, 소비자에게 집중해야 한다.**[50] 소비자가 정확히 표현한 적이 없고 한 번도 충족된 적이 없는 요구를 해온다면 훌륭한 기술로 그것을 충족시키겠다는 열망과 호기심이 사업의 중심에 자리 잡아야 한다. 더 깊은 통찰로 소비자 요구 사항을 흡수하고 공감하지 않는다면 소비자의 요구를 충족시킬 방법이 없다. 소비자와 이야기를 나눌 때는 귀를 기울여야 한다. 이것은 뚜렷한 목적이 있는 행위다. 소비자의 이야기를 경청하는 태도는 앞으로 소비자가 무엇을 선호할지를 예측할 수 있게 하는 도구다. 이것이 성장하는 사고다. 초심자의 마음으로 소비자와 소비자의 일에 대해 배우고 소비자의 요구를 충족시키는 솔루션을 제공해야 한다. 외부에서 배운 것을 사내에 계속 끌어들이는 동시에 획기적인 방법으로 사용자에게 끊임없이 놀라움과 기쁨을 안겨야 한다.

**셋째, 적극적인 자세로 다양성과 포용성을 추구해야 가장 훌륭한 성과를 얻는다.** 사명에 충실하기 위해 세상에 도움이 되고자 한다면

50 『히트 리프레시』, 사티아 나델라 (2023), 관련 내용 정리

세상에 대해 깊이 생각해야 한다. 직원들의 다양성이 지속적으로 확대돼야 하며 사고와 판단에는 광범위한 의견과 관점이 수용되어야 한다. 회의할 때마다 단순히 듣기만 해서는 안 된다. 모든 사람이 생각한 바를 표현할 수 있는 기회를 가져야 한다. 포용성은 열린 마음으로 자신이 어떤 편견을 갖고 있는지를 깨닫고 모든 직원의 통합된 힘을 활용할 수 있도록 우리의 행동을 바꿔줄 것이다. 우리는 차이를 소중하게 생각할 뿐만 아니라 적극적으로 차이를 찾아내고 내면으로 끌어들여야 한다. 그러면 생각이 더욱 발전하고 제품이 더욱 나아지며 결과적으로 소비자가 더욱 큰 힘을 얻을 것이다.

**마지막으로 우리는 하나의 회사, 하나의 마이크로소프트다**. 여러 세력으로 구성된 연합체가 아니다. 혁신과 경쟁은 우리 내부에 존재하는 폐쇄적인 공간을, 조직을 가르는 경계선을 인정하지 않는다. 따라서 우리는 장벽을 뛰어넘는 방법을 배워야 한다. 우리는 한 가지 공통된 사명 아래 모인 가족이다. 우리의 사명은 조직 내부를 안정시키는 것이 아니다. 편안한 공간 밖으로 나가 소비자에게 손을 내밀고 그들에게 가장 중요한 일을 하는 것이다. 일부 회사에서는 당연시하는 행동이다. 예를 들어 오픈 소스 정신에 기초한 기술 기업은 이런 행동을 자연스럽게 받아들인다. 한 집단이 생산한 코드와 지적 재산은 모든 사람에게 공개되며 회사 내외부의 다른 집단이 이를 검사하거나 개선할 수 있다. 우리의 꿈을 그럴듯하게, 궁극적으로 달성 가능하게 만드는 힘은 협동 능력이다. 하나의 마이크로소프트가 되어 최선의 결과물을 소비자에게 전달하려면 다른 사람들의 아이디어를 기반으로 삼고 경계선을 넘어 서로 힘을 합치는 방법을 배워야 한다.

나델라는 성장하는 사고(Growth Mindset), 즉, 고객에 대한 집착, 다양성과 포용성을 가지고 하나의 마이크로소프트(One Microsoft) 정신으로 함께 성장하고자 했다. 학습 문화를 장려하기 위해 모든 직원이 본사에 모여 유대 관계를 맺고, 다른 사람들의 일을 이해하고, 영감을 얻고, 서로 협력하는 원위크(OneWeek) 기간 중에 연례적으로 해커톤을 개최했다. 이 과정에서 회사가 이루고자 하는 사명을 실현하며 진정으로 세상에 변화를 가져올 수 있게 된다고 믿었다.

조직문화의 변화를 위해 마이크로소프트는 우선 직원들을 점수로 등급을 **매기는 스택 랭킹(Stack Ranking) 방식의 인사 평가를 폐지**했다. 직원을 5개 단계로 나눠 평가하는 상대평가 시스템은 거대해진 마이크로소프트 성장에 독이 됐다. 내부 경쟁과 사내 정치를 부추기고 협력을 방해했다. 또 최고의 인재로 보이기 위해 직원들이 자신의 약점은 감추고 새로운 일에 대한 도전을 피하게 만들었다. 혁신이 싹틀 수 없었다. 나델라는 자신의 저서 『히트 리프레시(Hit Refresh)』에서 이렇게 회고했다. "혁신은 관료주의로 대체됐다. 팀워크는 내부 정치로 대체됐다. 우리는 뒤처지고 있었다."

새로운 방식은 **조직에 성장 마인드셋을 가지게 하고 이를 위해 학습하는 분위기를 정착시키는** 것이었다. 절대평가를 도입했고, 직원의 성장과 협업에 중점을 두었다. 평가와 보상에 대한 권한을 관리자에게 위임했다. 관리자는 세 가지 역할을 하게 했다, 첫째, 스스로 성장 마인드셋을 갖춘 **롤 모델**이 되게 했다. 둘째, 직원들이 실패에서 배우며 성장할 수 있도록 **코치** 역할을 하게 했다. 매 분기 직원들과 일대일로 진행하는 Connect라는 멘터링 세션을 통해 직원들이 추구하는 가치는 무엇인지, 성장하고 있는지, 협업을 적극적으로 하고 있는지를 확인하고 지원하게 했다. 대표적인 논의 주제는 (1) 본인이 만들어낸 성과와 임팩트, (2) 다른 사람의 성공에 본인이 기여한 것, (3) 나의 업무성공을 위해 다른 사람의 의견이나 경험을 얼마나 받아들였고, 발전시켰는지 등이다. 물론 직원의 성장을 위해 스스로 부족한 부분에 대한 개선목표를 제시하고 실천하도록 했다. 셋째, 직원들을 **케어**할 의무와 책임을 부여했다. 관리자들에게 실제 성장 마인드셋이 가능한 환경을 만들도록 주문한 것이다. 보너스를 얼마나 줄지 정하는 것은 이제 스택 등급이 아닌 관리자 임무가 됐다. 결과(performance)보다는 과정과 영향력(impact), 성취보다는 도전에 높은 가치를 부여했다. HR은 이러한 과정이 효과적으로 진행될 수 있도록 지원하는 역할을 했다. 리더십 과정을 디자인하고, 실제 직원들이 매니저들에게 대해 어떻게 느끼고 있는지 피드백을 공유해준다거나 개선될 수 있는 방향을 제시하는 등의 일을 수행했다.

나델라는 새로운 사고방식을 퍼뜨리는 데 열정적이었다. 직원 대상 강연과 이메일로 거듭 이를 강조했고, 사무공간과 컵, 넵킨 홀더 등 소모품에도 공감, 포용, 접근성, 평생학습 등을 강조하는 이미지와 문구를 넣었다. 협업 능력이 뛰어난 임원을 주요 보직에 발탁했다. '해커톤' 같은 행사를 통해 부서 간 협업을 촉진했다. 직원을 위한 학습 프로그램도 늘리고, 교육에 참여하도록 적극 독려했다.

마이크로소프트는 채용 과정에도 지향하는 조직문화(성장형 사고, 고객 중심, 다양성과 포용성, 원팀)에 적합한 인재인지를 확인하는 노력을 적극적으로 한다. 공고는 링크드인을 많이 활용하고 직원들의 추천도 받는다. 지원자의 역량과 조직 적합성을 종합적으로 평가하기 위해 서류 전형, 전화 면접, 기술 면접, 행동 면접을 거쳐 최종 면접을 진행한다. 조직 문화 적합성 평가를 위해 지원자의 협업 능력, 다양성과 포용성에 대한 이해, 성장 마인드셋 등을 집중적으로 평가한다. 채용된 신입직원의 경우는 'Aspire' Program을 통해 2년에 걸친 학습과 개발 관련 지원을 받는다. 이들의 성공적인 안착을 돕기 위해서다.

한편 유니레버는 자사의 USLP 추진과 기업문화에 적합한지 여부를 판단하기 위해 2016년부터 AI 기반의 평가도구를 활용하고 있다.[51] 먼저 지원자는 파이메트릭스(Pymetrics)사가 제공하는 게임을 수행한다. 30분 정도 소요되는 12개의 온라인 게임에 참여함으로써 지원자의 주의력, 리스크 감수, 의사결정 속도, 감정 인식, 문제 해결, 정확성, 협력성, 인내력, 학습 속도 등 9개 능력을 평가한다.  이를 기반으로 각 지원자의 프로파일이 만들어지고, 이를 해당 직무의 벤치마크 특성 프로파일 값과 비교해 적합성을 매칭시킨다. 이어지는 절차는 비디오 인터뷰다. 이를 위해 하이어뷰 (HireVue)라는 비디오 면접 플

51 『생성형 AI 산업별 활용 트렌드』, 이호수 (2024)의 내용을 발췌 편집

랫폼을 이용한다. 지원자는 원하는 시간과 장소에서 이 플랫폼에 접속하여 면접을 진행한다. 면접에서는 질문에 대해 답변하는 지원자의 언어 사용, 표정, 몸짓, 목소리 톤을 분석하여 잠재적 적합성을 확인한다. 유니레버는 2016년 파이메트릭스와 하이어뷰를 활용하여 25만명의 지원자 중 3,500명을 선발하여 최종면접에 올렸다. 이후 실제 현업 관리자와 채용 담당자와의 면접을 통해 최종적으로 800명을 선발했다. 이처럼 기술기반의 솔루션을 활용함으로써 찾고자 하는 인재상을 더 정확하게 파악할 수 있을 뿐만 아니라, 채용 과정에 소요되는 시간과 비용을 획기적으로 줄이는 효과도 있다. 하지만 더 큰 가치는 더 많은 지원자에게 지원 기회를 확대해 준 사회적 가치라 할 수 있다.

강력한 조직문화를 구축하는 데 있어 가장 장애가 되는 것은 회사가 추구하는 사명과 가치에 맞지 않는 사람이 들어와 냉소적인 태도를 견지하는 것이다. 채용 과정은 이런 가능성이 있는 후보를 걸러냄으로써 회사와 지원자 모두의 낭비를 줄이는 데 중요한 목적이 있으며, 이 목적 달성을 위해 인터뷰 방법, IT 활용 등 다양한 시도가 진행되고 있다.

HR 프로세스에서 유니레버와 마이크로소프트의 공통점 중 하나가 **개인이 추구하는 목표를 찾게 하고, 이를 조직의 사명 및 전략과 연계**시키는 적극적인 노력이다. 유니레버는 '지속가능한 삶을 일상화한다'는 사명을 수행하면서, 직원 개인의 목적을 발견하게 한다. 이 프로그램은 2009년 고위임원 대상의 '유니레버 리더십 개발 프로그램'으로 시작되어, 간소화된 1.5일 프로그램으로 유니레버 구성원의 40% 이상이 이수하였다. 이 워크샵에서는 자신의 목적을 실행하기 위해 향후 18개월 동안 자신이 원하는 경력 경로와 필요한 개발 단계를 담아 '미래 적합 계획'을 수립하게 하였다. 회사는 이 계획을 최대한 수용해 주었다. 워크샵에 참여한 구성원들 중 90% 이상이 '노력을 더 기울이도록 영감을 주는 일을 하고 있다'고 답하고 있어, 개인의 목적을 회사의 일에 연결하고 있는 긍정적 모습을 보여주고 있다.

마이크로소프트의 나델라 회장도 2015년 올랜도에서 열린 직원 컨퍼런스에서 다음과 같이 말했다.[52] "실제로 우리의 새로운 문화를 설명해주는 문구는 '성장하는 사고'입니다. 그것은 어떤 장애물이든 극복하고 어떤 어려움이든 이겨내며 개인의 성장, 더 나아가 회사의 성장을 가능하게 하는 태도와 사고방식을 지닌 우리 모두를 표현하는 말이기 때문입니다." 마이크로소프트의 문화는 직원들이 개인적인 열정을 깨닫고 회사를 발판 삼아 그 열정을 쫓는 방법을 담아야 했다고 회상하고 있다. 이처럼 사업의 사명과 가치를 개인의 목표와 열정과 연결시키는 것이 직원들이 일을 통해 보람을 찾게 하고, 학습조직 구축을 가속화시킬 수 있는 원동력이 됨을 알 수 있다.

52 『히트 리프레시』, 사티아 나델라 (2023)

2-1-4

# 성공을 위한 작곡

## 지속가능성 목표와 보상의 정렬

**Composing Success**

Aligning Incentives with Sustainability Goals

### Q. 지속가능경영 전략 실행과 관련하여 성과와 보상 체계는 어떻게 운영하는 것이 좋은가?

미국의 신용카드 결제서비스 회사인 그래비티 페이먼츠의 CEO 댄 프라이스(Dan Price)는 2015년 4월 120명 전 직원의 최저 연봉을 7만 달러로 올리는 파격적인 정책을 발표했다. 110만 달러였던 자신의 연봉도 7만 달러로 줄이고, 경비원, 전화 상담원 등을 포함한 모두의 최저 연봉을 7만 달러로 올린 것이다. 120명 중 70명이 혜택을 받았고 그 중 30명은 급여가 배 이상 올랐다. '사회주의 냄새가 난다', '영웅놀이 한다'는 비판이 쏟아졌다. 하지만 프라이스는 "길이 험난했고, 도전이 컸지만, 우리의 결심은 제가 상상했던 것 이상입니다."[53]고 밝히며 본인의 뜻을 굽히지 않았다. 연봉이 7만 5천 달러에 이를 때까지 추가 소득이 사람의 정서적 행복에 큰 차이를 만든다는 연구를 읽고 나서 직원들의 임금을 인상하기로 결정했다고 한다.

2년 반 정도 지난 후 이 회사를 연구해 온 하버드 대학의 마이크 휠러(Mike Wheeler) 교수는 Harvard Business School Online에 다음과 같이 기고했다.[54] "높은 임금정책에도 불구하고 여전히 큰 성과를 내고 있다. 새로운 고객의 유입으로 연 매출이 꾸준히 증가하고, 직원들의 숫자도 40% 늘었다." 직원들의 행복도가 상승하고, 출산과 저축도 늘어나는 긍정적 성과가 있었다. 하지만 이 정책의 진가는 코로나로 인한 위기상황에서 빛났다. 2000년 코로나로 인한 신용카드 결제 수수료 매출이 절반으로 하락한 위기 속에서 프라이스는 회사의 재무상황을 전 직원들에게 알리고 위기 해결을 위한 아이디어를 요청했다. 직원들은 마라톤 회의 끝에 2가지 결론을 냈다. 첫째, 고객들에 대한 수수료 인상은 피하자. 둘째, 정리해고도 피하자. 대신 직원들은 20%의 인건비 절감을 위해 자발적인 임금삭감을 결의했다. 각자의 사정을 감안한 자발적 삭감규모를 비공개 문서로 제출했다. 결과는 전체 임금의 20%를 줄일 수 있는 수준이었고, 이는 40명을 해고해야

53 "Gravity Payments CEO defends $70,000 minimum salary", CNNMoney, Aug 10, 2015

54 "A Bold Wage Move that Still Pays Off"(https://online.hbs.edu/blog/post/three-years-ago-this-boss-set-a-usd70-000-minimum-wage-for-his-employees-and-the-move-is-still-paying-off), Jan 11, 2018

줄일 수 있는 규모였다. 해고 없이 당분간 회사를 운영할 수 있게 된 것이다. 회사는 삭감한 임금을 추후 보전해 주거나 주식으로 대체 지급하기로 했다. 위기 상황에서 직원들의 자발적 동참이 있었던 비결은 그 동안 직원들이 진심으로 대접받았다고 느꼈고, 동료로 일했던 직원들이 해고되길 원하지 않았기 때문이었다. 이 회사의 사명은 "우리는 American Dream을 믿고 이를 이루기 위해 노력하는 사람들과 함께 하기 위해 존재한다."라고 되어 있다. 내 외부 이해관계자에게 사명을 실천하는 모습을 보임으로써 경쟁이 치열하고 비교적 단순한 신용카드 결제 서비스에서 생존하고 성장하는 비결이 된 것이다. 이 사례는 다소 극단적 사례여서 많은 주목을 받았고, 일부 기업이 유사한 시도를 하는 파급효과도 있었다. 회사가 직원을 배려하는 가치관에 동의하고 호응하는 다양한 이해관계자들이 있음으로 해서 선순환 구조를 만들어 낸 좋은 사례다. 하지만 모든 기업이 이를 도입할 수는 없고 유사한 가치와 인재상을 요구하는 기업의 경우 사례를 통한 시사점을 찾아보는 것이 유익할 것이다.

유니레버에서는 여러 해 동안 USLP 목표 달성과 보너스 지급 사이에 특별한 연계가 없었다. 당연히 해야 할 일을 하는 것일 뿐 별도의 보상은 필요하지 않다는 생각이었다. 직급이 낮은 직원들에게는 보너스가 중요한 동기가 될 수 있으나, 그렇지 않은 대부분 직원의 경우 스스로 공정한 수준의 보수를 받는 한 금전적 보너스에 동기를 얻지 않는다고 믿었다. 공정성을 담보하기 위해 임원과 관리자들이 세계 다양한 지역으로 이동할 때는 세후 수입이 동일하게 유지되도록 급여체계를 운영했다. 넷 포지티브 관점을 가진 직원들에게 중요한 것은 목적과 사명이지 인센티브가 아니라 생각했다. 남들보다 나은 성과를 낸 직원들은 당연히 특별하게 대우해야 한다. 하지만 그것이 보너스의 형태 보다는 승진이나, 더 많은 권한, 그리고 보너스가 아닌 기본급여를 올려주는 방식을 택했다. 폴먼의 임기 후반에 가서야 이사회 요청에 따라 상위 성과 임원 100명에게 동기부여 보상금을 주는 지속가능성 성과 부문을 추가했다.

지속가능경영 전략 실행을 위한 성과와 보상 체계는 기업의 장기적인 목표와 일관성을 유지하면서도 직원들이 지속가능성을 내재화하고 적극적으로 기여할 수 있도록 동기 부여하는 방향으로 설계하는 것이 중요하다. 이를 위해 다음과 같은 요소들을 고려할 필요가 있다. 지속가능경영 지표와 연계된 성과 평가, 장기적 성과와 단기적 성과의 균형, 지속가능경영 관련 교육과 개발 지원, 협업과 팀 성과에 대한 보상, 인센티브 및 비재무적 보상 등이 그것이다. 임직원을 위한 성과 보상 체계에 이러한 요소를 잘 활용함으로써 지속가능경영 전략을 조직 내에서 효율적으로 실행하고, 지속가능한 발전 목표에 대한 직원들의 적극적인 참여와 동참을 이끌어낼 수 있다.

하지만 각 사가 운영하는 성과와 보상 체계는 모두 다르고, 한 가지 정답만 있는 것이 아니다. 각 기업의 사명, 전략, 핵심 가치, 기업문화가 다르고, 각 사가 요구하는 인재상이 다르다. 각 기업은 어떻게 하면 자사가 원하는 인재들을 효과적으로 유치하고, 유지하고, 성장 발전시킬 것인가를 고민한다. 이를 위해서는 이들에게 회사가 줄 수 있는 가치를 명확히 제시해야 한다. 주요 회사들은 이 내용을 임직원에 제시하는 가치제안(Employee Value Proposition)이라는 이름으로 제안하고 실행한다. 어떤 회사는 최고의 연봉과 보너스 구조를 제시하여 가장 큰 금전적 보상을 제시한다. (예: 투자은행) 어떤 회사는 업계 평균 처우에 다양한 프로젝트 경험을 통한 가장 빠른 성장을 약속한다. (예: McKinsey & Company) 또 파타고니아는 지구를 지키는 사명에 동참하는 직원을 원하고 이들이 일을 통해 그 가치를 구현해 가도록 지원한다. 또 다른 회사는 금전적 처우는 높지 않지만 고용안정을 약속하는 회사도 있다. 앞서 살펴본 그래비티 페이먼츠는 최저 생계비에 대한 걱정을 해소해 줌으로써 일과 팀이 공동체적 가치를 가지도록 약속한 사례이다. 각 기업은 어떤 가치관을 가진 인재와 일을 하고자 하는지에 따라 이 가치제안을 명확히 해야 한다. 당연히, 그 가치제안을 중요하게 생각하고 동의하는 직원들이 지원하고 입사하게 된다는 사실을 명심하자. 즉, 금전적 보상을 최우선으로 하는 사람들은 그 조건을 제시하는 회사로 가고, 그 약속이 지켜지지 않으면 그 회사를 떠날 것이다. 특정 사명과 가치를 추구하는 인재들은 그 가치를 제안하는 기업을 찾게 된다. 우리 직원들이 회사와 일에 대한 몰입도가 떨어진다고 생각하면, 채용과 평가 및 보상 체계가 원하는 인재상과 맞지 않아서 일 수 있다. 회사가 추구하는 지속가능경영에 조직원의 동참과 몰입을 원한다면 회사의 사명 및 가치를 개인의 그것과 조율해야한다. 또한 회사가 추구하는 전략 KPI가 개인의 평가와 보상에 연계되도록 설계하고 운영해야 한다. 그렇지 못할 경우 우수한 인재들이 지원하지 않거나, 직원들의 몰입도가 떨어지고 인재들이 회사를 떠나는 일이 가속화될 것이다.

제 2 장

# 조화로운 오케스트라 만들기

## 존중과 다양성의 문화 조성

# Building a Harmonious Orchestra

## Fostering a Culture of Respect & Inclusion

2-2-1

# 신뢰의 선율 만들기

## 인권 보호 기반 구축

## The Melody of Trust

Safeguarding Human Rights as a Foundation

### Q. 지속가능경영에 있어 인권 문제를 우선적으로 집중해야 하는 이유는 무엇이며, 인권 관련 이슈를 선제적으로 잘 해결하고 있는 글로벌 기업들의 사례와 그 방법들은 어떤 것이 있나?

2013년 4월 24일, 방글라데시 다카의 라나 플라자라는 낡고 불안정한 건물이 붕괴하면서 패션의 화려한 꿈이 무너졌다. 하루아침에 1,100명이 넘는 노동자들이 목숨을 잃고, 수백 명이 부상을 당했다. 이 사건은 단순한 건물 붕괴가 아니었다. 패션 산업의 이면, 즉, 비윤리적 노동 환경과 인권 침해가 터져 나온 순간이었다. 매일 저임금 노동자들이 뜨거운 열기 속의 위험한 환경에서 노동을 했고, 그들의 고통은 결국 한 순간에 터지고 말았다. 라나 플라자 건물 안에는 H&M, 자라(Zara), 프라이마크(Primark) 등 세계적인 브랜드의 의류가 만들어지고 있었다. 라나 플라자 붕괴는 패션 산업이 숨겨두었던 비극적 현실을 전 세계에 드러낸 사건이었다. 빈약한 건축물, 안전 장치의 부재, 과중한 노동, 그리고 무엇보다 인권이 무시된 채 노동 착취당한 사실들이 전 세계 소비자들에게 충격을 주었다.

H&M, 자라, 프라이마크 등 글로벌 패션 브랜드들은 이 사고로 엄청난 충격을 받았다. 이들 브랜드의 의류를 생산하던 공장에서 발생한 참사는 더 이상 소비자들이 기업의 윤리적 책임에 대해 무관심할 수 없게 만들었다. 그 동안 "패스트 패션"을 통해 저렴한 가격과 빠른 생산 속도로 시장에서 선두 자리를 차지해온 H&M은 브랜드 이미지에 치명적인 타격을 입었다. 소비자들은 H&M이 '합리적인 가격'을 위해 노동자의 안전을 외면했다는 사실에 분노했고, 소셜 미디어를 통해 불매운동이 확산되었다. 그 결과, H&M은 브랜드 신뢰도를 회복하기 위한 절박한 조치를 취해야만 했다. 회사는 소비자들의 신뢰를 회복하기 위한 노력을 기울였으며, 패션 업계의 윤리적 변화를 선도하려 했다. 첫 번째 조치로 **공급망 투명성을 제고**했다. H&M은 자사의 공급업체 리스트를 공개하고, 생산 공장의 안전 상황을 소비자들에게 알렸다. 둘째로 **공정한 임금과 안전 기준을 강화**하는 조치를 취했다. 자사 공급망에서 근로자들에게 공정한 임금과 안전한 작업 환경을 보

장하기 위해 국제노동기구(ILO)와 협력하며, 산업 안전 기준을 강화했다. 또한 근로자 안전 교육을 강화하고, 근로자들이 안전 문제를 제기할 수 있는 시스템을 마련했다. 셋째, **공정무역 인증 및 지속가능한 생산을 위한 프로그램을 도입**했다. H&M은 공정무역 인증을 받은 제품들을 출시하며, 지속가능한 소재와 환경 친화적인 제조 과정을 늘려갔다. 이와 동시에 지속가능한 패션을 위한 리사이클링 프로그램을 시작하여 환경적 책임을 다하는 기업으로 재정립하고자 했다. 넷째, **직원들의 목소리를 반영하는 시스템을 구축**했다. 직원 불만 처리 시스템을 강화하고, 불합리한 대우를 받는 노동자들의 문제를 신속하게 해결할 수 있는 시스템을 마련했다.

라나 플라자 사건은 단순히 H&M이나 패스트 패션 브랜드들의 문제에 그치지 않았다. 이 사건은 전 세계 소비자들에게 패션 산업의 어두운 면을 드러내었고, 글로벌 기업들이 공급망 전반에 걸쳐 윤리적인 책임을 다해야 한다는 요구를 분명히 했다.

한편 인권 문제는 공급망에서만 발생하는 것이 아니다. 2020년대, 아마존(Amazon)은 세계에서 가장 빠르게 성장한 전자상거래 기업으로 자리매김했지만, 그 성장 뒤에는 어두운 그림자가 드리워져 있었다. 창고 노동자들의 열악한 근로 환경, 과도한 업무 강도, 그리고 불안정한 근로 조건이 드러나면서, 아마존은 비판의 중심에 서게 되었다. 고객에게 빠르고 효율적인 배송 서비스를 제공하면서, 엄청난 성장을 기록했다. 그러나 이 초고속 성장 뒤에는 힘든 일과 과도한 노동시간, 그리고 비인간적인 근로 환경이 존재했다.

2020년, COVID-19 팬데믹이 전 세계를 휩쓸면서 상황은 더욱 악화되었다. 아마존의 물류 창고에서 근무하는 직원들은 사회적 거리두기와 건강 안전을 지키는 데 어려움을 겪었고, 코로나 감염 위험 속에서 일해야 했다. 물류 창고에서 일하는 노동자들은 과도한 감시 시스템과 비인간적인 조건에 대해 목소리를 높이기 시작했다. 무엇보다, 불공정한 대우가 가장 큰 문제였다. 노동자들은 최저 임금 이하의 보수를 받고, 근로 시간도 길어지며, 여기에 상시적인 업무 압박이 더해졌다. 심지어, 화장실에 가는 시간마저 제한될 정도였다. '저임금-과중한 업무'의 악순환 속에서, 일부 노동자들은 노동조합 설립 시도를 했고, 이를 저지하려는 회사 측의 압박이 문제가 되었다. 이 문제는 빠르게 언론에 보도되었고, 세계적 비판을 받게 되었다. 아마존은 더 이상 혁신적이고 미래지향적인 기업이 아니었다. 소비자와 주주들은 노동자 착취와 비윤리적 경영을 비판하는 목소리를 높였다. 특히 청년층과 환경을 중시하는 소비자들은 아마존이 노동자들에게 제대로 된 대우를 하지 않는다고 비판했고, 일부는 불매 운동을 벌였다. 노동 환경 문제는 기업의 사회적 책임을 다하지 않은 사례로 받아들여졌고, 일부 투자자들은 아마존 주식을 매도하기 시작했다.

아마존은 결국, 이 문제에 대한 대응을 시작했다. 회사는 노동자들의 권리 보호를 위한 여러 가지 조치를 취했고, 그 중 몇 가지는 다음과 같다. (1) 근로 환경 개선: 회사는 물류 창고 내의 안전 기준을 강화하고, 사회적 거리두기를 포함한 건강 안전 조치를 마련했다. 또한 비상 대응팀을 만들어 코로나 대응을 강화하고, 직원들의 건강 관리에 보다 신경을 썼다. (2) 임금 인상 및 보상 프로그램: 직원들의 임금을 인상하고, 보상 패키지를 개선했다. 특히 고위험 작업을 수행하는 노동자들에게는 추가 수당을 지급하기 시작했다. 또한, 일부 지역에서는 최저임금 상향 조정을 시행하여, 노동자들의 경제적 부담을 줄였다. (3) 노동자와의 소통 강화: 회사는 근로자들의 목소리를 듣기 위한 시스템을 마련하기 시작했다. 민원 접수 시스템과 의견 반영 채널을 만들었으며, 노동조합 설립을 허용하는 등, 직원들의 권리를 존중하는 방향으로 나아갔다. (4) 노동자 교육 프로그램: 회사는 노동자 권리 교육 프로그램을 강화하고, 리더십 교육을 통해 공정한 리더십을 확립하고자 했다. 또한, 평등과 차별 없는 근로 환경을 만들기 위한 다양한 교육을 제공했다. 이 사건은 기업들이 경제적 성과뿐만 아니라 윤리적 책임을 다해야만 진정으로 지속가능한 성장을 이룰 수 있다는 사실을 강하게 시사한다.

오늘날, 인권 보호와 근로자 권리 존중은 기업의 핵심 가치로 자리잡고 있으며, 소비자들은 자신이 구매하는 제품이 인권적 기준을 충족하고 있는지에 대해 점점 더 관심을 가지게 되었다. 또한, 글로벌 기업들은 더 이상 자사와 공급망에서 발생하는 인권 침해를 외면할 수 없다. 인권 보호가 단순한 윤리적 선택이 아니라, 기업의 지속가능성을 위한 필수적인 조건임을 알려주었다. 실제로 인권을 존중하는 기업은 법적인 리스크를 줄이는 수비적 가치만이 아니라 브랜드 신뢰도 및 평판 향상, 우수인재 유치 및 직원 만족도 향상, 공급망 안정성 및 생산성 향상, 투자자 신뢰 확보 등 다양한 긍정적 가치를 창출한다. 용기를 내어 이 문제를 획기적으로 개선할 때 더 큰 보상이 따라온다는 점을 이해하고 적극적인 도전이 이어지길 기대한다. 이제, 인권 보호는 선택이 아니라 필수이며, 그 책임을 다하는 기업만이 진정한 미래를 만들 수 있다.

2-2-2

# 포용의 리듬 형성

## 다양한 목소리 청취와 심리적 안전감 조성

## The Rhythm of Inclusion

Harmonizing Diverse Voices & Psychological Safety

## 다양성을 넘어 일상의 포용으로

### 구글의 조직적 심리적 안전감 조성

*- **구글** 리더십 인터뷰 중 -*

*“ 구글은 구성원들에 대한 포용적 문화와 심리적 안전감에 대해 거의 종교에 가까운 믿음이 있다고 해도 과언이 아닙니다. 제가 경험한 다른 기업들과 비교해 봤을 때도 그 믿음의 깊이와 실천력은 굉장히 다른 것 같고, 실제 리더십 팀이 조직적으로 포용적인 문화 조성을 많이 강조해요.*

*예를 들어, 조직 내에서는 사내 디렉터리 시스템에 모두가 자신의 성 정*

*체성과 선호하는 호칭(Pronoun)을 표기합니다. 이를 통해 모두 자신의 정체성을 존중받고, 떳떳하고 투명(transparent)하게 얘기하고 표현할 수 있는 문화를 조성하죠. 마이노리티 그룹(minority group), 예를 들어 성소수자나 흑인 여성(African women)등 전 세계적으로(globally) 인정(recognize)하고 지역별로 조직별로 관련 카운슬(counsel)이 있어서 '아프리카 여성의 날', '라틴 아메리칸 유산의 달', '네이티브 인디언 문화 주간' 등 다양한 계층과 인종을 위한 공식 인식 행사와 이벤트를 운영합니다. 한국에서도 LGBTQ 퍼레이드에 직접 참여할 수 있도록 회사 리더십 차원에서 관련 이벤트 정보를 전 직원에게 공식적으로 안내하며 독려(encourage)합니다.*

*어떤 특정 계층과 인종, 알려지지 않은 어떤 히스토리 등이 공유가 될 수 있도록 하는 그런 노력들은 참 좋은 것 같아요. 그리고 이걸 처음 내가 느끼게 된 것은 채용 될 때.. 리더십 인터뷰는 5차례 정도 진행된다고 들었고, 실제로 제 인터뷰도 꽤 빠르게 진행됐습니다. 그런데 전체 프로세스를 보면 생각보다 기간이 꽤 길었어요. 연봉이나 패키지 협상도 있었지만, 그것이 주요한 지연 요인은 아니었고요. 나중에 알고 보니, 인터뷰에 참여한 모든 사람들이 나를 '베스트 후보자(best candidate)'라고 인정했지만, 채용 커미티(hiring committee)에서는 추가 숙제를 내렸더라고요. D&I 측면에서 나와 동등한(equitable) 경력을 가진 여성 리더를 충분히 검토했는지, 그에 대해 충분한 시간을 갖고 서치(search)했는지를 확인하라는 거였습니다.*

*구글에는 'First and Best Policy'라는게 있는데, 먼저 들어온 사람에게 먼저 기회를 주는 게 아니라, 그 자리에 가장 적합한 사람을 찾기 위해 시간을 들이더라도 충분한 후보군을 파이프라인에 올려야 한다("make sure that we have enough people on the pipeline")는 원칙이죠. 다시 말하면, 이 포지션에 왜 꼭 이 사람이 적합한지에 대해 의문을 제기하고, 더 넓은 리서치를 한 후, 최종 결정 전에 위원들이 다 함께 인터뷰 결과를 평가하고,*

*혹시라도 이 과정이 DEI 원칙에 어긋났거나 충분히 인클루시브하지 않았다면, 가이던스를 통해 다시 검토하도록 하죠. 이런 과정을 알게 되면서 '구글은 정말 공정하게 보려고 노력하는 조직이구나'라는 인상을 받았습니다. 일반적으로는 리크루터가 찾아낸 베스트 후보자에게 바로 오퍼를 주는 경우가 많지만, 구글은 채용 커미티가 훨씬 더 객관적이고 포용적인 결정을 내리기 위해 구조적으로 작동한다는 점이 피부로 와닿았습니다.*

*이러한 철학은 조직 문화 전반에 깊이 뿌리내리고 있습니다. 우리는 구글에서 관련 교육을 굉장히 많이 받아요. 온라인 코스를 통해 1년 내내 필수적으로 이수해야 하는 프로그램도 있고요. 최근에는 '인종차별'에 대한 교육이 있었는데, 먼저 온라인으로 예습한 후, 전 세계 직원들이 라이브로 함께 접속해서 문제를 받고, 소그룹(GBC, SU 단위)으로 나뉘어 토의하고 발표까지 진행했어요. 인종차별을 단순히 '핑거 포인팅(finger pointing)'이나 비난의 방식이 아니라, 왜 누군가 그런 인식을 갖게 되었는지를 깊이 이해하고, 조직 내에서 어떻게 그러한 문화적 영향이 작동하는지를 탐색해보자는 거죠. 차이를 레이블링(labeling)하지 않고, 더 이해하고 풀어가려는 태도를 기르는 거예요.*

*그리고 우리가 지금 APAC 지역에서 하고 있는 게 '휴먼 라이브러리 프로젝트(Human Library Project)'라는 건데, 이것도 DI 실천의 일환이에요. 서로 3명~5명 정도로 그룹을 짜서 자신의 인생 여정(life journey)을 들려주는 거죠. 어떤 차별을 받았는지, 문화적인 경험은 어땠는지… 꼭 인종이나 국적이 달라서가 아니라, 내가 특정한 사회적 배경으로 인해 어떻게 레이블링되었는지를 진솔하게 공유해요. 예를 들면, 인도 사람들이 많은 커뮤니티에서 일하는 파키스탄 동료가 있었어요. 인도-파키스탄 간의 오랜 역사적 긴장과 종교적 차이로 인해, 자신이 느낀 소외감과 편견에 대해 이야기했을 때, 많은 사람들이 '아 그럴 수 있겠구나' 하고 공감하는 시간을 가졌어*

*요. 이 프로젝트는 소그룹 내에서 각자의 이야기를 공유하고, 다른 이들과 함께 공감과 토론을 나누는 일종의 사람책(Human Book) 프로그램이에요. 저도 직접 자원해서 다음 주에 제 이야기를 나누기로 했고요. 어떤 사람이 어떤 배경에서 왔는지, 어떤 순간이 인생의 전환점이었는지를 들으면서 '쟤는 저런 게 참 힘들었구나' 하고 서로 알아가고 이해하는 거예요.*

*이런 세션들이 구글에서는 자주 열리고, 리더십 팀도 이런 참여를 적극 장려하고 자랑스럽게 생각해요. 단지 성과지표 달성(OKR)만이 아니라, 커뮤니티에 어떻게 기여했는지도 평가 항목이 되는 만큼, 자연스럽게 포용적 문화를 살아가게 되죠. 리더는 OKR 달성뿐 아니라, 자신이 어떻게 DEI에 기여했는지를 서술해야 합니다. ERG 참여, 사회 공헌 프로젝트 리딩, 커뮤니티 봉사 등 '포용적 리더십 행동'이 명확한 성과로 인정받는 것이죠. 그 결과, 포용이 일회성 캠페인이 아니라 일상 속에 살아 있는 실천이 됩니다.*"

구글의 사례는 다양성과 포용성(DEI)을 선언적인 가치나 이벤트 중심의 일회성 캠페인으로 소모하지 않고, 포용의 기준을 채용, 평가, 교육, 일상의 소통 방식까지 정교한 구조로 구현함으로써 '다양한 사람이 진정으로 환영받고, 자기답게 표현할 수 있는 포용적인 조직'이 되기 위한 리듬을 만들어왔다. 포용적 채용을 위한 *채용* 커미티의 'First and Best' 원칙, 매니저 평가 항목에 DEI 기여도를 포함하는 제도적 장치, 서로의 다름을 이해하게끔 하는 포용성 관련 전사 교육, ERG 참여와 커뮤니티 활동이 실제 성과로 연결되는 구조는 모두 포용을 조직문화로 '살아 움직이게' 만드는 요소다.

특히 '누구든 자기답게 표현할 수 있는 환경'에 대한 믿음은 사소한 디렉터리 내의 호칭 사용부터 글로벌 소수집단 인식 캠페인, 심리적 안전감을 높이는 '휴먼 라이브러리' 프로젝트와 같은 프로그램에 이르기까지 일상의 관행으로 이어진다. 이러한 환경은 '다양한 사람이 목소리를 내고, 서로 다름을 존중하며, 그 다름이 조직의 자산이 되도록' 설계되어 있으며, 그 설계는 리더십의 의지와 제도적 뒷받침을 통해 더욱 공고해진다. 구글은 포용적 문화란 "존재 자체를 환대하는 것"이라는 점을 실천을 통해 보여주며, 포용이야말로 지속가능한 협업과 혁신을 위한 조직의 리듬이자 기본 박자임을 증명하고 있다.

## Q. DE&I가 강조되는 이유는 무엇이며, 특히 포용성(Inclusivity)이 중시되는 이유는 무엇인가?

나델라 회장은 CEO의 C는 Culture를 의미하고, O는 Orchestrator라고 하면서 자신은 회사의 문화를 재건하는 지휘자라고 했다.[55] 망가진 문화를 쇄신하기 위해 날마다 세 가지 방식으로 성장하는 사고를 실천하자고 외쳤다. 소비자에게 집중하자. 적극적인 자세로 다양성과 포용성을 추구해야 가장 훌륭한 성과를 얻는다. 하나의 마이크로소프트가 되자고 했다.

이 중 다양성과 포용성은 마이크로소프트의 사명(지구상의 모든 개인과 조직들이 더 많은 것을 얻어 낼 수 있도록 힘을 실어 주는 것) 실행을 위한 필수적 요소로 강조했다. "세상에 도움이 되고자 한다면 세상에 대해 깊이 생각해야 한다. 직원들의 다양성이 지속적으로 확대돼야 하며 사고와 판단에는 광범위한 의견과 관점이 수용되어야 한

55 마이크로소프트 임원 인터뷰, "히트 리프레시", 사티아 나델라, 제4장의 관련 내용 재정리

다. 회의할 때마다 단순히 듣기만 해서는 안 된다. 모든 사람이 생각한 바를 표현할 수 있는 기회를 가져야 한다. 포용성은 열린 마음으로 자신이 어떤 편견을 갖고 있는지를 깨닫고 모든 직원의 통합된 힘을 활용할 수 있도록 우리의 행동을 바꿔줄 것이다. 우리는 차이를 소중하게 생각할 뿐만 아니라 적극적으로 차이를 찾아내고 내면으로 끌어들여야 한다. 그러면 생각이 더욱 발전하고 제품이 더욱 나아지며 결과적으로 소비자가 더욱 큰 힘을 얻을 것이다."고 설명했다.

여전히 많은 기업은 장애인 의무 고용 비율을 달성하는 대신 벌금 내는 쪽을 선택하고 있다. 다행히 많은 기업이 다양성 개선의 필요성을 인지하고, 목표를 설정하고 노력하고 있다. 진정 필요한 것은 다양성, 형평성, 포용성이 주는 가치에 대한 공감과 자사 사업에 이를 효과적으로 접목시켜 성과로 연결하는 것이다. 이를 위해서는 완전한 포용적 사고방식이 문화로 형성돼야 한다. 완전한 포용적 사고가 없을 때 기업은 다양한 관점을 활용하지 못한다. 자사가 제공하는 상품과 서비스에 그 가치를 담지 못하면 형식적인 KPI 목표 달성에 그칠 위험이 있다.

그럼 DE&I가 무엇이며 왜 중요한지 살펴보자. 다양성(Diversity)은 사람들 간의 차이를 존중하고 인정하는 것을 의미한다. 여기에는 성별, 인종, 민족, 성적 지향, 나이, 종교, 장애, 경제적 배경, 교육 수준, 문화적 차이 등이 포함된다. 다양성은 누가 조직에 있는가, 어떤 사람들로 조직이 구성되어 있는가에 초점이 맞춰져 있다. 다양성은 조직이 다양한 관점과 아이디어를 수용하여 창의성과 혁신을 촉진할 수 있는 기반을 제공한다. 형평성(Equity)은 모든 사람들이 공정한 기회를 가질 수 있도록 지원하는 것을 의미한다. 이는 단순히 동등한 대우를 제공하는 것을 넘어, 개인의 필요와 상황에 맞는 지원과 자원을 제공함으로써 모든 사람이 같은 성공의 기회를 얻도록 돕는 것을 목표로 한다. 포용성(Inclusion)은 조직 내 모든 구성원이 존중받고 가치 있게 여겨지며, 진정한 소속감을 느낄 수 있도록 하는 환경을 의미한다. 포용성은 다양성의 가치를 실현하고, 사람들이 자신의 배경이나 차이에 구애받지 않고 의견을 자유롭게 표현하며 참여할 수 있도록 돕는다. 모든 직원이 회의에서 동등하게 의견을 낼 수 있고, 그 의견이 존중받는 환경을 만드는 것이 포용성이다. 즉, 포용성은 구성원들이 조직에서 존중받고 참여할 수 있는 환경이 조성되어 있는가에 중점을 둔다.

맥킨지(McKinsey & Company)가 15개국 1,000개 이상의 대기업을 대상으로 한 연구에 따르면 사업 성과와 다양성은 상관관계가 있음을 보여준다.[56] 인재에 대한 접근성 향상과 직원 참여도 향상이 성과에 기여한다는 점을 주목할 필요가 있다. 분석에 따르면 임원진 내 성별 다양성에서 상위 4분위 기업은 하위 4분위 기업보다 평균 이상의 수익성을 가질 가능성이 25% 더 높았다. (2017년 21%, 2014년 15%에서 증가). 민족 및 문화적 다양성 상위 4분위 기업은 수익성 면에서 하위 4분위 기업보다 36% 더 높았다. 주목할 점은 인종적 다양성이 성별보다 더 높은 성과를 낼 가능성이 높다는 것이다. 하지만 다양한 인력을 확보하

56 "What is diversity, equity, and inclusion?", August 17, 2022, McKinsey & Company

려는 진전은 여전히 매우 느리다. 또한 직원들이 다양성을 지지하는 반면, 포용성, 즉 평등, 개방성, 소속감에 대해서는 부정적인 감정이 높다. 특히 평등과 기회의 공정성에 대한 부정적인 감정이 높다고 확인됐다.

조직은 포용성과 다양성을 통해 어떤 이점을 실현할 수 있을까? 수익성 외에도 포용성과 다양성이 조직의 전반적인 성과에 상당한 영향을 미칠 수 있는 핵심 영역이 5가지 있다. **(1) 인재 확보, (2) 의사결정의 질 향상, (3) 고객 통찰력과 혁신 증대, (4) 직원의 동기 부여와 만족도 향상, (5) 회사의 글로벌 이미지 개선** 등이다.

그렇다면 기업들은 다양성, 형평성, 포용성을 높이기 위해 어떤 노력을 할 수 있을까? 다양성을 높이는 방안은 채용 과정에서의 다양성 확대, 인재 네트워크의 확장, 인턴십 및 멘토링 프로그램 운영 등이 있다. 채용공고를 다양한 플랫폼에 게시하며, 무의식적 편견을 줄이기 위한 채용 담당자 교육, 성별, 인종, 나이 등과 상관없이 동등한 채용 기회를 제공하는 익명 이력서 검토 등을 통해 채용 과정에서의 다양성을 확대할 수 있다. 유니레버가 운영하고 있는 AI 면접제도도 다양성을 확대하고 편견을 줄이는 좋은 사례다. 소수 그룹이나 취약계층을 대상으로 한 인재 육성 프로그램 운영이나, STEM(과학, 기술, 공학, 수학) 분야 여성과 소수자를 지원하는 장학금 및 훈련 제공 등을 통해 인재 네트워크를 확장할 수 있다. 구글 브라질의 Prep Tech_Afro가 대표적인 프로그램이다.[57] 구글은 흑인 소프트웨어 엔지니어

57 Google Homepage

를 위한 4개월간의 프로그램을 진행했다. 이 프로그램은 참여자의 46%가 채용되는 놀라운 성과를 거두었으며, 타겟형 교육과 멘토링의 가능성을 보여줬다. 젊은 세대, 소수 그룹, 신체적 장애를 가진 사람들을 대상으로 한 포용적 인턴십 프로그램 운영도 많이 활용된다.

형평성을 높이는 방안으로 공정한 보상 체계 구축, 경력 개발 지원, 차별과 장벽 제거 등이 있다. 구글은 급여 형평성 분석(Pay Equity Analysis)을 통해 성별, 인종, 나이 등과 무관하게 공정한 보상을 보장하고 있다. 2023년에만, 553명 직원들의 급여 불균형을 바로잡기 위해 290만 달러를 투자했다. 또한, 학자금 대출 상환 지원 프로그램(Student Loan Repayment Match Program)은 미국과 영국 직원들이 학자금 부채 문제를 해결할 수 있도록 지원한다. 이는 소외된 그룹이 직면한 부담을 완화하는 데 기여하고 있다.[58]

포용성을 높이기 위한 기업의 프로그램들은 직원들이 존중받고, 공정한 기회를 얻으며, 참여할 수 있는 환경을 조성하는 데 초점을 맞추고 있다. Employee Resource Groups(ERGs), 무의식적 편견 교육, 멘토 및 스폰서 프로그램, 일터 접근성 개선 프로그램, 다양한 문화와 전통을 존중하고 축하하는 이벤트, 심리적 안정 프로그램 등이 많이 활용되고 있다. 가장 대표적 프로그램인 ERG의 경우 구글은 17개, 마이크로소프트는 9개, 나이키는 8개를 운영하고 있다. 물론 이외에도 더 많은 수의 자발적인 Employee Community가 운영되고 있다.

58 2024 Google Diversity Annual Report

ERG를 전략적으로 잘 활용하면 직원들에게 소속감을 주고, 조직 내 다양성과 포용성을 강화하며, 사회적 책임을 수행하는데 유용한 프로그램이 된다. 기술 혁신도 포용성을 증진하는 중요한 수단이다. 구글은 크롬의 읽기 모드로 난독증을 가진 어린이들에게 학습 환경을 개선하는 데 도움을 주며, AI 기반 유방암 감지 도구는 의료 서비스의 형평성을 높이는 데 기여한다.

DE&I의 세 가지 요소는 서로 보완적이며, 유기적으로 작동해야 실질적 변화를 이끌어 낼 수 있다. 그 중 포용성이 없다면 다양한 직원들이 있더라도 목소리를 내거나 능력을 발휘하기 어렵다. 그리고 형평성이 실현되려면 직원들이 안전하게 참여할 수 있는 포용적인 환경이 필수적이다. 따라서, 많은 전문가들은 포용성이 가장 중요하다고 봐서 DE&I를 IDE로 순서를 바꾸어 쓰기도 한다.

앞선 맥킨지 연구에서 직원들이 다양성을 지지하지만 포용성에 대해서는 부정적 감정이 높다고 확인되었다. 조사에 따르면 모든 배경의 응답자는 포용감을 느끼는 데 장벽을 겪고 있으며, 여성, 민족 및 인종적 소수자 응답자, LGBTQ+로 식별되는 응답자는 추가적인 어려움을 겪는 것으로 나타났다. 응답자의 약 40%가 조직 내에서 포용성이 부족하다는 인식으로 인해 취업을 거부하거나 추진하지 않기로 결정했다고 밝혔다. 응답자의 3분의 1 이상은 조직에서 다양성과 포용성을 갖춘 환경을 조성하는 데 충분한 노력을 기울이지 않는다고 답했다. 많은 응답자는 편견에 근거한 일상적인 무시를 경험했다. 예를 들어, 자신의 아이디어에 대한 공로를 인정받지 못하거나, 자신과 비슷한 사람들을 대표하여 말하도록 요청받거나, 진정성이 없는 방식으로 의사소통 하도록 코칭을 받는 것이다.

조직은 자사의 상황과 문화에 따라 직원 포용을 위한 전략적이고 체계적인 접근을 할 필요가 있다.[59] **DEI 전략은 다음과 같은 요건을 충족해야 한다. (1) 비전과 조율된 높은 목표 설정, (2) 정량적, 정성적 분석에 근거한 정확한 현상 진단, (3) 정교한 실행계획의 수립, (4) 실행에 필요한 역량과 자원 확보, (5) 진척 상황을 모니터링하고 책임의 명확화**. 이런 방식으로 리더는 효과적인 DEI 이니셔티브에 대한 추진력을 확장하고 유지하는 동시에 원하는 결과에 대해 사람들에게 책임을 묻는다.

조직에서 다양성, 형평성, 포용성을 의미 있게 개선하려면 시간이 필요하다. 광범위하고 상당한 진전을 보려면 몇 년이 걸릴 수 있다. 또한 협업이 필요하다. 리더는 직원이 ERG, 포커스 그룹, 일대일 토론 또는 직원 타운홀 미팅 등을 통해 솔직한 피드백을 받을 수 있는 기회를 제공해야 한다. 다양한 피드백들이 프로세스의 일부가 되도록 운영하는 것이 중요하다. 무엇보다도 의미 있는 진전에는 헌신이 필요하다. DEI 전략은 파일럿 프로젝트의 결과가 나오고, 새로운 교훈을 얻고, 리더와 직원이 새로운 스킬을 얻을 때, 그리고 기업의 전략이 진화함에 따라 지속적으로 개선되어야 한다. 이 모든 것이 장기적

59 "It's (past) time to get strategic about DEI", May 10, 2023. McKinsey & Company

인 DEI 목표를 달성하는 데 중요하다. 바람직한 DE&I 문화를 구축하는 것은 시간이 걸리고 쉽지 않은 일이다. 하지만 한번 구축된 건강한 DE&I 문화는 스스로 자생력을 가진다. 유니레버의 폴먼은 2018년말 퇴사할 때 통상적인 축하연을 열지 않기로 했다. 회사는 대신 작별 선물로 장애인 8,000명을 고용하겠다는 약속을 내놓아서 그를 깜짝 놀라게 했다. 회사의 이사회와 경영진은 지속가능경영에 충만한 리더의 마음을 감동시키는 방법을 알고 있었던 것이다.[60]

## Q. 포용성 실행에 모범적인 기업의 사례는 어떤 것이 있으며, 이렇게 성공적으로 실행하기 위한 필요조건과 그 추진 방안은?

27세의 크리스토퍼 폴리(Christopher Pauley)는 일자리를 구하는 데 필요한 모든 것을 알고 있다고 생각했다.[61] 그는 자신이 지원한 모는 일자리에 대한 정보를 기록하여 가지고 있었다. 무려 600개였다. 하지만 캘리포니아 폴리테크닉 주립대학에서 컴퓨터 과학 학사를 받았음에도 불구하고 그는 2년 동안 취업하지 못했다. "제 사기는 정말 바닥에 떨어졌어요. 사실, 거의 지원서를 작성하지 않거나, 그냥 아무것도 지원하지 않는 날도 있었어요."라고 그는 말했다. 그는 자신이 대부분의 직업에 필요한 역량을 가지고 있었고, 그는 전직 영어 철자 맞추기

60 『넷 포지티브』, 폴 폴먼/앤드루 윈스턴, pp321-322

61 “Companies open doors to talent with autism”, Sunday-morning, September 2, 2018, CBS News 내용 정리

대회 챔피언이기도 했다. 하지만 폴리는 자폐증이 있어서 사교능력과 의사소통에 어려움이 있었다.

미국 자폐증이 있는 성인의 80% 이상이 실업 상태인 것으로 알려져 있다. 그런데 이들의 IQ는 종종 평균 이상이다. 때때로 그들의 능력은 독특한 방식으로 나타난다. 크리스토퍼의 경우, 그것은 비디오 게임이다. 패턴을 인식하는 그의 능력과 세부 사항에 대한 예리한 주의력(둘 다 자폐증의 특징)은 비디오 게임 Rock Band를 하는데 탁월했다. 이 역량을 활용하여 회사에 크게 공헌할 수 있었지만 그는 매번 면접을 통과하지 못했다.

하지만 마이크로소프트는 그런 사람들을 찾고 있었다. 최고 접근성 책임자인 제니 레이-플러리(Jenny Lay-Flurrie)는 "자폐증을 가진 사람들은 실제로 활용되지 않은 인재 풀입니다. 그런데 우리는 그들을 데려올 기회를 놓치고 있었습니다. 장애가 있는 사람들은 이 회사의 힘이자 자연의 힘이에요. 저도 포함해서요"라고 말했다. 본인도 심각한 청각 장애를 가진 레이-플러리는 입술을 읽고 통역사와 협력하여 소통한다. 그녀는 2015년에 자폐적 재능이 있는 후보자를 더 잘 식별하도록 설계된 마이크로소프트의 채용 프로그램을 만드는 데 참여했다. 전통적인 채용 면접이 사회적 기술에 중점을 두는 대신, 회사는 이를 몇 주에 걸쳐 진행되는 심사 과정과 마시멜로 챌린지와 같은 팀 빌딩 활동으로 대체했다. 마시멜로 챌린지는 실제 팀 환경에서 협업하는 것을 평가할 수 있는 좋은 평가 대안이다. 크리스토퍼 폴리는 이처럼 색다른 면접을 거쳐 2016년 마이크로소프트의 소프트웨어 엔지니어로 채용되었다. 그의 매니저인 브렌트 트루엘은 크리스토퍼의 "창의적" 사고방식에 즉시 깊은 인상을 받았다고 말한다. "정말 복잡한 문제에 직면했을 때, 크리스토퍼는 항상 새로운 통찰력을 가져다줍니다. 정말 훌륭합니다."

마이크로소프트는 자폐 스펙트럼에 있는 직원을 적극적으로 채용하여 회사 내 다양성을 높이고 있다. 회사에는 이들을 돕는 멘토들이 있다. 크리스토퍼 폴리와 함께 일하는 멜라니 카르모시노(Melanie Carmosino)도 자폐증인 아들이 있다. "저는 이 프로그램이 자폐증 커뮤니티에 희망을 준다고 생각합니다. 저와 같은 부모에게 희망을 주고, 제 아들과 같은 사람들에게 회사가 그들의 차이점을 넘어 그들의 재능을 보고 다른 모든 사람들과 마찬가지로 사회에 기여하게 할 것이라는 희망을 줍니다."라고 카르모시노는 말했다.

2015년 4월 1일 세계 자폐인의 날을 맞이하여 UN본부에서 열린 기념행사에서, 마이크로소프트는 1990년대부터 노력해 온 장애인 고용 정책에서 한걸음 더 나아가 '자폐인 고용 프로그램(Autism Hiring Program)'을 파일럿으로 시행한다고 발표했다. 회사는 사회적 기업이자 자폐인들의 취업을 돕는 기관인 스페셜리스턴(Specialisterne) 및 PROVAIL과 협력하여 자폐인 고용을 시작했다. 1천 개 이상의 이메일과 7백개 이상의 이력서가 쏟아져 들어왔다. 또한 스페셜리스턴의 도움을 받아 고용 프로세스를 자폐인에게 맞게 재설계했다. 워크샵과 인터뷰를 결합하여 자폐인들을 편안하게 해줌으로써, 각자가 보유한 역량을 충분히 보여줄 수 있도록 했다. 인터뷰 과정은 4주(나중에는 2주) 간 충분히 이어졌고, 드디어 마이크로소프트는 2015년 7월 11명의 정규직 직원을 채용했다. 외부 전문기관들은 자폐증을 가진 직원을 고용하고, 훈련하고, 지원하는 것만이 아니라, 자폐인 신입을 받아들이는 조직의 리더와 팀원에 대한 교육도 진행했다. 그 외에 자폐인 고용 프로그램을 먼저 시행한 SAP도 경쟁자인 마이크로소프트에게 많은 도움을 주었다.

2015년 시작한 **'자폐인 고용 프로그램(Autism Hiring Program)'은 현재는 '신경다양성 고용 프로그램 (Neurodiversity Hiring Program)'**으로 이어져 오고 있다. 신경다양성은 ADHD(주의력결핍 과잉행동 장애), 자폐증, 난독증, 언어장애와 같은 광범위한 인지적 차이를 포함하는 용어로, 사람들이 다양한 방식으로 주변 세계를 경험하고 상호 작용한다는 기본 인식에서 출발한 개념이다. 사고, 학습, 행동에 '올바른' 방식은 없으며, 차이점을 결핍으로 간주하지 않는다. 마이크로소프트가 신경다양성 고용 프로그램을 운영하는 것은 기업 미션과 긴밀한 연관이 있다.[62] 이들의 미션은 지구상의 모든 개인과 조직이 더 많은 것을 달성할 수 있도록 권한을 부여하는 것이다. 장애인을 포함하여 다양한 인력을 확보하는 것은 미션 수행의 중요한 요소 중 하나다. 신경다양성 고용 프로그램을 추진하는 좀 더 구체적인

---

62 마이크로소프트 Homepage 관련 내용 정리

목적으로 다음 세 가지를 들 수 있다. 첫째는 **필요한 역량을 갖춘 인력 확보**다. 마이크로소프트는 신경다양성이 있는 개인이 혁신적인 사고와 창의적인 솔루션으로 회사의 인적 역량을 강화한다는 생각을 가지고 있다. 특히 마이크로소프트의 고객 중에는 다양한 장애인이 있고 그러한 고객의 요구에 맞는 제품과 서비스를 개발하기 위해서도 사회의 장애인 비율 및 구성과 회사의 장애인 고용 비율 및 구성이 유사해야 한다는 전략을 가지고 있다. 둘째는 **회사 내 다양성, 포용성의 문화 실현**이다. 다양한 조직 구성은 회사 문화, 작업 환경, 고객에게 서비스를 제공하는 방식에 긍정적인 영향을 미친다고 보고 있다. 따라서 마이크로소프트는 신경다양성 고용 프로그램을 회사의 다양성과 포용성 전략의 일부로 추진하고 있다. 특히 신경다양성을 가진 직원은 이러한 문화 확산에 큰 역할을 하고 있고, 궁극적으로 강력한 조직 문화에 도움이 된다고 생각하고 있다. 셋째는 **지역 사회 관점**이다. 회사는 신경다양성을 가진 개인을 고용하는 것이 우리가 살고 있는 지역 사회와, 신경다양성을 가진 직원의 삶을 풍요롭게 한다고 믿고 있다. 사회 포용적 관점도 중요한 목적 중 하나다.

그러면 마이크로소프트는 어떤 절차, 어떤 제도, 어떤 기업문화로 신경다양성 장애인을 채용하고 성장시키고 있나? 사내에 장애인을 고용하는 전담팀(Inclusive Hiring Team)이 있어 전반적인 과정을 총괄하고 있다. 특히 장애인 채용 프로세스 외에 신경다양성의 특수성을 고려한 별도의 채용 프로세스를 추진하고 있다. 자사 홈페이지에는 항상 신경다양성 직원을 채용하는 정보를 게재해 놓고 있다. 구하고 있는 직무에 관심있는 개인은 매월 첫째 화요일에 회사가 개최하고 있는 '포용적 채용 웨비나'에 참여할 수 있다. 신경다양성을 가진 입사 지원자는 채용 절차가 부담스럽고 두려울 수 있다. 웨비나는 이 진입 장벽을 낮춰 주기 위해 지원 절차를 알려주고, 지원자가 인터뷰 조정 요청, 인터뷰 준비를 쉽게 할 수 있도록 도움을 주며, 그 외 사내의 장애인 직원 커뮤니티(ERG) 대표자들이 장애인 직원 이야기를 공유해준다. 물론 이 웨비나는 실시간 자막 서비스(CART 캡션), 미국 수화(ASL, American Sign Language) 통역사 등을 지원한다. 지원 양식도 신경다양성 장애인 대상 맞춤형으로 되어 있다. 인터뷰 등 지원 절차에 필요할 수 있는 장애 편의와 관련된 사항, 일정 조정, 필요한 경우 문서 읽어 주기, 선호하는 보조 기술, 수화 통역사 등을 요청할 수 있다.

지원자의 기술과 자격이 채용 포지션에 적절하다고 판단하면 온라인 기술 평가를 진행하며, 그 이후 하루 동안 충분한 시간을 가지고 '포용적 인터뷰'를 진행하게 된다. 지원자가 사전에 요청한 편의를 제공받으며, 인터뷰는 적게 하고 인터뷰 사이에 긴 휴식 시간을 제공하는 등 신경다양성을 가진 지원자에게 우호적인 인터뷰 환경을 조성한다. 면접자와 1:1 대화형 토론을 하고 함께 일하게 될 직원과 공식, 비공식 미팅을 하며, 프로그램을 통해 고용된 직원과 신경다양성 커뮤니티 직원과도 만나게 된다. 지원자는 최종적으로 기술 평가 및 면접

관 피드백을 바탕으로 직원으로 채용될 수 있다.

채용 단계보다 더욱 중요한 것이 조직 내에서 적응하고 성장하도록 돕는 것이다. 장애인 접근성을 고려한 신입 오리엔테이션, 직무 수행에 필요한 의학적, 보조공학적 지원 등은 기본이다. 몇 가지 특화된 프로그램은 전담 멘토링, 장애인과 비장애인 모두에 대한 교육, 장애인 관련 직원 커뮤니티다. 특징적인 행사로 **'어빌리티 서밋(Ability Summit)'**이 있다. 이것은 마이크로소프트에 있는 다양한 장애 커뮤니티를 하나로 모으기 위해 개최하고 있는 연례 포럼이다. 장애에 대한 포용성 및 접근성의 미래를 함께 상상하고, 구축하고, 실현한다는 슬로건을 내걸고, 포용적이고 접근성을 제고하는 기술, 포용적인 문화 등에 대해 논의하고, 직업 박람회도 개최한다.[63]

많은 기업은 법적으로 요구된 장애인 고용률을 지키기도 힘들어 한다. 마이크로소프트는 이를 넘어서 신경다양성을 가진 개인을 고용하는 것이 자사의 사명 실현과 연결되어 있다고 믿고, 어떻게 하면 잘 고용하고 성장할 수 있을 것인가를 고민하고 있다. 이들의 특정을 이해하고 그에 적합한 HR 프로세스를 재구축했다. 채용공고 및 절차와 방법, 입사 후 적응을 돕는 지원, 접근성을 보장하기 위한 기본 환경 및 서비스 인프라, 이들과 함께 일할 일반 직원에 대한 교육까지 세밀한 신경을 쓰고 있다. 진정성을 느끼지 않을 수 없다. 이들이 참여하

63 "마이크로소프트의 자폐인 고용 프로그램", Beyond CSR, 서진석, 블로그 내용 정리

여 개발한 서비스가 유사한 장애를 가진 다수 고객의 문제와 불편함을 하나씩 개선해 주고 있다. 신경다양성을 비롯한 장애를 가진 개인도 자신의 관심사와 능력에 부합하는 일자리를 찾고, 적절한 지원 제도와 문화가 함께 뒷받침된다면 생산적인 직원이 될 수 있다는 것을 마이크로소프트는 보여주고 있다.

## 보이지 않는 배려의 언어

### 마이크로소프트의 접근성 리더십

*- **마이크로소프트** 리더십 인터뷰 중 -*

*“MS처럼 이런 큰 회사도 혼자 할 수 있다는 생각을 절대 안 해요. 그래서 항상 생태계를 형성하려 하고, 지속가능성을 추구해요. 플라스틱 저감과 같은 환경 문제도 그렇지만, 공간 설계 자체도 포용성을 반영하도록 설계되어 있어요… 저희는 시설 담당하는 부서가 있으니까 회사 전체적인 방향과 얼라인(align)해서 휠체어라던가 여러가지 세세한 걸 고려해서 인테리어를 다 하더라고요. 별도 설계팀이 있고 장애(disability) 고려에 대한 가이드라인이랑 스탠다드가 있어요.*

*예를 들면 ‘여기 [공용 임직원 라운지 커피 머신 아래] 빈 공간을 왜 이렇게 넓게 남겨놨지?’라고 생각했던 자리들이 있었는데, 나중에 들어보니 휠체어 사용자들이 같은 시설을 편하게 사용할 수 있게 일부러 남겨둔 공간이었더라고요.*

*의자도 마찬가지예요. 일반적인 디자인이 아니라, 신체적으로 불편한*

*분들도 편안히 앉을 수 있도록 특별한 디자인 가이드에 따라 공간을 설계하는 원칙이 있었습니다. 그리고 실제로 그런 분들이 많이 방문하는 건 아니지만, 언제든 올 수 있다는 전제로 설계가 되어 있었어요. 한국은 아직도 장애인 방문이 드문 현실이라 '그런 분들 거의 안 오시잖아요'라는 말이 나올 수 있지만, MS는 그런 가정을 하지 않아요. 단 한 번 방문하더라도, 그 사람이 포용 된다는 걸 느낄 수 있도록 공간이 준비되어 있어야 한다는 철학이죠.*

*또한 원격 참여자들이 화이트 보드나 발표 화면을 잘 못 볼 수 있다는 점도 고려해, 가시성과 청각적 접근성까지 설계 단계에서 반영하려고 합니다. 엑세서빌리티(accessibility)라는 게 단지 장애인을 위한 기능이 아니라, 공간과 경험, 기술 전반에서 모두 연결된 '디자인 철학'이라는 것을 실감했어요.* ***한 마디로 MS의 지속가능성은 Culture**에요.*”

마이크로소프트는 포용의 리듬을 공간과 설계의 언어로 실현해낸 대표적 사례다. 이들은 장애인을 위한 별도의 '배려'가 아닌, 모든 직원이 존엄하게 일할 수 있는 '기본 환경'을 설계하는 것이 포용이라고 믿는다. 휠체어가 회의실에 자연스럽게 들어올 수 있도록 바닥의 턱을 제거하고, 전기 모션 감지 장치를 도입하며, 시각장애인을 위한 점자 명함과 명확한 안내 표지, 디지털 접근성을 위한 화상회의 설계까지—접근성(accessibility)은 이들에게 물리적 배려나 인프라 개선이 아니라, '모든 직원이 소외되지 않고 일할 수 있다'는 신호를 조직문화에 심고 표현하는 수단이다. 특히 다양성과 포용성은 문화의 '표어'가 아니라 일상 속 '접근 가능성'이자, 행동과 설계에서 구현되어야 함을 보여준다. 공간은 곧 메시지다. 물리적 포용은 심리적 포용의 문을 여는 첫 번째 통로라는 것이 그들의 "지속가능성은 곧 문화다"라는 메세지에 잘 담겨 실천되고 있다.

## Q. 포용성 강화를 위한 과제와 그 확산을 위한 실행방안은?

2025년 6월 11일, 네덜란드 암스텔담에서 열린 Consumer Goods Forum(CGF)의 Global Summit은 전 세계 유수의 소비재 브랜드와 유통업체 CEO들과 Chief Sustainability Officer들이 한자리에 모여 지속가능경영을 논의하는 의미 깊은 행사였다. 훌륭한 오찬을 포기하고 소박한 도시락을 먹으며 모인 70여명의 최고경영진 앞에서 Procter & Gamble(P&G)의 Company Accessibility Leader 샘 라티프(Sam Latif)는 차분하지만 강한 울림으로 메시지를 전했다. 그녀는 기업과 브랜드가 지금까지 '보지 못했던' 소비자를 '다시 보게' 만드는 혁신적인 여정을 공유하며, 이것이 단순히 기술이나 마케팅의 문제가 아니라, 인간의 존엄성, 소비자의 선택권, 그리고 지속가능한 성장을 위한 중요한 결정임을 역설했다.

샘 라티프의 이야기는 그녀 자신의 경험에서 시작되었다. 16세에 거의 모든 시력을 잃은 시각장애인으로서, 그녀의 삶은 수많은 장벽으로 가득했다. 흰 지팡이를 짚고 외출하는 것조차 망설여야 했던 매일이 도전이었고, 장애인 입학을 허용하지 않던 University of Sterling을 설득하여 입학허가를 받아낸 일, 친구들의 도움을 받아 강의를 카세트에 녹음하여 듣고 공부했던 학창시절, 쌍둥이를 포함한 세 아이를 수유하며 키우면서 글로벌 기업의 직원으로서 끊임없이 불편함에 도전하고 극복해 나간 하루하루를 살았다. 그러나 그녀는 그 과정에서 경험한 '불편함'을 '가능성'으로 생각하고 도전했다.

"제품이 아무리 좋아도, 제가 만지고 볼 수 없다면... 그건 저를 위한 제품이 아닙니다." "우리가 제품을 만들고, 포장하고, 광고하고도, 판매하지 못하는 이유는 단 하나 — 그것은 장애있는 고객들이 그 제품을 찾아 구매하기 어렵고, 그것을 **사용할 수 없기 때문**입니다."

이러한 단순한 불만은 행동으로 이어졌다. 2015년 샘이 Company Accessibility Leader 역할을 맡으면서 제일 먼저 했던 일이 '장애체험(Disability Challenge)'이었다. 샘은 직원들에게 눈가리개 체험, 두꺼운 장갑을 끼고 패키지 열기, 휠체어로 매장 내 동선 점검 등 다양한 활동을 통해 장애인의 일상을 직접 경험하게 했다. 이러한 체험은 CEO와 최고경영진에게도 이어졌다. 이들이 눈을 가린 채 팸퍼스 기저귀 포장을 뜯는데 무려 5분이 소요됐다. 샴푸, 바디워시, 핸드워시를 구분할 수 없었던 것은 물론이었다. 이러한 상황이 장애인들의 실생활에서 벌어지고, 이에 따른 좌절이 얼마나 심각한지 이 순간 최고경영진은 알게됐다. 이들은 P&G의 모든 브랜드에 장애인에 대한 배려가 없었음을 깨닫고 이의 개선을 적극 주도하고 지원하기 시작했다.

샘 라티프는 단순한 체험을 통한 문제제기에 머무르지 않았다. 그녀는 직접 변화의 설계자가 되어 P&G 전반에 걸친 혁신을 주도했다. 샘은 장애인 소비자에 대한 데이터조차 수집하지 않던 시장조사업계에 직접 접근하여, 장애인 소비자의 구매 행동을 정량화할 수 있도록 이끌었다. 이는 곧 브랜드의 전략적 통찰로 이어지는 놀라운 결과로 나타났다. 예를 들어, 시력이 낮은 소비자들은 가격이 비싸더라도 '열기 쉬운' 제품을 선호한다는 사실이 밝혀졌다. 소비자는 분명히 존재했지만, 문제는 그들이 오랫동안 배제되어 왔다는 점이었다.

이러한 시장 기회에 대한 확신을 바탕으로 샘은 제품, 광고, 디지털 경험까지 전방위적 변화를 설계하고 주도했다. 우선 시각장애를 가진 소비자들이 손끝으로 제품을 구분할 수 있는 솔루션을 설계하고 적용했다. 촉각 심볼(Tactile Symbol)이 그것이다. 샴푸, 바디워시, 컨디셔너, 세제 등 P&G의 다양한 제품에 각기 다른 심볼을 새겨, 시각장애인이 손끝으로 제품을 구분할 수 있도록 설계했다. 이는 단순하지만 매우 혁신적인 방법이었다. 하지만 이를 포장용기에 구현하는 것은 쉽지 않았다. 새 용기를 개발하지 않고 기존 병포장용기에 심볼을 새길 수 있는 솔루션을 찾던 끝에 Donino Printing Solution과의 협업을 통해 이를 성공적으로 구현할 수 있었다. 세제 브랜드인 Ariel 종이박스는 시각장애인도 쉽게 열 수 있는 구조로 설계되었지만 아이들은 쉽게 열 수 없는 구조가 적용되었다. 또한 시각장애인이 인식할 수 있는 촉각 심볼과 Navilens라는 특수 QR 코드도 찍혀있다. 스마트폰으로 Navilens의 특수 QR 코드를 먼 거리에서 인식할 수 있고, 음성으로 제품 정보를 안내받을 수 있다. 이를 통해 소비자는 제품을 독립적으로 인식하고 선택할 수 있게 되면서 비로소 독립적인 '소비자'가 되었다. 이러한 제품 혁신은 장애인을 위한 것이었지만, 동시에 **노인, 임산부, 비문해자, 외국인 등 다양한 소비자에게도 편리함을 주는** 유니버설 디자인이었다. Sam은 강조한다.

"포용은 특정 소수의 권리가 아니라, 모두의 편의를 위한 길이다."

이런 시도에 인해 엄청난 비용이 추가되었을까? 그렇지 않다. 유니버설 디자인 적용으로 원가가 절감되는 경우도 있고, 추가 비용 부담이 거의 없이 다양한 솔루션을 적용할 수 있다.

**그림 34. P&G의 Ariel SECURECLIC® 박스: 뚜껑에 촉각심볼과 QR코드가 찍혀 있다.**

샘은 디지털 접근성을 개선하는 프로젝트도 주도했다. P&G의 소비자 대상 웹사이트는 초기 10% 미만의 낮은 접근성 지표를 보였지만, 샘의 주도하에 94%까지 개선되었다. 텍스트 크기, 명암, 구조 등 기본적인 웹 설계에 접근성 기준을 포함시키는 것만으로도 놀라운 변화가 가능했다. 광고에도 음성 해설과 자막을 삽입하여 광고를 '볼 수 있게' 만들었다. P&G는 리우 올림픽 광고에 시각장애인을 위한 음성

해설을 삽입하여 유럽과 미국에서 5천만 명의 고객에게 브랜드를 각인시킬 수 있었다. 그녀는 "저는 이제 오디오 설명이 없는 영화는 보지 않습니다. 그것이 바로, 접근 가능한 경험의 가치입니다." 라고 덧붙이며, 접근 가능한 경험이 주는 가치의 중요성을 강조했다.

이러한 변화는 단순히 기술적인 발전만으로 이루어진 것이 아니었다. 샘은 명확하게 선언했다. "이런 일들은 실무팀에만 맡겨선 안 됩니다. CEO의 전략적 선택, 그리고 전사적인 참여가 있어야만 가능합니다." 그녀는 P&G 내부의 마케팅, 생산, 디자인, 기술, ESG 등 모든 기능 조직을 연결하여 하나의 포용 체계를 구축하여 주도한다. 각 부서는 자신이 만든 제품, 시스템, 콘텐츠가 '누구에게 도달하고 누구를 배제하고 있는지' 직접 체험하고 인식하게 되었다. 샘은 직원들이 장애체험을 하게 했다. 이러한 활동은 단순한 감정적 공감을 넘어, 실제 제품 개발과 설계에 직접적인 영감을 주었다.

샘은 청중을 향해 마지막으로 강력한 메시지를 던졌다. "장애인을 위한 제품을 만드는 것은 자선 활동이 아닙니다. 그것은 20억 명에 달하는 글로벌 시장에 대한 전략적 투자입니다." 이 시장은 결코 고정된 틈새시장이 아니라, 빠르게 성장 중인 인구 집단이다. 고령화 사회가 가속화될수록 '한때 비장애인이었던' 사람들도 결국 '불편을 겪는 소비자'가 된다. 따라서 포용적 제품과 서비스는 오늘의 장애인을 위한 것만이 아니라, 내일의 모두를 위한 것이다.

샘은 연설을 마치며 청중에게 물었다. "당신의 브랜드는 과연 얼마나 많은 사람을 배려하고 있습니까?" "접근성은 당신 브랜드의 전략 안에 존재합니까, 아니면 여전히 전략 바깥입니까?" 그리고 "당신은 오늘, 어떤 포용을 실천하겠습니까?"

샘 라티프의 연설은 모든 브랜드에 세 가지 핵심 메시지를 던진다.

**첫째, 접근성은 자선이 아닌 전략이다**. 장애인 소비자는 전 세계 인구의 약 20%를 차지하는 거대한 시장이다. 접근 가능한 제품과 서비스는 이들의 '충성도 높은 수요'를 브랜드로 끌어들일 수 있는 차별화된 전략 자산이다.

**둘째, 지금 사용할 수 있는 기술과 디자인 솔루션이 이미 존재하며 작은 비용 부담으로 적용가능하다**. 촉각 심볼, QR코드, 오디오 디스크립션, 유니버설 디자인 등은 구현 비용이 높지 않으며, 이미 적용 가능한 기술이다. 더 많은 비용보다 필요한 것은 의도와 실행이다.

**셋째, CEO의 결단과 전사적 리더십이 핵심이다**. 접근성은 특정 부서만의 프로젝트가 아니다. 그것은 CEO의 전략적 선택이자, 조직 전체가 참여해야만 실현되는 문화적 변화이다. 포용은 실무자가 아닌 리더가 견인해야 한다.

이제 모든 브랜드는 스스로에게 질문해야 할 때이다. 당신의 브랜드는 누구를 위한 브랜드인가? 보이는 고객만을 위한 브랜드인가, 아니면 모두를 위한 브랜드인가? 지금이야말로 포용을 전략으로 전환하고, 모두를 위한 브랜드가 될 시간이다.

## 나이키의 '모두를 위한 백팩'이 제시하는 지속가능성의 비즈니스 가치

*"2024년 파리 올림픽 및 패럴림픽을 앞두고, 나이키는 팀 USA 선수들에게 같은 백팩 장비를 제공하는 목표를 세웠습니다. 이 과정에서 나이키는 중요한 도전에 직면했습니다. 많은 휠체어 선수들과 직원들로부터 너무 넓은 백팩이 팔꿈치나 바퀴에 자꾸 걸린다는 이야기를 들었기 때문입니다. 이는 단순히 불편함을 넘어, 선수들의 경기력과 일상생활에 영향을 미치는 실질적인 장벽이었습니다."*

플로리다주 올란도에서 열린 2025 Disability:IN Global Conference에서 나이키의 접근성 정책 및 프로그램 책임자인 클라크 락팔(Clark Rachfal)은 EasyOn 백 개발 사례를 들려 주었다.

*"나이키는 "세상의 모든 선수들에게 영감과 혁신을 가져다주는 것"이라는 기업 미션을 바탕으로, '선수(athlete)'라는 개념에 장애를 가진 이들을 포함하는 포괄적인 시각을 적용했습니다. 그리고 이들의 목소리에 귀 기울인 결과, 두 가지 핵심 목표를 가진 백팩 개발에 착수합니다.*

*나이키는 기존의 디자인 사고방식을 넘어, '모두를 위한 디자인(Universal Design)' 원칙을 적용했습니다. 첫째는 한 손으로 사용하기 쉬워야 한다는 것이고, 둘째는 휠체어 뒤에 깔끔하게 걸려야 한다는 것입니다. 우리는 나이키 기즈모(Nike Gizmos)를 고안했습니다. 손의 민첩성이나 움직임이 적은 경우에도 쉽게 잡을 수 있는 플라스틱 고리입니다. 그리고 맞춤형 스트랩 시스템을 개발하여 어깨끈은 탈부착하거나 필요한 곳에 부착하여 사용할 수 있게하여 휠체어를 포함한 다양한 사용자의 필요에 대*

*응할 수 있게 했습니다.*

*상단의 나이키 기즈모를 이용해 쉽게 열 수 있는 것 외에도, 당길 수 있는 하나의 고리가 있는데, 벨크로와 자석으로 닫히는 덮개에 연결되어 가방의 전면 전체를 열 수 있게 합니다. 덕분에 뒤적거리거나 파고들 필요 없이, 가방을 열어 원하는 모든 것을 찾을 수 있습니다.*

*미국 여자 체조팀은 이 가방을 대회용으로 사용하여, 이 가방이 "엘리트 올림픽 선수들에게도 유용하다"는 점을 증명했습니다. 또한 "스트랩을 조절해야 한다면, 특정 움직임(mobility) 요구에 맞춰 스트랩을 설정하는 방법이 안쪽 덮개에 다이어그램으로 나와 있습니다.*

*31리터 용량에 15인치 노트북 수납이 가능하며, 좌우 폭이 좁기 때문에 앞 좌석 아래에 완벽하게 들어맞습니다. 이는 여행객 등 비장애인 소비자에게도 강력한 구매 요인이 됩니다.*"

이 사례는 단순히 훌륭한 제품을 넘어, 현대 비즈니스가 나아가야 할 방향을 명확히 제시한다. 우선, **시장 확장과 ROI 극대화**를 위해 인구의 약 20%에 육박하는 장애인구를 고려한 제품 개발이 필요하다. 이는 **브랜드 가치 및 평판** 제고에 도움이 되며 브랜드에 대한 충성도를 높인다. 장애인 접근성을 제품 개발 과정의 핵심으로 통합하는 것은 기업 내부에 **혁신적인 사고방식**을 심어준다. "접근성은 모두의 책임" 이라는 원칙은 다양한 팀 간의 협업을 촉진하고, 문제 해결에 대한 새로운 접근 방식을 탐색하게 한다. 나이키는 장애인 직원 및 선수들의 생생한 피드백을 통해 문제를 파악하고, 이를 제품 개발에 반영했다. 이는 **정량적인 데이터만큼이나 정성적인 사용자 경험 데이터**가 비즈니스 의사결정에 얼마나 중요한 역할을 하는지 보여준다. 궁극적으로, 나이키의 사례는 장애인 포용이 단순히 소외 계층을 돕는 것을 넘어, 모든 사회 구성원이 동등하게 참여하고 자신의 잠재력을 발휘할 수 있는 환경을 조성하는 데 기여한다. 이는 진정한 의미의 **사회적 지속가능성을 실현**하는 데 기업이 어떤 역할을 할 수 있는지 보여주는 좋은 사례다.

***당신의 기업은 '모두를 위한' 혁신을 어디에서 찾을 것인가?***

2-2-3

# 문화 속에 녹아드는 선율

## 지속가능성 조직문화로 내재화하기

**The Melody Woven into Culture**

Embedding Sustainability into Corporate Culture

## 포용의 박자 설계

### 일상 속 DE&I 문화의 정착

*- **창신/나이키 OEM** 리더십 및 HR/DEI담당 인터뷰 중 -*

*" 창신 본사는 나이키의 ESG 요구사항을 전사에 걸쳐 CSG 그룹사에 정착시키는 데 중추적인 역할을 하고 있습니다. 먼저, ESG 요구사항을 파악한 후 로드맵(Road map)을 수립하고, 그룹 정책 및 가이드라인을 개발하여 해외법인에 전달하며 이를 잘 준수할 수 있도록 교육 및 훈련을 지원합니다. 이후 각 법인의 ESG 성과를 모니터링하고 Best Practice를 전파하며 개선 활동을 유도합니다. 구체적으로는 인간 중심의 상호 존중 가치를*

*바탕으로 다양성, 형평성 및 포용성(DE&I)에 기반한 조직문화 구축을 위해 노력하고 있습니다.*

*예를 들어, 인도네시아 JJ법인은 인재 선발 과정에서 장애 여부를 이유로 차별하지 않으며, 장애인 직원을 위한 창신만의 특별한 프로그램을 운영하고 있습니다. 'Inspiration Line'은 청각장애인 중심의 생산라인으로, 직원의 사기와 적응력을 높이기 위해 수화가 가능한 조장을 배치하고, 비상상황에 대한 신속한 소통을 위한 특별 램프 시스템을 설치해 커뮤니케이션 장벽을 해소하고 있습니다. 인도네시아 법인은 전체 근로자의 약 1%를 장애인으로 고용하고 있으며, 3년 연속 장애인 고용 우수기업으로 선정되어 서부 자바 주지사상을 수상했습니다. RJ법인 역시 2023년 인도네시아 정부에서 전체 대기업 중 모범적으로 장애인을 고용한 3개 기업 중 하나로 선정되어 노동부 장관상을 수상했습니다.*

*이외에도 JJ법인은 2021년 '우수 여성친화기업'으로 선정되어 인도네시아 보건부 장관 및 서부 자바 주지사 표창을 수상했습니다. 사내 클리닉과 수유실 운영, 임산부 직원 건강관리 프로그램, 여성 체력 단련 프로그램 운영, 정부와 여성 건강 프로그램 공동 개발 등 여성 근로자가 건강하고 안전하게 일할 수 있는 환경 조성을 위한 노력들이 인정받은 것입니다.*"

이 사례는 고객사(나이키)의 DE&I 요구사항을 공급기업의 문화로 내재화한 대표 사례로, '정책 이행' 수준을 넘어 일상적 운영과 물리적 환경에 포용을 구조화한 실행력을 보여준다. 특히 'Inspiration Line'은 단순한 고용 수치가 아닌, 일상적 생산활동 속 포용이 녹아든 문화적 실천이라는 점에서 주목된다.

창신은 DE&I의 원칙을 단지 선언에 머무르지 않고, 장애인•여성 직원 등 다양한 그룹이 존중 받으며 일할 수 있는 제도와 공간을 마련해왔다. 이는 단지 사회적 책임을 위한 시도가 아니라, 직원의 사기와 역량을 높이고 고객과 정부의 공식 인정을 유도하는 지속가능한 조직문화로 이어지고 있다.

또한 이 사례는 포용성과 지속가능성이 단지 '성과 기반 보상'으로 귀결되는 것이 아니라, 조직 정체성과 고객 신뢰 구축, 사회적 명성을 견인하는 문화적 기반임을 보여준다. 진정한 지속가능경영은 전략이나 시스템이 아닌 조직문화에 녹아들 때 비로소 지속될 수 있다는 사실을 이 사례를 통해 알 수 있다.

## Q. 지속가능경영을 기업문화로 정착시키기 위해 해야 할 일은? 그리고 성공 사례는?

폴먼이 회사를 떠날 때 많은 투자자를 비롯한 이해관계자들은 유니레버의 지속가능경영이 약화될 것을 걱정했다. 그의 뒤를 이어 CEO로 취임한 알런 조프(Allen Jope)는 이런 우려에 대해 다음과 같이 답했다. "만약 내가 지금 회사의 방향성을 바꾸고자 한다면 회사가 이를 받아들이지 않을 것이다. 우리 직원의 약 70%가 지금 회사가 내걸고 있는 사명을 보고 입사했다. 그런데 내가 다른 방향으로 가자고 한다면 아마 혁명이 일어나서 나는 쫓겨나고 말 것이다." 이것이 폴먼이 지속가능경영을 유니레버의 문화로 정착시켰다는 가장 확실한 증거다. 기업의 CEO가 바뀌어도 그 문화가 유지되고 강화될 때 그 기업은 지속가능경영 문화가 정착되었다고 할 수 있다. 지속가능경영의 목적지가 기업문화로의 정착까지 가야 함을 알 수 있다. 그럼 지속가능경영의 완성을 위해 무엇이 필요할까?

나델라 회장 취임 전 마이크로소프트의 문화에는 융통성이 없었다. 직원들은 회의실 안에서 모든 내용을 이해하고 있고, 자신이 가장 똑똑하다는 것을 다른 사람들 앞에서 증명해야 했다. 나의 생존이 최우선 관심사였고 다른 팀과 조직과의 협력은 나의 아이디어를 빼앗기는 위험한 일이라 생각했다. 팀 내의 다른 팀원도 경쟁 상대였다. 이런 조직문화가 팀간 서로 총질하는 만화로 드러났다. 나델라 회장은 이런 조직문화를 혁신하여 회사의 성장동력을 되살려야 했다.

그의 저서 『히트 리프레시』에서 그는 당시를 이렇게 회고했다.

CEO로 처음 몇 달을 보내는 동안 나는 많은 시간을 들여 누구에게나 귀를 기울였다. 사람들의 말을 들으면서도 내 머리는 여전히 두 가지 질문에 대한 답을 찾았다. 첫 번째 질문은 이렇다. "어째서 우리는 이 자리에 있는가?" 이 질문에 대한 답을 찾는 과정은 앞으로 몇 년간 회사가 걸어갈 길을 정의하는 작업이기도 했다. 두 번째 질문은 이렇다. "다음에 할 일은 무엇인가?" 우리는 익명으로 의견을 공유할 수 있도록 포커스 그룹을 꾸리기도 했다. 경청은 내가 매일 실천한 가장 중요한 과제였다. 내 첫 번째 질문인 마이크로소프트가 존재하는 이유는 무엇인가에 대한 해답은 아주 분명했다. 우리가 존재하는 이유는 "사람들이 우리 제품으로 더 많은 힘을 얻게(empowering)하는 데에 있다". 두 번째 질문인 앞으로 우리는 어디로 가야 하는가에 대해 생각하는 동안 나는 취임 첫해에 몇 가지 일을 아주 제대로 해내야 한다는 확신을 갖게 되었다.

- 우리의 사명감, 세계관, 사업, 혁신에 대한 포부를 주기적으로, 그리고 명확하게 알린다.
- 위에서부터 아래로 회사 문화를 변화시키고 적절한 팀을 적재적소에 배치한다.
- 파이를 키우고 사용자에게 기쁨을 주는 새롭고 놀라운 파트너십을 구축한다.
- 차세대의 혁신과 플랫폼 변화를 따라잡을 준비를 한다. 임박해 온 모바일 퍼스트와 클라우드 퍼스트 세상을 장악하기 위한 기회를 재구성하고 신속하게 실천한다.
- 시간이 흘러도 변하지 않는 가치를 추구하고 모두를 위해 생산성과 경제성장을 회복한다.

회사에서 내가 처음 맡은 직함은 에반젤리스트(Evangelist)였다. 190여 개국에 포진한 10만 명 이상의 직원에게 진실을 이야기하고 생각을 더욱 명확하게 전달하기 위해 우리의 사명과 문화 사이에 분명한 연결 고리를 만들었다. 우리는 사명과 세계관, 포부와 문화를 한 페이지로 정의했다.

나델라 회장은 조직문화 변화를 위해 솔선수범했다. CEO는 조직

문화를 담당하는 큐레이터이며, 지휘자라고 생각했다. 회사가 사명을 이루기 위해 듣고 배우고 개인의 열정과 재능을 활용하는 문화를 지녔다면 해내지 못할 일이 없다고 믿었다. CEO인 본인이 가장 먼저 할 일도 그런 조직 문화를 만들어 내는 것이었다. 그리고 WINDOW 10 출시 같은 대중적인 행사 든, 아니면 연설, 이메일, 트윗, 사내 게시물, 매달 직원들과 함께하는 Q&A 시간이든 기회가 있을 때마다 역동적인 학습 문화를 실천하라며 팀을 독려했다.

물론 CEO의 솔선수범은 진정한 문화 쇄신을 위해 조직이 갖춰야 할 요인 중 일부에 불과하다. 조직 문화는 녹여서 이상적인 방식으로 바꾼 다음 다시 얼릴 수 있는 물건이 아니다. 문화를 쇄신하려면 계획적인 작업이 필요하다. 문화가 어떤 모습으로 바뀌어야 하는지에 관한 구체적인 생각이 필요하다. 조직 구성원들의 관심을 사로잡아 그들을 익숙하고 편안한 공간 밖으로 밀어내는 구체적이고 극적인 행동도 필요하다. 문화 쇄신 작업은 시작일과 종료일이 정해진 프로그램이 아니다.

마이크로소프트는 경쟁심에 불을 붙여 직원들을 결집시키기로 유명했다. 하지만 나델라는 이 방식을 좋아하지 않았다. 그의 접근법은 부러움이나 경쟁심이 아닌 목적의식과 자부심으로 사람들을 이끄는 방식이다. 이를 위해 회사의 존재 이유와 사업적 포부를 분명히 하는 것이 첫 번째 단계였다. 하지만 우선은 CEO와 함께 이런 변화를 이끌 사람을 버스에 태우고 이들의 생각을 조율했다. 내부에 적임자가 없는 경우 외부에서 영입했다. 이런 변화 속에서 일부 경영진이 회사를 떠났다. 그들은 모두 뛰어난 사람들이었으나 SLT는 같은 세계관을 공유하는 끈끈한 조직으로 바뀌어야 했다. 한 뜻으로 모인 핵심 리더 그룹이 필요했다. 리더그룹의 사고와 역할을 조율하기 위해 나델라는 해마다 150명 정도의 경영진을 조용한 곳에 모았다. 이 모임에는 새로 인수한 회사의 설립자도 초빙했다. 이들은 외부에서 바라보던 신선한 시선을 전달했다. 또 다른 시도로 연수 기간 동안 소비자 방문을 실시했다. 실험적인 연수 기간 동안 얻은 가장 중요한 성과는 리더들이 회사의 문화적 진화에 대해 더욱 마음을 열고 정직한 대화를 나눴다는 점이다. 각 테이블에서 토론을 이끌던 책임자를 '문화 고문단' 명단에 올렸다. 이들은 회사 내 전 조직에서 헌신적으로 문화 혁신에 필요한 틀을 짜고, 문화 혁신을 이끄는 믿음직한 조언자이자 상급 리더 역할을 했다. 이 연수를 통해 문화 변화를 주도할 핵심 그룹의 힘을 모을 수 있었다.

나델라는 CEO가 된 순간부터 마이크로소프트의 영혼을 재발견하고, 사명을 재정의하고, 투자자와 소비자에게 회사의 성장 동력을 각인시키는 일이 가장 중요한 목표가 됐다. 전 직원들을 향한 올랜도에서의 연설에서 그는 가장 큰 노력을 쏟아부어야 할 목표가 무엇인지, 회사 앞을 가로막은 가장 높은 장애물이 무엇인지에 초점을 맞춰 문화의 변신을 역설했다. 그는 문화란 개인의 사고방식이 모인 복잡한 시스템이며, 문화의 틀을 빚는 주체는 개인이다고 생각했다. 또한 공감이 개인적인 동시에 보편적인 가치이며, 어디에서든 문제를 해결할 때 공감이 반드시 필요한 요소임을 역설했다. 그것이 사고방식이자 문화라고 강조했다. "우리의 새로운 문화를 설명해주는 문구는 '성장하는 사고'입니다. 그것은 어떤 장애물이든 극복하고 어떤 어려움이든 이겨내며 개인의 성장, 더 나아가 회사의 성장을 가능하게 하는 태도와 사고방식을 지닌 우리 모두를 표현하는 말이기 때문입니다."라고 나델라 회장은 선포했다.

'성장하는 사고(Growth Mindset)'를 문화로 구축하는 데 필요한 요소로 '고객에 대한 집착', '다양성과 포용성', '하나의 마이크로소프트(One Microsoft) 정신'으로 규정했다. 이를 통해 회사가 사명을 실현하며 진정으로 세상에 변화를 가져올 수 있게 된다고 믿었다. 그는 기회가 있을 때마다 세 가지를 강조했다. 그리고 성장하는 사고를 분명하게 드러내고 실현하기 위해 업무 관행과 행동을 바꿀 기회를 끊임없이 모색했다. 그 중에는 모두가 대화에 참여해 자신만의 목소리로 자신만의 경험을 이야기할 기회를 주는 것도 있었다. 그는 직원들이 문화를 "사티아의 업무"로 생각하지 않고, 자신의 일, 마이크로소프트의 일이라고 여기길 바랐다.

마이크로소프트는 학습 문화를 장려하기 위해 모든 직원이 본사에 모여 유대 관계를 맺고, 다른 사람들의 일을 이해하고, 영감을 얻고, 서로 협력하는 원위크(OneWeek) 기간 중에 연례적으로 해커톤을 개최한다. 해커톤은 성장하는 사고와 잘 맞는 행사였다. 컴퓨터 프로그래머에게 해킹은 한계를 뛰어넘어 창의적인 방법으로 어려운 문제를 해결하거나 기회를 포착하는 유서 깊은 전통이다. 해커톤이 열린 첫해 83개국에서 찾아온 1만 2000명 이상의 직원이 비디오게임에서 나타나는 성차별주의를 종식시키는 문제에서부터 장애인들에게 컴퓨터에 접근할 기회를 더 많이 제공하는 문제와 산업용 공급 사슬을 운영하는 문제에 이르기까지 3000가지가 넘는 다양한 과제 해결에 뛰어들었다.

CEO뿐만 아니라 리더그룹이 행동에 나서고 편견을 뿌리 뽑는 문화를 빚어야 하며 모든 사람이 실질적으로 자신을 보호할 수 있는 환경을 구축해야 한다. 리더는 두려움과 무기력함에 맞서 혁신해야 한다. 숙달 단계에 이르기까지 실패를 겪을 것이라는 사실을 인정하면서 기꺼이 불확실성을 받아들이고 리스크를 감수하며 실수에 빠르게 대처해야 한다. 나는 법을 배우는 새의 모습과 비슷하다. 마이크로소프트에는 리더들에게 기대하는 세 가지 리더십 원칙이 있다.

첫째, 함께 일하는 사람들에게 핵심을 명확하게 이야기하라. 리더는 내부와 외부에서 시끄럽게 울려 퍼지는 소리를 듣고 수많은 잡음이 내포한 진짜 신호가 무엇인지 판별하여 행동 방침을 결정하기를 바란다. 둘째, 리더는 자신이 이끄는 팀에서만이 아니라 조직 전체에 걸쳐 에너지를 생성한다. 리더는 낙관적인 시선과 창의력, 그리고 공통된 약속을 가지고 성장하도록 사람들을 격려해야 한다. 모든 사람이 최선을 다할 수 있는 환경을 조성함으로써 오늘보다 내일 더 강해질 조직과 팀을 건설한다. 셋째, 리더는 일을 진행시켜서 성공으로 가는 길을 찾는다. 다시 말해 사람들이 원하는 혁신을 주도하여 그들에게 힘을 불어넣고 목표를 향해 나아가는 동시에 장기적인 성공과 단기적인 성과 사이에서 균형을 잡으며 제한적인 범위가 아닌 전체적인 관점에서 해결 방안을 모색한다.

마이크로소프트에서 진행되는 문화 쇄신 작업은 함께 일하는 모든 사람이 발전하도록 날마다 헌신적으로 노력해야 하는 수많은 중간 관리자를 포함해 모든 직원에게 달린 일이다. CEO의 역할은 전적으로 다른 리더들의 입장에 서서 그들이 발전하도록 돕는 것이다. 리더들에게 기대하는 자질은 합리적인 판단과 내면의 확신이다. 결정을 내려라. 그렇지만 그 결정에 모두가 동의할 거라는 기대는 금물이다. 리더십이란 어떤 결정을 내리고 이를 따르도록 팀원들을 결집시키는 자질을 의미한다. 지시 대신 합의를 통해 사람들을 이끌겠다는 결정은 잘못된 선택이다. 문화를 바꾸는 열쇠는 개개인의 성장, 임파워(empower)에 있다. 문화 쇄신은 어려운 작업이다. 고통스러울 수도 있다. 사람들이 변화에 저항하는 근본적인 이유는 미지에 대한 두려움 때문이다. 리더는 두려움과 무기력함에 맞서 혁신해야 한다. 기꺼이 불확실성을 받아들이고 리스크를 감수하며 실수에 빠르게 대처해야 한다. 회사 내의 조직과 팀을 불문하고 리더와 리더 사이에 강력한 파트너십이 형성되어야 한다.

성장하는 사고는 외부에서도 똑같이 필요했다. 지난 10년간의 지각 변동으로 경쟁 환경이 엄청나게 변화하면서 이제는 친구는 물론 과거의 적과도 새롭고 놀라운 파트너십을 구축해야 한다. 건강한 파트너십은 마이크로소프트가 만들어 가는 문화가 성숙해지면 나타날 성과 중 하나였다. 마이크로소프트와 애플, 그리고 아마존에게 흥미로운 제품 아이디어가 있다고 가정하자. 하지만 이 아이디어가 현실화되려면 역량(capabilities)이 필요하고, 서로의 역량을 발휘하여 아이디어를 현실화시키려면 이를 포용해주는 문화(culture)가 있어야 한다. 포용적 문화가 전문적인 지식을 갖춘 파트너십을 가능하게 하는 중요한 요인임을 보여준다.

회사의 문화를 바꾸는 나델라의 노력은 놀라운 성과로 이어졌다. 회사의 재무적인 성과를 이뤄냈을 뿐만 아니라, 회사를 미국 내에서 가장 일하고 싶어하는 IT기업으로 만들었다. 그 성공의 핵심은 나델라와 같은 탁월한 CEO가 있었기 때문이다. 하지만 그가 지속가능경영을 마이크로소프트의 문화로 정착시키기 위해 해온 일들을 참고함으로써 또 다른 성공 사례를 만들어 낼 수 있지 않을까? 우선 그는 회사의 **사명과 전략을 재정립**했다. 모든 임직원들의 공감을 이끌어 내는 근거를 만들어 낸 것이다. 다음으로 그 사명 실현을 위해 **바람직한 조직 문화를 정확히 제시**했다. 해야 할 일과 하지 말아야 할 일을 명확히 했다. 이어서 top-down으로 이 변화를 주도할 **리더그룹을 구성**하고 이들의 마음을 모았다. 그리고, 그들이 해야 할 역할을 명확히 했다. **중간관리자들의 역할과 권한**도 명확히 했다. **전 직원들의 참여와 협**

**업을 촉진하는 이벤트와 제도**를 실행했다. 더 이상 경쟁이 아니라 협업과 공감을 나누는 포용적 문화를 이끌어 냈다. 한 가지 분명한 것은 이 변화에 많은 시간과 노력이 필요하다는 점이다. 많은 구성원들의 마음을 모으고 바꿔야 하는 일이고, 긍정적인 성과를 보여 신뢰를 쌓아가는 일이다. 조직의 가치관과 존재의 목적이 실천되어 의미 있는 성과를 낼 수 있어야 한다. 문화는 그 결과에 구성원의 신뢰가 축적되어 만들어진 접착제라 할 수 있다. 따라서 각 조직이 처한 상황과 역량에 따라 구체적 처방은 달라질 수 있다는 점도 유의해야 한다. 분명한 것은 지속가능경영이 도달해야 할 목적지가 바로 지속가능경영을 조직문화로 정착시키는 일일 것이다.

제 3 장

# 글로벌 협주

## 가치사슬, 소비자, 지역사회로 확장

## The Global Concerto

### Expanding Sustainability to Supply Chains, End-Users, and Communities

2-3-1

# 가치사슬 지휘하기

## 가치사슬과 핵심 리더십 조율

## Conducting the Value Chain

Aligning with Core Leadership

# 고객과 파트너, 기술을 잇는 신뢰의 가치사슬

*- **HD현대** 리더십 인터뷰 -*

*“HD현대는 AI를 그룹의 혁신 동력으로 삼아 그룹의 비즈니스 가치를 높이기 위해 노력하고 있습니다. 무엇보다 고객과 시장의 요구에 대응하고자 민첩하고 속도감 있는 변화를 추구하고 있습니다. 이를 위해 신뢰할 수 있는 파트너사와의 협력이 필수라는 판단 하에 AI 분야의 다양한 테크 회사들과 전략적 파트너십을 체결하였습니다.*

*2024년 1월 HD현대는 구글 클라우드와 AI관련 전략적 파트너십을 체*

결했습니다. 이를 기반으로 HD현대는 산업 특화 AI솔루션 및 서비스 개발, 고객 디지털 경험 향상을 위한 AI 플랫폼 개발, AI 전문가 양성을 최우선 과제로 하여 사업적 효과가 큰 과제들을 추진하고 있습니다. 대표적인 성과로는 조선업에 다양한 AI 기술을 적용하여 생산공정의 효율과, 리드타임(Lead Time) 최적화에 기여하였으며, 제품 차원에서는 지능화 솔루션을 개발하여 탑재하였습니다. 또한 고객 접점이 많은 건설기계 사업에서의 고객 만족도 향상을 위해 콜센터 케이스를 개발하는 한편, 구글의 버텍스 AI(Vertex AI)를 활용한 다양한 프로젝트를 공동으로 추진하고 있습니다.

HD현대는 건설 현장의 안전 및 생산성 증대를 위한 AI 기술 서비스를 개발하고 있습니다. HD현대는 'CES 2024'에서 'Xite Transformation'을 건설장비 시장의 미래비전으로 발표한 바 있습니다. 'Xite Transformation'은 안전과 안보, 공급망 구축, 기후 변화 등 인류가 직면한 문제를 해결하기 위한 HD현대의 육상 혁신 비전입니다. HD현대는 AI 기반의 자율주행 및 무인화 기술을 통해 건설 현장의 생산성을 극대화하고, 인구 감소에 따른 작업자 부족과 작업 간 안전 문제 등을 해소하고자 합니다.

AI기반 기관자동화 솔루션 '통합상태진단솔루션(HiCBM)'과 '통합안전관제솔루션(HiCAMS)'를 탑재하여 주요 장비의 상태를 실시간으로 진단하고, 화재 등의 안전 관련 이벤트를 자동 인식함으로써 선박 운항의 안전성을 한층 강화할 수 있습니다. 이들 솔루션은 기관사와 갑판원을 대신하는 AI 선원 역할을 수행하게 됩니다.

한편, 조선소 내 주요 인력으로 자리 잡게 된 외국인 근로자들의 업무를 지원하고 업무 숙련도를 높이고자 구글과의 협업을 진행하고 있습니다. 이를 위해 HD현대는 외국인 근로자를 대상으로 한 생성형 AI 기반 업무 지원 서비스를 구축하고 있습니다."

HD현대의 사례는 AI와 같은 첨단 기술이 단순한 효율이나 자동화를 위한 수단이 아니라, 고객 중심 가치와 글로벌 지속가능성을 위한 전략적 선택이 될 수 있음을 보여준다. 특히 조선, 건설기계, 에너지와 같은 무거운 전통산업 분야에서조차 민첩한 대응과 신뢰 기반의 파트너십을 중심으로 가치사슬 전반의 전환을 시도하고 있는 모습은, 기술 혁신이 단절(disruption)이 아니라 연결(connection)을 통해 실현될 수 있다는 점을 강조한다.

또한 HD현대가 구글, 팔란티어, 팀네이버 등과의 협력을 통해 AI 플랫폼, 데이터 생태계, 글로벌 해양데이터 클라우드, 외국인 근로자 지원을 위한 AI기반 시스템까지 구축해 나가는 여정은 기술, 사람, 안전, 지역사회, 생산성과 인권까지도 유기적으로 연결하는 '포용적 기술 혁신'의 가능성을 보여준다. 이는 기술 내재화 그 자체를 넘어, 기술이 기업과 사회의 공동 미래를 어떻게 매개할 수 있는지를 보여주는, 가치사슬 중심의 지속가능경영 확장 사례라 할 수 있다.

## Q. 자사의 지속가능경영을 외부의 다양한 이해관계자에게 확산해야 하는 이유와 확산 시 해야 할 일은?

2011년 유니레버는 국제 NGO 옥스팜(Oxfam)에게 회사 및 전체 공급망의 노동조건을 검토해 달라고 파격적인 의뢰를 했다. 옥스팜은 전 세계 90여 개국에서 실용적이고 혁신적인 방법으로 인도주의적 구호활동 및 개발활동을 펼치고 있는 국제구호개발기구다. 유니레버는 자신들을 공격하던 NGO에게 대문을 활짝 열어 준 것이다. 이 의뢰를 받은 옥스팜은 결사의 자유 및 단체교섭권, 생활임금, 근로시간과 근로계약이라는 네 가지 주요쟁점을 평가할 사례연구 대상으로 유니레버의 베트남 공장을 선택했다. 이사회는 NGO에게 회사를 공격할 정보를 제공한다며 우려했고, 변호사들도 소송의 빌미를 줄 수 있다고 강하게 반대했다. 그러나 폴먼은 이 의뢰를 강행했다. 회사가 앞장서서 스스로를 개방하면 NGO가 회사의 복잡한 상황을 이해하고 되고, 오히려 회사를 비판하는 강도는 완화된다고 믿었다. 옥스팜은 유니레버 베트남 공장을 실사한 후, 회사가 이론적으로는 적절한 정책을 시행하고 있으나 현실적으로는 생활임금보다 낮은 최저 임금을 지급하는 등 상당한 문제를 안고 있다고 결론지었다. 유니레버는 이 보고서를 토대로 2015년 전사적 차원의 인권 보고서를 발표했다. 2020년까지 16만 9천 명의 직원 모두 생활 임금보다 높은 임금을 받게 하겠다는 목표를 제시했다. 이 목표를 달성한 이후 유니레버는 공급망에 속한 모든 회사는 2030년까지 직원에게 생활임금을 지급하도록 요구했다. 회사를 NGO에게 개방함으로써 투명성을 확보할 수 있었고, 이 투명성이 가져다준 신뢰로 인해 어려운 사회적 문제 해결을 위해 NGO나 지역사회와 협력할 수 있었다.

지속가능경영의 본질은 다양한 이해관계자들에게 가치를 창출하는 것이다. 폴먼은 이 가치에 충실한 경영을 '넷 포지티브 경영'이라고 정의했다. 이는 기업이 사회적 책임(CSR)이라는 이름 하에 ESG 활동으로 세상에 미치는 피해를 최소화하는 수준에 머무르지 않는다. 더 나아가 '순 긍정적' 영향을 창출해 세상에 의미 있는 기여를 함으로써 성과를 내는 경영 패러다임을 말한다. 즉, 기업이 취하는 것보다 더 많은 가치를 세상에 제공함으로써 성장하는 용기 있는 도전이라고 하고 있다. 다시 말해 기업이 눈앞의 돈에 연연하는 것이 아니라 장기적인 관점으로 기후 위기, 불평등을 해결하는 주체가 될 때 소비자의 기업 인식이 제고되고 성과도 따라온다는 관점이다. 일반적으로 지속가능경영의 출발은 회사 내부에서 태동하고 실행된다. 기업의 사명과 연계된 지속가능 전략을 수립하고 개발된 세부실행 계획을 우선 기업 내부에서 실행한다. 이산화탄소 배출 절감, 폐기물 감소, 직원들의 공감을 얻고 참여시키기 위한 다양한 프로그램 실행, HR 프로세스의 수정 등이 그 예다. 그 활동과 아울러 다양한 외부 이해관계자의 목소리를 경청하여 이들을 위한 가치 창출 프로그램으로 확산하는 시도를 하게 된다. 그 1차적인 확대 대상이 공급망에 소속된 협력업체다. 2차적인 확대 대상은 소속된 사업 부문과 산업계가 되고, 나아가 더 큰 개선과제의 해결을 위해 산업 간, 정부 또는 국제적 협업을 통한 시스템의 개혁을 추진하기도 한다. 흔히 회사 내부의 안전지대에서 추진하던 지속가능 전략활동 범위를 사외까지 확산하는 데는 상당한 심리적 저항과 장벽이 있다. 이 저항선을 뛰어 넘게 하는 것이 리더의 중요한 역할이다.

**그림 35. 지속가능성 운동의 현재**[64]

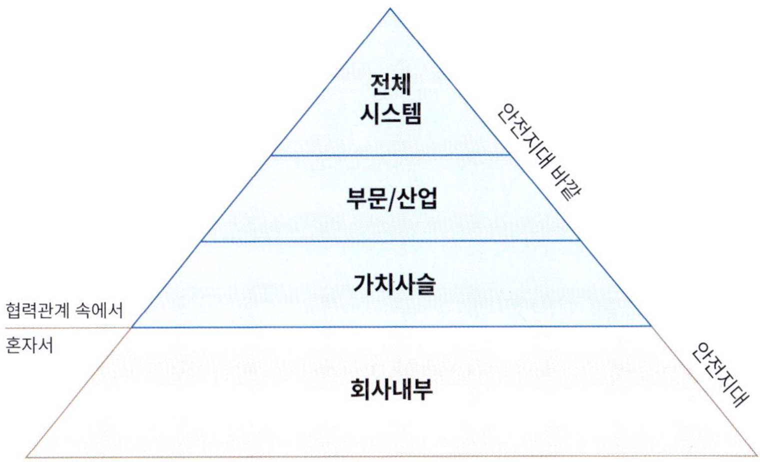


폴먼의 경우는 이를 위해 엄청나게 큰 도전 목표를 제시하는 방법을 썼다. USLP의 10년내 달성할 목표를 다음 세 가지로 제시했다. (1) 10억 명 이상 사람들의 건강과 복지를 돕는다. (2) 환경에 미치는 영향을 절반으로 줄인다. (3) 기업의 성장을 통해 수백만 명의 생계 수준을 높인다. 이 세 가지 목표 아래 보건 위생, 영양, 온실가스, 물, 쓰레기, 지속가능한 조달, 공정성, 여성의 기회, 포용적인 기업이라는 아홉 개 범주를 두고 세부목표를 설정했다. 여기서 제시된 목표는 유니레버 자체 노력만으로는 달성이 불가능한 수준의 높은 목표였다. 목표 달성을 위해서는 당연히 다양한 외부의 이해관계자들과 협력하지 않으

64 『넷 포지티브』 p227, 폴 폴먼, 앤드루 윈스턴(2023)

면 안 되었다. 이에 따라 협력업체, 유니레버의 가치관과 걸맞은 국제기구, NGO, 심지어 경쟁기업들과도 협력하는 시도가 다양하게 일어났다. 또 하나 폴먼이 보여 주었던 것은 솔선수범이다. 스스로 USLP의 진정성을 알리며, 협업이 필요한 NGO를 만나 공동의 프로젝트를 출범했다. 옥스팜과의 협업은 그 프로젝트 중의 하나였다. 이 과정에서 우호적이지 않던 NGO들을 설득할 수 있었던 것은 유니레버의 공감능력과 진정성, 신뢰였다.

솔선수범에 있어서는 나델라 회장의 역할도 두드러진다. 그는 "지구상의 모든 사람과 조직이 더 많은 것을 성취할 수 있도록 역량을 지원한다"는 사명에 충실하여 전임 CEO 시절 경계의 대상이었던 리눅스와 애플 같은 경쟁사와도 손을 잡고 실질적인 협력관계를 열었다. 이제 그 경쟁 서비스를 쓰고 있는 수많은 이용자들도 마이크로소프트의 서비스를 편리하게 이용할 수 있게 되었다. 새로이 정립한 회사의 사명이 열쇠가 되어 잠겨 있던 길을 연 것이다.

일반적으로 지속가능경영을 외부 이해관계자에게 확산하는 데에는 다음과 같은 목적이 있다. 우선, **신뢰와 투명성을 강화**할 수 있다. 지속가능경영을 외부 이해관계자에게 확산함으로써 기업이 사회적 책임을 다하고 있다는 신뢰를 얻을 수 있다. 투명하게 정보와 목표를 공유하면 기업의 의도와 성과에 대한 신뢰가 높아지고, 이는 기업의 평판과 이미지 향상으로 이어진다. 둘째, **협력과 지원 확보를 통해 성과를 극대화**할 수 있다. 자사의 노력에 더하여 협력업체, 고객, 지역사회 등이 활동에 동참할 때 더 큰 성과를 도출할 수 있다. 셋째, **리스크 관리 및 규제 대응**에 도움이 된다. 인권, 환경 등 지속가능경영 관련 규제가 강화되는 속에서 다양한 이해관계자들과 지속가능경영 방침과 성과를 투명하게 공유함으로써 규제에 신속하게 대응하고 불필요한 리스크를 줄일 수 있다. 넷째, **브랜드 가치와 경쟁력 제고**에 도움이 된다. 지속가능경영은 의식 있는 소비자들이 중시하는 가치이다. 기업이 관련 노력과 정보를 외부에 투명하게 공유함으로써 기업과 브랜드에 대한 신뢰와 선호도가 높아지고, 이것이 누적되면 브랜드의 가치와 차별성이 높아질 수 있다.

'신뢰'와 '투명성'은 다양한 이해관계자에게 지속가능경영을 확산하는 목적이기도 하지만 성공적인 관계 형성을 위한 전제조건이기도 하다. 전통적인 기업 가치평가에서는 자산에서 부채를 차감하여 순자산을 계산했다. 이때 자산의 대부분은 공장, 부동산, 설비, 재고 등 유형자산이었다. 이러한 평가방식으로 기업의 진정한 가치를 평가할 수 없는 경우가 많았고, 최근의 기업가치 평가에서는 브랜드, 고객 충성도, 기업에 대한 신뢰도 등 무형자산과 직원의 참여도, 혁신성, 창의성과 같은 조직문화까지 반영하고 있다. 이러한 무형의 가치평가에서 기초가 되는 것은 투명성이 뒷받침되는 신뢰다. 신뢰를 쌓는 데는 오랜 시간이 소요된다. 진행하는 프로젝트 하나하나를 통해 한 장의 신뢰 벽돌을 쌓는 것으로 볼 수 있다. 자신의 부족함을 남과 공유할 수 있어야 한다. 나 보다는 상대방, 다른 사람이 필요한 것을 먼저 생각하는 배려도 필요하다. 폴먼은 자신의 책 '넷 포지티브'에서 기업이 신뢰를 쌓기 위해 해야 하는 다섯 가지 행동을 다음과 같이 제시하고 있다. 첫째, 기업의 구체적인 계획과 경험을 공유하라. 둘째, 경쟁사와 고객이 알고 싶어하는 것을 공개하라. 셋째, 지역사회의 요구를 우선하라. 넷째, 신뢰할 수 있는 비판자를 가까이하라. 다섯째, 의심스러울 때는 옳은 일을 하라.

기업이 세상의 문제를 해결하고자 하는 진정성을 인정받고, 신뢰가 형성되고 나면 다양한 기회의 장이 열린다. 그 기업에 대해 문제를 야기한 원죄를 묻기 보다는 건설적인 해결 방안을 찾는 파트너로 대우하게 된다. 현재 우리가 안고 있는 많은 문제들은 기업이나 NGO 한 주체의 힘 만으로는 결코 해결할 수 없다. 먼저 타인의 이야기를 경청하고 공감하는 속에서 신뢰는 쌓인다. 회사가 할 수 있는 일부터 하면서 부족함을 인정하고, 정보를 투명하게 개방하면 협력을 통해 직면한 문제를 해결할 수 있는 길이 열릴 수 있다.

## Q. 공급망에 속한 협력업체를 지속가능경영에 성공적으로 참여시킨 사례는? 그리고 성공 요인은?

1996년 6월 나이키의 파키스탄 하청공장에서 축구공을 바느질하던 12살 소년의 사진이 라이프지에 실리면서 아동노동 문제가 제기되었다. 2019년에는 애플, 테슬라, 알파벳, 마이크로소프트, 델 등의 주요 글로벌 기업들이 국제권리변호사회(IRA)로부터 소송을 당했다. 아프리카 콩고민주공화국의 코발트 광산에서 아동 노동 착취가 이뤄지고 있다는 것을 인지하고도 방조한 혐의였다. 2020년에는 네슬레와 허쉬 등 글로벌 초콜릿 기업들이 아프리카 카카오 농장에서 벌어진 아동 노동 착취를 묵인한 혐의로 미국 워싱턴 연방법원에 집단 소송을 당했다. 이러한 문제가 발생되는 이면에는 협력업체를 수익 극대화를 위해 쥐어짜는 대상으로 보는 인식이 남아 있기 때문이다. ESG 경영이 강화되는 중에도 이러한 문제가 남아 있는 것은 아직 공급망 구석구석까지 개선의 노력이 전파되고 있지 못하다는 증거이기도 하다.

공급망 내 기본적인 인권과 안전문제 근절뿐만 아니라, 가치사슬에서 배출되는 이산화탄소, 폐기물, 친환경 전력, 물 소비 등의 문제해결에 협력업체가 참여하지 않으면 원하는 목표에 도달할 수 없다. 마이크로소프트의 경우 2030년까지 탄소배출량을 0 이하로, 2050년까지는 1975년 회사설립 이후 배출한 누적 탄소량만큼을 대기에서 줄이겠다는 목표를 제시했다. 2023 회계연도 기준으로 공급망 내 협력업체에서 배출한 탄소량(Scope 3 배출량)이 전체 배출량의 96.5%나 차지한다. 실제 2020년 기준에 비해 자사의 탄소배출량(Scope 1과 2)은 6% 절감하고 있지만, 협력업체의 탄소배출량은 오히려 30.9%가 늘어난 것으로 보고하고 있다.[65] 이 목표 달성을 위해서는 공급망 전체의

65 "2024 Environmental Sustainability Report", 마이크로소프트

참여와 획기적인 대책이 요구되는 과제이다.

넷 포지티브 기업은 제품의 수명주기에 걸친 책임을 협력업체에 떠넘기지 않는다. 협력업체와의 전략적인 관계를 구축하는 것이 자사와 협력업체 모두에 도움이 되고, 나아가서는 가치사슬 끝의 고객에게도 도움이 된다고 인식한다. 유니레버는 USLP 목표를 설정하면서 자사만의 노력으로는 달성 불가능한 높은 목표를 설정했다. 협업을 통해 성과의 파이를 키워야 한다는 사실을 명확히 했다. 자연스럽게 협력업체와의 협업을 강화하기 위해 '파트너에게 승리를 (Partner to Win)'이라는 프로그램을 시작했다. 또한 목표 달성을 위해서는 상당한 제품혁신도 필요했다. 새로운 소재나 첨가물을 만들어내고 새로운 제품 편익을 만들어 내는 것도 많은 경우 협력업체의 역할이다. USLP 발표 전 협력업체는 유니레버를 믿지 못하고, 아이디어를 적극적으로 주지 않았다. 이러한 상황을 개선하기 위해 Partner to Win 프로그램이 시작되었다. 회사가 주요 협력업체의 선호하는 혁신 파트너가 되는 것을 목표로 상위 50명의 임원이 주요 협력업체 한 두 개를 전담하게 했다. 상위 100개 협력업체에게 향후 5년을 내다보는 공동사업 계획 수립을 제안했다. USLP 가치를 담은 중장기 협업 전략을 수립함으로써 더 이상 단발적 거래가 아니라 전략적 협력 관계를 구축했다. 협력관계를 통해 공동의 가치 창출을 하고 이를 나눌 수 있게 했다. 이 프로그램에 진정성과 신뢰를 담음으로써 유니레버는 협력업체와 강한 유대를 구축했고, 협력업체는 새로운 아이디어와 소재를 내

놓음으로써 고객들에게 새로운 가치를 제공할 수 있었다. 박테리아를 빨리 죽이는 비누, 한 번만 써도 되는 유연제, 물 없이 사용하는 샴푸 등을 출시했다. 세제에 들어가는 화학물질을 효소로 대체함으로써 세정력을 높이는 동시에 제품 사용과정에 배출되는 탄소를 줄이는 데도 성공했다. 성공적인 협력관계는 단순한 원가절감 차원이 아니라 공동의 가치 창출에 성공하고 이를 나눔으로써 보상 받는다. 이 근저에는 지속가능경영을 통해 창출하고자 하는 가치에 대한 공감과 신뢰, 투명성이 튼튼히 자리 잡아야 함을 알 수 있다.

애플의 사례도 주목할 만하다.[66] 애플은 알루미늄 생산의 핵심 단계인 제련 과정에서 온실가스 배출을 제거하는 혁신적인 기술을 상용화하기 위해 알코아 코퍼레이션(Alcoa Corporation)과 리오 틴토 알루미늄(Rio Tinto Aluminum)과 협력했다. 알루미늄은 애플의 다양한 제품에 사용되는 주요 재료로, 전통적인 제련 과정에서 상당한 온실가스가 배출됐다. 이를 개선하기 위해 애플은 새로운 알루미늄 제련 기술을 개발하여 탄소 배출을 제거하고자 했다. 알코아는 기존의 탄소 기반 전극을 대체하는 첨단 전도성 물질을 사용하여 제련 과정에서 온실가스 대신 산소를 배출하는 기술을 개발했다. 애플은 알코아와 리오 틴토와 함께 '엘리시스(Elysis)'라는 합작 회사를 설립하여 이 혁신적인 제련 기술을 상용화했다. 캐나다 정부와 퀘벡 주정부도 이 프로젝트 추진에 필요한 총 1억 4,400만 달러의 공동 투자에 참여

66 "Apple, 획기적인 탄소무배출 알루미늄 제련법 추진한다", Apple 홈페이지(2018. 5. 10)

했다. 이 협력을 통해 개발된 탄소 무배출 알루미늄은 2019년 말부터 애플 제품에 사용되었으며, 애플은 이를 통해 제품 생산과정에서 발생하는 탄소배출량의 4분의 1을 줄이는 실마리를 찾을 수 있었다. 애플이 이 공법으로 생산된 알루미늄을 사용함으로써 자동차, 캔 등 다른 대규모 구매기업을 끌어들이는 중요한 역할도 했다. 한 기업이 협력을 통해 만들어 낸 성과가 연관된 다른 생태계에도 커다란 긍정적 영향을 미칠 수 있음을 볼 수 있다.

맥킨지에서 성공적인 협력관계 구축에 필요한 요소를 조사하여 다음 4가지를 발표했다.[67] (1) 협업의 목적과 전략이 명확해야 한다. (2) 신뢰와 소통이다. 이 두 요소는 성공에 필요한 요소이기도 하고, 결핍되었을 때 실패로 이어지는 중요한 요인이다. (3) 거버넌스와 관련한 건설적인 리더십, (4) 명확한 KPI다. 한편, 폴먼은 협력관계가 실패하는 이유를 다음의 4가지로 설명하고 있다.[68] (1) 전망과 목표가 잘못된 경우, (2) 각자의 목표에 대한 이해가 부족한 경우, (3) 비즈니스 가치를 측정하는 지표가 잘못된 경우, (4) 기업문화가 미비한 경우다. 두 연구를 종합해 볼 때, 협력관계를 성공하기 위해 중요한 것은 협업의 목적과 전략이 명확해야 한다는 점이다. 다음으로 협업의 결과로 달성하고자 하는 KPI를 명확히 해야 한다. 한 가지 더 추가하자면 신뢰가 뒷받침된 리더십이다. 한마디로 요약하자면, **성공적인 협력관계**

67 "Partners in Profit: Creating successful business alliances", McKinsey & Company, January 2020

68 『넷 포지티브』, 폴 폴먼, 앤드루 윈스턴(2023), pp229-231

**구축을 위해서는 신뢰에 기반을 두고 중장기적인 협업의 목적과 전략, 목표 KPI를 명확히 하는 것이 중요**하다.

2-3-2

# 인권의 화음 연주하기

## 윤리적 조달 관행 보장

## The Human Rights Harmony

### Ensuring Ethical Sourcing Practices

### Q. 21세기에 인권 문제가 강조되는 배경은 무엇이며 그 해결 방향은?

우리는 21세기에 접어들었음에도 불구하고, 여전히 심각한 인권 문제에 직면해 있다. 특히 글로벌 공급망 속에서 은밀하게 벌어지는 현대판 노예제도는 인류의 양심을 시험대에 올리는 중대한 사안이다. 번영을 추구하는 현대 경제의 이면에는 드러나지 않는 착취의 그림자가 드리워져 있으며, 이 문제에 대한 우리의 인식과 대응이 절실히 요구된다.

영국 전 총리 테레사 메이는 2025년 6월 암스테르담에서 열린 CGF Global Summit에서 이 문제의 심각성을 명확히 밝혔다. "전 세계적으로 약 5천만 명의 현대판 노예 피해자가 존재하며, 이는 우리 시대 가장 큰 인권 문제이다." 이 통계는 단순한 숫자가 아니라, 강제된 삶을 살아가는 수많은 개인들의 현실을 반영한다. 더욱이 이 문제는 악화되고 있다. "2016년에서 2021년 사이 1천만 명이 추가로 현대판 노예 제도의 피해자가 되었으며, 이는 문제가 나아지지 않고 오히려 악화되고 있음을 보여준다."

현대판 노예제도가 지속되고 심화되는 배경에는 여러 요인이 복합적으로 작용한다. 많은 이들은 노예 제도를 과거의 역사적 문제로 인식하곤 한다. 그러나 메이 전수상은 이러한 인식이 현실과 다르다고 지적한다. "많은 이들이 노예 제도를 역사책의 가장 어두운 페이지에 국한된 관행으로 생각한다. 하지만 현실은 당신 근처의 마을에도 노예로 갇힌 사람들이 있고, 당신의 사업이 운영되는 도시에도 있다. 그리고 당신이 원재료를 조달하고 제품을 판매하는 시장 어딘가에도 노예 제도가 만연해 있을 것이다." 우리가 사용하는 옷, 화장품, 휴대폰, 식품 등 일상 소비재 깊숙이 착취의 그림자가 스며들어 있다. "학대가 너무나 광범위하게 퍼져있기 때문에, 현대판 노예 제도는 우리가 입는 옷, 사용하는 향수와 화장품, 우리가 의존하는 휴대폰, 그리고 우리가 소비하는 식품, 차, 커피에 스며들어 있다."

취약성 증대와 글로벌 위기가 이 문제를 악화시킨다. 기후 변화, 지역 분쟁, 강제 이주 등 지구상 여러 도전 과제들은 사람들의 취약성을 증대시킨다. 이러한 위기 상황 속에서 조직 범죄 집단이 취약한 이들을 착취 대상으로 삼으며, 특히 여성, 아동, 이주민 등 사회적 약자들이 현대판 노예 제도의 주요 희생자가 된다.

시장 원리에 맡겨진 채 책임 주체가 명확하지 않아 이 문제는 더 악화된다. 이윤 추구는 기업 활동의 근간이지만, 명확한 규칙과 감독이 부재할 경우 시장은 불공정한 결과를 초래할 수 있다. 메이 전 총리는 "명확한 규칙이 없으면 시장은 부당한 결과를 초래하고, 부도덕한 상인들이 취약한 노동자들을 착취하게 된다"고 강조한다. 비용 절감만을 위한 무분별한 아웃소싱과 하청 구조는 노동 착취가 발생하기 쉬운 환경을 조성하며, 윤리적 기업과의 불공정 경쟁을 유발한다. 특히, "모든 강제 노동의 절반 이상이 고소득 국가에서 발생하며, 86%가 민간 부문에서 발생한다"는 사실은 기업의 책임이 얼마나 중요한지 보여준다.

더욱 우려되는 점은 "이러한 급격한 노예 제도의 확산이 전 세계 정치 의제에서 후순위로 밀려났다"는 현실이다. 국제사회의 관심이 다른 위기들로 분산되면서, 이 중대한 인권 문제가 상대적으로 소홀히 다뤄지는 경향이 있다.

이러한 복합적인 문제에 대응하기 위해서는 다각적이고 통합적인 해결 방안이 필요하다. 메이 전 총리가 설립한 '현대판 노예제도 및 인신매매 글로벌 위원회'는 시스템적 변화와 책임성 강화를 촉구한다. 기업은 단순히 공급망 내 강제 노동에 대한 정보를 '보고'하는 것을 넘어,

적극적인 '책임'을 다해야 한다. 메이 전 총리는 "우리는 투명성에서 책임성으로 나아가야 한다. 인권 실사는 기업이 공급망에서 강제 노동을 다루는 가장 효과적인 도구이다"라고 역설한다. 기업은 강제 노동의 존재 여부를 적극적으로 확인하고, 예방 조치를 취하며, 문제가 발견될 경우 즉각적으로 해결해야 한다. 이는 최고 경영진부터 현장 관리자에 이르기까지 조직 전반의 우선순위가 되어야 한다.

또한 반(反)노예 전략은 현장의 현실을 반영해야 한다. "노동자들을 인권 실사의 중심에 두어야 한다." 피해 노동자들이 보복의 두려움 없이 학대를 신고할 수 있는 안전한 채널(예: 핫라인, 모바일 앱)을 마련하고, 풀뿌리 시민 사회 단체와 협력하여 노동 환경을 감시해야 한다. 정부와 기업의 협력도 필요하다. "비즈니스, 정부, 시민 사회가 함께 노력해야만 노예 제도를 종식시킬 수 있다." 정부는 기업의 착취 행위에 대해 강력히 책임을 물어야 하며, 모든 국가가 현대판 노예 제도를 금지하는 일관된 법적 환경을 조성해야 한다. 기업 또한 정부 조달을 포함한 모든 공급망에서 인권 기준을 철저히 적용해야 한다.

윤리적 비즈니스의 성공 사례도 적극 확산해야 한다. 현대판 노예 제도 해결은 도덕적 당위성을 넘어 기업의 실질적인 이익에도 부합한다. 노동 조건 개선은 생산성 향상과 제품 품질 제고로 이어지며, 이는 곧 기업의 경쟁력 강화에 기여한다. 또한, 젊은 세대와 소비자들은 인권 문제를 적극적으로 다루는 기업을 선호하는 경향이 커지고 있어, 이는 인재 유치 및 브랜드 가치 제고의 기회가 된다. 메이 전 수상은 "우리는 이 악한 관행을 뒤집고, 이 품위 없는 활동을 끝내고, 더 나은 비즈니스를 통해 사람들에게 자유를 되돌려줄 기회를 가지고 있다. 이 문제 해결을 위해 이 자리에 모인 글로벌 기업 CEO들의 적극적인 역할이 절실하다."고 강조한다.

이러한 현대판 노예 제도 논의는 기업의 지속가능경영(ESG)에 깊은 시사점을 제공한다. 진정한 지속가능성은 환경(E)적 측면뿐만 아니라, 사회(S)적 측면, 특히 인권 존중과 공정한 노동 관행이 반드시 포함되어야 한다.

메이 전 총리는 통합적 ESG 접근의 필요성을 강조했다. "현대판 노예 제도를 고립된 문제로만 보지 말라. 이는 환경 지속가능성 문제와도 밀접하게 연결되어 있다. 기후 변화는 노예화 및 인신매매에 대한 취약성을 증가시키며, 환경 기준을 무시하는 생산자는 노동 기준 또한 무시할 가능성이 높다"고 언급한다. 이는 환경과 사회 문제가 서로 분리될 수 없음을 의미한다. 기업은 환경적 책임을 다하면서도, 동시에 공급망 내 인권 문제를 외면해서는 안 된다. 통합적인 ESG 전략만이 기업의 장기적인 가치와 회복력을 보장할 것이다.

인권 실사를 통한 리스크 관리도 필요하다. 인권 실사는 더 이상 선택 사항이 아닌, 기업의 핵심 리스크 관리 프로세스이자 지속가능경영의 필수 요소이다. 공급망 내에서 발생할 수 있는 인권 침해 리스크를 선제적으로 파악하고 관리함으로써, 기업은 법적, 재정적, 평판적 손실을 예방하고 투자자 및 소비자의 신뢰를 얻을 수 있다.

메이 전 총리는 윤리적 리더십의 확립도 강조했다. "이 문제 해결은 CEO의 전략적 선택과 전사적인 참여가 있어야만 가능하다." 지속가능경영은 단순히 특정 부서의 업무가 아니라, 최고 경영진의 강력한 의지와 리더십이 요구되는 기업 문화의 변화이다. 리더들은 기업의 가치 사슬 전반에 걸쳐 인권과 윤리적 가치를 내재화하고, 이를 공급업체에도 강력히 요구함으로써 산업 전반의 변화를 주도해야 한다. 이렇게 함으로써 기업은 장기적 가치 창출과 브랜드 강화를 꾀할 수 있다. 공정하고 윤리적인 공급망 구축은 단기적인 비용 증가를 동반할 수 있으나, 장기적으로는 생산성 향상, 제품 품질 개선, 소비자 충성도 제고, 그리고 우수 인재 유치를 통해 기업의 지속가능한 성장을 견인한다. 이는 단순히 규제를 준수하는 것을 넘어, 기업의 브랜드 이미지를 제고하고 시장 내 차별적 경쟁 우위를 확보하는 길이 될 것이다.

결론적으로, 현대판 노예 제도와 같은 인권 문제는 21세기 기업의 지속가능성을 평가하는 핵심 척도이다. 우리는 이 중대한 과제를 해결하기 위해 정부, 기업, 시민 사회가 연대하여 적극적으로 행동해야 한다. 메이 전 총리는 "이 대규모의 과제를 의심해서는 안 된다. 올바른 정치적 의지와 기업의 헌신이 있다면, 노예 제도는 영원히 근절될 수 있다"고 희망적인 메시지를 전한다. "지금이야말로 모두의 책임 아래, 인권과 윤리가 존중받는 지속가능한 사회를 향한 결단력 있는 발걸음을 내디뎌야 할 때이다."라고 글로벌 기업의 주도적 역할을 촉구한다.

## Q. 지속가능경영에 있어 가장 많이 문제 제기되는 분야가 윤리적인 원료 조달 분야다. 이를 효과적으로 성공시킨 사례는? 그리고 관련업계의 동참을 이끌어 낸 방법은?

네덜란드의 탐사보도 기자인 툰 반 퀴켄(Teun van de Keuken)은 2004년 서아프리카 카카오 생산지의 열악한 노동 실태를 취재하고 이를 다큐멘터리로 제작했다. 가나와 코트디부아르에서만 200만 명이 넘는 아동이 불법 노동에 노출되어 있었다. 다큐멘터리에서 그는 시판하는 초콜릿 17개를 사 먹고 경찰에 자수한다. 불법 노동 행위로 생산된 초콜릿을 구매함으로써 기업의 불법 행위를 도왔으므로 자신을 처벌해 달라는 취지였다. 검찰의 불기소 처분에 불복하여 카카오 농장에서 일했던 4명의 소년을 인터뷰하고 이를 근거로 다시 소송을 진행했으나 결국 자수사건은 해프닝으로 끝났다. 하지만 이 사건은 많은 의식 있는 소비자들의 관심을 끌었다. 그는 노예노동 없이도 초콜릿 생산이 가능함을 보여주기 위해 '공정무역(slave-free)' 초콜릿을 만들었다. '토니스 초코론리(Tony's Chocolonely)'라는 브랜드를 붙인 이 공정무역 초콜릿은 첫 출시한 5천 개가 매진되고, 추가 생산한 8천 개도 다 팔려 큰 인기를 끌었다.

이 회사는 구매하는 모든 카카오가 아동노동 착취 이슈가 없게 이력을 추적할 수 있도록 생산지 협동조합과 협업하고 있다. 2013년부터 공정무역 프리미엄에 더하여 코코아 농부들의 생계지원을 위한 프리미엄을 추가로 지불하고 있다.  2022/23년 기준으로 이 회사는 카카오 1톤 당 공정무역 프리미엄 563유로를 지불하였고, 농가 생계지원

프리미엄 505유로와 협동조합 수수료 51유로를 추가로 부담하였다. 이에 따라 일반적으로 구매 가능한 카카오보다 82%나 비싼 가격으로 원료 조달을 한 것이다. 하지만 이런 부담 속에서도 '토니스 초코론리(Tony's Chocolonely)'는 승승장구하고 있다. 이 회사는 전 세계에서 초콜릿 원료인 카카오를 가장 많이 수입하는 나라 네덜란드에서 전체 초콜릿 시장 점유율 7.2%(2020년), 바 타입 초콜릿은 1위를 점하고 있다. 2005년 창업 이후 한 번도 매출이 감소한 적이 없다. 2011년 매출 2백 4십만 유로에서 2022-23년 일억 오천만 유로까지 성장했다. 원료 수급과 성장을 위한 투자 부담으로 인해 높은 수익률은 아니지만 2022-23년에 백오십만 유로의 영업이익을 내고 있다. 그러면 이 회사는 어떻게 공정과 상업적 성공을 동시에 잡을 수 있었을까?

회사가 지속가능한 구조로 성장하기 위해서는 윤리적 소비에 관심 없는 소비자들도 이 브랜드를 선택할만한 가치를 만들어야만 했다. 그래서 초코론리는 매년 독특한 맛의 초콜릿을 발표했다. 사탕이 들어간 '화이트 라스베리 파핑캔디', 강황을 더한 '화이트 튜메릭 차이 코코넛', 후추를 넣은 '다크 칠리 퍼지 페퍼콘', 벌집에 허브를 첨가한 '밀크 허니콤 타임' 등이 대표적이다. 포장 디자인도 혁신했다. 첫 제품인 밀크초콜릿 포장에 선명한 빨강과 크고 독특한 폰트를 사용했다. 이후 제품에서도 원색과 파스텔 톤을 사용한 알록달록한 포장으로 소비자들의 호기심을 자극했다. 초콜릿 조각 디자인도 정방형이 아닌 들쑥날쑥한 부정형으로 만들어 초콜릿 업계의 불공정을 표현했다. 초코론리의 사명에 동참하는 기업들과의 협업을 통해 다양한 제품도 출시했다. 그 중 대표적인 것이 '벤앤제리(Ben & Jerry's)'와의 협업이다. 두 회사는 협업을 통해 한정판 초콜릿과 아이스크림을 출시하여 카카오 생산지의 아동노동 문제 해결에 힘을 합치고 있다.

초코론리는 공정무역을 중개하는 업체를 통하지 않고 9개 협동조합 소속 17,740명의 농부와 직거래를 함으로써 농민들에게 더 많은 수익이 전달되도록 하고 있다. 또한 매년 생산지로 직원들을 보내 현지 상황을 점검하고 '공정 리포트'를 발간하여 자사의 공정무역 현황을 투명하게 공개하고 있다. 그리고 명물 초코 트럭을 운영하여 자사 초콜릿을 시식시키는 동시에 소비자들에게 공정무역을 쉽게 알리는 활동도 게을리하지 않고 있다. 하지만 현재 초코론리가 구매하는 카카오는 서 아프리카 산 카카오의 0.5%에 불과하다. 회사가 가진 목표는 향후 10년간 구매량을 10배로 키우는 것이다. 서 아프리카 산 코코아의 5%는 현재의 공정무역과 열대우림 보호 인증을 받은 코코아 무역량의 2배에 해당하는 규모다. 이 규모가 되면 농가와 참여기업들에게 더 유리한 조건을 제공할 수 있고 책임 있는 구매를 유도하는 도약점이 될 수 있을 것으로 본다. 초코론리와 협력하여 책임 있는 카카오 구매를 하고 있는 기업(Mission Ally)은 벤앤제리를 포함해 14개가 있으며, 현재 91개 기업이 참여를 논의하고 있다고 한다. 코코아의 윤리적 구매에 많은 기업이 참여할수록 구매량을 키울 수 있고, 더 많은 농가에 혜택을 줄 수 있다. 원가 상승의 부담보다도 윤리적 구매로 인한 생산 농가의 생계 안정, 아동노동 방지, 환경보호 등의 사회적 가치 창출의 효익이 충분히 크고, 또한 이 활동에 동참함으로써 강화되는 브랜드 가치를 누릴 수 있기 때문에 매년 더 많은 기업의 동참이 예상된다.

토니스 초코론리는 사회적 문제해결을 위해 창업하여 세계적인 프리미엄 초콜릿 브랜드로 성공한 주목할 만한 사례다. 이를 가능하게 한 것은 사회적 문제를 해결하고자 하는 진정성 담긴 의지와 실천하는 용기였다. 그리고, 가치에 대한 공감에 더하여 소비자들의 선택을 이끌어 내는 우수한 상품 가치가 있었기 때문이다. 목표로 한 가치 창출의 극대화를 위해서는 이 가치에 공감하는 다양한 브랜드의 참여를 촉진시키는 과제가 남아 있다. 진정성이 담긴 가치제안, 선순환 사례를 만들기 위해 도전하는 용기, 소비자의 선택을 이끌어 낼 수 있는 상품성, 그리고 기업과 지역사회의 공감과 동참을 이끌어 낼 수 있는 지속가능 전략이 윤리적인 원료조달의 관행을 뿌리내리게 하는 원동력임을 알 수 있다.

## Q. 지속가능경영이 자리잡기 위해서는 자사만의 노력으로는 한계가 있다. 관련 단체나 협회 등 다양한 외부 이해관계자를 참여시켜 성공적인 생태계 구축을 이끌어 낸 좋은 사례가 있는지? 그리고 이를 위해 자사가 해야 할 일은?

미키엘 라인스(Michiel Leijnse)가 2006년 립톤티의 브랜드 매니저로 부임했을 때 티백 업계는 악순환의 고리에 빠져 있었다. 만성적인 공급과잉과 제품 간의 실질적인 차별화 부족이 대형 브랜드의 가격 인하를 촉진했다. 2006년의 차 가격은 1980년대 중반 최고치의 절반에도 미치지 못했다. 미키엘과 그의 팀은 돌파구를 찾은 끝에 유니레버가 지속가능한 방식으로 생산한 차 원료만을 구매하는 것을 제안했다. 그는 치열한 가격경쟁을 벌이는 사업에서 구매 원가를 인상할 것을 제안한 것이다. 이러한 제안의 배경에는 차 원료를 안정적으로 공급받는 것과 립톤 및 유니레버 브랜드를 보호할 목적이 깔려 있었다. 미키엘은 "업계를 혁신하기 위한 조치를 취하지 않으면 언젠가는 필요한 품질과 양의 차를 공급받을 수 없게 될 것이고, 이는 사업의 중대한 리스크가 될 것이다"라고 말했다. 기존의 차 생산 방식은 살충제와 비료를 대량으로 사용했고, 이로 인해 토양의 질이 떨어졌다. 차 판매가격이 하락하면 이를 만회하기 위해 차 농장에서는 노동자를 쥐어짜고 단기적 증산을 위해 환경에 더 큰 부담을 주었고, 이로 인해 인권과 토양의 황폐화는 더 가속되었다. 이 악순환의 고리를 끊어야만 했다. 기존 차 농장의 작업조건은 암울했다. 일꾼들은 하루 1달러도 안 되는 급여를 받고, 부적절한 주택과 위생 환경에 시달렸다. 의료 서비스나 교육도 거의 받지 못했다. 공급망의 이러한 상황을 개선하지 않으면 브랜드에 상당한 공격이 들어올 가능성이 높았다. 유니레버가 직접 소유했던 케냐의 케리초 농장은 2만 1천 에이커에 달하는 대규모 농장이었다. 이 농장은 지속가능한 농법에 가까운 운영을 하고 있었고, 이를 중소규모 농장으로 확산하면 문제의 대부분을 해결할 수 있다고 봤다. 이렇게 했을 때 구매가에 5% 정도의 프리미엄만 지불하면 된다는 계산도 나왔다.

도전과제는 회사가 차를 구매하는 50만 명의 소규모 농가가 지속가능한 농법을 따르게 하고 이를 인증하는 것이었다. 이를 위해 케냐 차 개발 기관(Kenya Tea Development Agency, KTDA)과 네덜란드 지속가능한 무역 이니셔티브인 IDH와 협력했다. 3일 동안 "트레이너를 교육"하는 방식으로 전국적으로 지속가능한 농법을 빠르게 확산시켰다. 일부 개인보호장비 구매 등 비용이 들어가는 부분은 인증을 담당했던 NGO인 Rainforest Alliance가 Root Capital과 협력하여 지원하였다. 지속가능한 농법을 적용한 농장에서는 수확량이 5~15% 증가했고, 평균소득도 10~15% 증가했다.

팀의 주장에 깔려 있던 또 하나의 가설은 지속가능성 농법을 따른 차의 판매가 늘어날 것이라는 예측이었다. 원자재 가격 5% 인상분을 가격에 전가할 수는 없다고 생각했다. 하지만 소비자들은 지속가능한 원료를 사용한 차를 선호하고 더 많이 구매할 것으로 보았다. 지속가능한 립톤 티백 판매는 적극적인 광고와 홍보를 한 시장에서 의미 있는 성장을 보였다. 소비자는 일반적으로 지속가능성에 대해 더 많은 비용을 지불하지는 않지만, 지속가능성이 담긴 제품은 선호한다. 유니레버의 경우 목적중심의 '지속가능한 생활 브랜드'가 나머지 브랜드보다 69% 더 빨리 성장하며, 회사 성장의 75%를 창출하고 있다고 발표한 바 있다. 미키엘은 시장에 대한 면밀한 분석, 지속가능한 농법의 적용 가능성, 목적을 공유하는 NGO와 농장의 협력, 열정을 담은 설득을 통해 악순환에 빠져 있던 립톤 티를 지속가능성 대표 브랜드로 우뚝 세웠다. 립톤 티의 성공적인 전환[69]을 지켜본 경쟁 브랜드들도 책임있는 차 원료 구매에 동참하게 되었다. 또한 이 사례가 이후 CEO로 취임한 폴먼이 적극적인 USLP 전략을 펼 수 있었던 근거가 되었음을 짐작할 수 있다.

**그림 36. 그린피스 활동가들의 유니레버 본사 앞 시위**

이 사진은 2008년 그린피스 활동가들이 유니레버 런던 본사 발코니에서 시위를 벌이는 장면이다.[70] 이 회사가 비누 재료로 사용하는 팜유를 생산하는 과정에서 열대우림이 파괴된다고 비판하면서 오랑우탄 복장을 하고 시위를 하고 있다. 회사의 최고 지속가능성 책임자였던 개빈 니

69 『Reimagining Capitalism in a World on Fire』, Rebecca Henderson, 2020의 립톤 사례를 요약 정리

70 "자본주의 문제 해결하려면 '기업'을 활용하라", 경향신문, 2021.03.12 에서 재인용

스는 기후변화는 자사와는 상관없는 이슈로 인식하고 있었고, 그린피스 대표를 만날 일이 없다고 생각했다. 하지만 폴먼이 CEO로 취임한 이후 니스는 영국 그린피스 대표이던 존 사우벤을 정기적으로 만났다. 유니레버가 팜유 구매로 인해 무차별적인 산림파괴를 야기하고 있다는 그린피스의 지적에 대해 니스는 현황을 파악한 후 '지속가능한 팜유에 관한 라운드테이블 (RSPO, Roundtable on Sustainable Palm Oil)' 환경기준과 인도네시아 법률을 어긴 대형 납품 업체와의 계약을 취소하는 이례적 조치를 취했다. 이것은 사우벤도 깜짝 놀란 조치였다. 유니레버는 '파트너에게 승리를' 프로그램의 일환으로 대규모 협력업체들을 불러 산림파괴 중단 선언에 서명하도록 했다.[71] 하지만 초대형 구매자의 이러한 파격적 조치로도 팜유의 문제는 해결되지 않았다.

팜유는 식물성 기름 중 가장 많이 사용하는 기름(45%)이다. 윤활유, 비누, 세제, 식용유, 마가린, 라면, 아이스크림, 초콜릿, 피자, 인스턴트 스프, 비스킷, 껌, 립스틱, 화장품 등 사용되는 범주가 아주 넓다. 이렇게 수요가 많은 것은 크게 두 가지 이유 때문이다. 단위 면적당 생산량이 콩기름(9.3배) 등 다른 기름보다 많아 효율적이며, 열대우림 파괴 비용 및 원주민·노동자 인권 파괴 비용이 가격에 포함되어 있지 않아 저렴하기 때문이다. 팜유의 주 생산지는 인도네시아이며, 2022년 4,558만 톤을 생산하여 세계생산량의 61.2%를 차지한다.[72] 팜유 산

71 『넷 포지티브』, 폴 폴먼, 앤드루 윈스턴(2023), pp281-284 내용 정리

72 『글로벌 팜유 시장의 큰손 인도네시아』, KOTRA, 2023. 12. 04의 내용을 정리

업은 인도네시아의 핵심사업이며, 전 국토의 7.7%, 전체 농지 중 약 40%가 팜유 농장이다. 2014년 취임한 조코위 대통령이 팜유 산업 육성정책을 쓰면서 재배면적과 생산량이 획기적으로 늘었다. 문제는 재배 면적이 늘어나는 만큼 열대 우림과 생태계가 파괴되었고, 이를 우려하는 환경단체의 이슈 제기도 늘어났다.

유니레버는 세계 팜유 생산량의 3%를 구입하고 있으며, 생활 소비재 부문에서 가장 큰 사용자다. 재배면적이 늘어나면서 생기는 생태계 파괴와 인권 문제로 팜유의 지속가능성이 걱정되는 상황이었다. 그래서 이 문제 해결을 위해 나서 2004년 WWF(세계자연보호기금, World Wide Fund for Nature) 등과 함께 '지속가능한 팜유에 관한 라운드테이블(RSPO, Roundtable on Sustainable Palm Oil)'을 설립했다. 이때부터 2012년까지는 다른 이해관계자들과 함께 지속가능한 팜유 인증 작업에 힘을 썼다. 그 출발로 RSPO에서 인증한 팜유 거래시장인 GreenPalm[73]에서 팜유를 구매했다. 2008년 유니레버는 2015년까지 GreenPalm 인증서를 받은 팜유만 구매하겠다고 선언하고 이 목표를 3년 앞당겨 2012년에 달성했다.

하지만 유니레버의 이러한 노력에도 불구하고 인도네시아 산림은 계속 파괴되었다. 대규모 공급상이 원주민을 내쫓고 열대우림을 파괴하거나, 소규모 농장에서 지속가능성 기준을 충족하지 않은 원료가

73 GreenPalm은 '지속가능하게 생산된 팜유'를 인증하고 거래하는 사이트. 2017년 3월 31일까지 운영되었고, 이후 RSPO가 운영하는 PalmTrace로 이관되었다.

인증을 받는 등 문제가 발견되었다. NGO의 지적이 이어지자 업계에서도 산림파괴 종식을 선언했다. 2010년 전 세계 70개국 400여 개의 유통, 제조, 서비스 회사가 모인 소비재 포럼(CGF, Consumer Goods Forum)의 이사회는 2020년까지 '순 산림벌채 제로(Zero Net Deforestation)'를 선언했다. 팜유, 콩, 펄프 등 주요 상품에 대한 책임 있는 조달을 통해 산림 벌채를 막자는 취지였다. 유니레버도 그간 GreenPalm 인증에 의존하던 방식에서 벗어나 자사가 직접 농장 현장을 확인하는 방식으로 전환했다. 이를 위해 2013년 '지속가능한 팜유 조달 정책 (Sustainable Palm Oil Sourcing Policy)'을 발표하고 2020년까지 물리적으로 확인된 팜유만을 구매하겠다고 약속했다. 기존 인증 시스템의 허점 중 하나인 소규모 농장에 대한 인증 프로그램을 RSPO 등과 함께 시작했다. 그리고, 2012년 산림벌채에 대처하기 위한 연대기관인 TFA(Tropical Forest Alliance) 창립에도 참여했다. TFA는 협력체를 구성해 지속가능한 농법을 교육했고, 정부 차원의 구매를 약속했다. 또한 생산성 높은 품종으로 교체를 위한 대출도 지원했다. 노르웨이 정부와 유니레버는 정책적 사업을 지원하기 위해 그린 펀드도 만들어 운영했다. 이처럼 공공과 민간, 시민사회가 협력하는 시스템 차원의 해결책이 작동했다.

유니레버가 2016년 공표한 '지속가능한 팜유 조달 정책(Sustainable Palm Oil Sourcing Policy)'은 산림벌채 금지, 이탄 지역 개발 금지, 커뮤니티와 노동자 착취 금지, 소 농장주 및 여성에 대한 지원, 투명성 제고 등 5가지 원칙을 담고 있다. 이처럼 의식 있는 기업들의 동참과 노력에도 불구하고 팜유를 둘러싼 문제와 논쟁은 지금도 이어지고 있다. 1, 2위 수입국인 인도와 중국기업들의 싼 팜유 구매 수요, 눈앞의 이익을 쫓는 소규모 농장들, 증산을 장려하는 생산국의 산업정책 등이 워낙 강하여 업계와 NGO의 개선 노력을 압도하고 있다. 이에 더하여 팜유 생산을 축소하면 더 큰 환경문제를 야기한다는 연구 보고도 많다. 콩에서 같은 양의 기름을 생산하려면 7배의 농지가 필요하며, 이럴 경우 더 심각한 환경파괴 문제가 생긴다고 한다. 또한 팜 나무는 다른 작물 생산에 비해 농약이나 비료, 에너지 사용 부담이 적다는 이점도 있다. 인도네시아의 경우 팜유는 제2위 수출 품목이며, 2위 수출국인 말레이시아와 합하면 450만 농가의 생계와 연결되어 있다. 단순히 팜유 생산 축소가 해결책이 될 수 없고, 이를 지속가능한 생산으로 변화시키는 것이 숙제다. 이 과제는 일부 기업에 대한 압박이나 노력만으로는 해결이 곤란하고, NGO, 국제기구를 포함한 더 많은 이해관계자의 참여와 협력, 기술의 활용이 필요한 문제다. 물론 이에는 생산지 정부의 지속가능한 경제정책과 궁극적으로 의식 있는 소비자의 선택을 모은 큰 구매 물량, 이를 이끌어 낼 수 있는 투명한 정보 제공, 그리고 변화에 소요되는 시간을 기다리는 인내가 필요하다. 어느 한 이해관계자나 당사자의 희생을 요구하는 해법은 지속가능하지 않다. 농가가 안고 있는 생계와 인권 문제의 해결, 구매자인 기업의 높아진 구매 원가를 상쇄할 수 있는 기술개발과 마케팅 정책, 환경문제를 야기하지 않고 성장과 일자리 창출을 이끌어 낼 수 있는 정책 등 다양한 이해관계자에게 모두 플러스가 되는 해법을 찾아야 한다. 이를 위해서는 의식 있는 소비자의 선택이 대세가 되고, 그 물량이 충분히 클 때 비로소 해결의 실마리가 생기지 않을까?

2-3-3

# 포용의 합창

## 고객과 지역사회와의 관계 맺기

## The Inclusive Chorus

Building Relationships with Customers and Communities

## 고객 및 소비자와의 관계 형성, 멀티 유즈 커뮤니티 허브로

- **메가박스** 리더십 인터뷰 -

*" 코로나 이전과 이후를 비교했을 때 가장 극적으로 바뀐 업종 중 하나가 극장 산업입니다. 2019년에 시장이 되게 좋았어요. 알라딘도 나왔었고 어벤저스 엔드게임도 있었고 겨울왕국 2, 보헤미안 랩소디도 있었고 되게 좋은 해였지요… 그 해에 우리나라 관객 수가 2억 2천만 명이었어요. 그런데 지금 시장은 절반이 됐고 경쟁은 10%가 늘어난 상황입니다.*

*내가 지금 주목하고 있는 부분은 지금까지는 단 한 번도 극장이 자기*

*극장을 마케팅(marketing) 해본 적이 없다는 겁니다. 과거엔 '좋은 목에 극장 하나 세우면 무조건 성공한다'는 전략이었어요. 하지만 이제는 업의 규칙 자체가 완전히 바뀌었어요. 갑자기 넷플릭스라는 변종이 나타나 영화가 하는 걸 다 해요. 그러니까 갑자기 콘텐츠적으로 경쟁자가 생겨... 시장은 그 점진적(gradual) 회복까지 되게 느릴 거라고 생각하고 그러면 극장 입장에서 어떻게 해야 되냐라고 봤을 때 이제는 완벽하게 특정 영화를 특정 영화관에서 보세요라는 마케팅 회사로 변신을 해야 된다고 봐요... 코로나와 스트림 플랫폼이 동시에 오면서 우리는 두개의  충격을 맞은 거고 그럼 업의 규칙을 깨보자. 3등이니까 1등이 못 하는 몸부림을 할 수 있고, 3등이기 때문에 우리는 마케팅 컴퍼니로 변신을 하자고 생각했어요.*

*우리의 슬로건은 Meet Play Share입니다. 만나서 놀고 공유하는, 그러니까 결론적으로 극장이라는 곳을 뭔가 즐거움이 있는 곳으로 꾸며야야 될 것 같아요. 그러면 기본적으로 컨세션 (concession)도 바뀌어야 돼죠. 더 이상 팝콘하고 콜라만 사는 데가 아니라, 햄버거도 먹을 수 있고, 핫도그도 먹을 수도 있고.*

*지금 코엑스가 우리의 시그니처(signature)이기 때문에 여러 가지 변화를 하고 있는데 우리가 인수한 어린이 놀이터도 집어넣고... 한 마디로 우리는 공간 사업군 안에 메가박스하고 어린이 놀이터를 같이 하는데 그게 중기 목표라고 보면 될 것 같아요. 예를 들면 수원 스타필드에 가면 우리 브랜드가 5개 있는데 메가박스가 6-7층에 있고, 그 옆에 '상상스케치'라는 애들 만들기 놀이 까페가 있고, 그 사이에 '스템커피'라는 커피 브랜드가 있고 '챔피언 블랙벨트'라는 어린이 놀이터가 있고, 4층에 가면 수원이 학군이 많고 학생들이 많아서 라운지 같은 공부도 할 수 있고 책도 읽을 수 있는 커피샵 라운지 브랜드를 새로 런칭하려 하고 있어요. 예전에는 굉장히 강력한 브랜드 전략이었다면, 지금은 편집샵 전략으로 가는 겁니다.*

*반면, 일산 호수공원 현대백화점 바로 옆에 있는 메가박스는 오래된 사이트고 기간이 남았는데 돈을 못 벌어서... 제일 큰 관을 좋은 극장으로 만들기 위해 돌비 시네마로 바꾸려고 했는데 그러기에는 돈이 너무 많이 들어서 제일 큰 관을 아이스링크로 바꿨어요. 애들 요즘 하키 수업 많이 하고 인기가 있어요.*

*그래서 결론적으로 우리는 3위 업체고 가장 힘이 없기 때문에 약간 다채로운, 그리고 강하게 혹은 약하게 본딩(bonding)이 되는 느낌으로 얼라이언스(Alliance) 개념으로 가는 게 맞다고 생각하여 그 방향으로 전략을 바꾸고 있어요.*”

메가박스의 사례는 위기에 직면한 전통 산업이 기존 논리를 완전히 재정의하고, 고객 및 소비자와의 연결을 통해 사업의 본질을 새롭게 구성해가는 지속가능 전환의 리더십을 잘 보여준다. 팬데믹과 스트리밍 플랫폼의 확산이라는 '더블딥' 속에서도, 메가박스는 관람 공간을 넘어 '커뮤니티 허브'로의 변화를 선택했다. "Meet, Play, Share"라는 슬로건은 단순한 마케팅 문구가 아니라, 공간 재설계, 브랜드 다각화, 고객 관계 혁신으로 구체화되고 있다.

특히, 시장 점유율 3위라는 한계를 '차별화의 기회'로 전환한 리더십이 돋보인다. "3등이니까 1등이 못하는 몸부림을 할 수 있다"는 자기 인식 아래, 메가박스는 기존 '영화 상영업'의 틀을 과감히 벗어나 복합 문화 공간으로의 진화를 모색하고 있다. 아이스링크, 놀이카페, 라운지형 서점, 어린이 놀이터 등 지역 맞춤형 브랜드 구성을 통해, '극장'이라는 공간은 다시 공동체와 만나는 접점으로 확장된다.

이는 지속가능성의 새로운 정의를 제시한다. 기업의 생존을 넘어, '공존'의 플랫폼으로서 스스로를 재설정해가는 과정. 고객의 기대 변화, 지역의 맥락, 구성원의 전문성을 기반으로 한 이 실험은, 미래지향적 전통 산업의 전환 사례로서 중요한 시사점을 남긴다.

## Q. 기업에 대한 고객들의 요구사항은 상품 및 서비스에 대한 가성비뿐만 아니라 환경, 사회적 책임, 투명한 거버넌스 등으로 더욱 까다로워지고 있다. 지속가능경영을 위해 기업은 고객과의 관계를 어떻게 발전시켜 나가야 하나?

**그림37. 이케아 해킹 작품들**

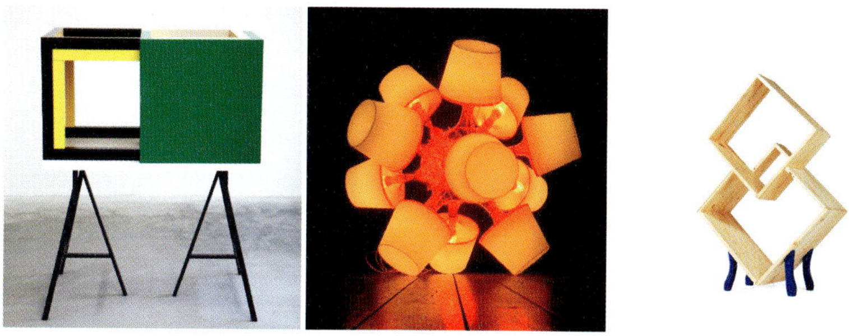

위의 사진은 이케아[74] 박물관에 전시된 '이케아 해킹 작품'들[75]이다. 이케아(IKEA)의 'Hack IKEA' 캠페인은 고객들이 이케아 제품을 창의적으로 변형하거나 재구성하는 아이디어를 공유하도록 장려하는 프로그램이다. 하지만 이 프로그램은 이케아가 주도하여 시작한 공식 캠페인이 아니다. 이케아 제품을 창의적으로 변형하거나 재구성하는 '이케아 해킹'은 소비자들 사이에서 자연스럽게 형성된 문화이다. 이러한 움직임은 2006년 말레이시아의 줄스 얍(Jules Yap)이 'IKEA Hackers'라는 웹사이트를 개설하면서 본격화되었다. 이 사이트는 전 세계 사용자들이 이케아 제품을 변형한 사례를 공유하는 플랫폼으로 활용되고 있다.

74 IKEA는 2010년 이후 GlobeScan에서 선정한 지속가능성 리더기업 3~5위로 선정된 우수기업

75 "Make it yours: the story behind hacking IKEA", ikea.com

이후 이케아는 이러한 소비자들의 창의적인 활동에 주목하게 되었고, 2018년 스웨덴 엘름훌트에 위치한 이케아 박물관에서 'IKEA Hacked: Our Products. Your Ideas.'라는 전시회를 개최하였다. 이 전시회에서는 30명 이상의 아티스트와 디자이너들이 이케아 제품을 재구성한 작품을 선보였으며,현장에서 새로운 해킹 작품을 제작하는 워크숍도 진행되었다. 소비자들의 자발적인 참여로 시작된 움직임을 이케아가 인정하고 회사의 공식 웹사이트와 소셜 미디어 플랫폼을 통해 고객들의 창의적인 아이디어를 수집 공유하고 있다. 고객들의 창의적인 아이디어 중 일부는 실제 제품 개발에 반영되기도 했다. 'Hack IKEA' 캠페인은 고객 참여를 통해 제품의 다양성과 활용도를 높이고, 지속가능한 소비문화를 촉진하는 데 기여했다. 또한 고객들의 창의적인 아이디어를 제품 개발에 반영함으로써 브랜드 충성도를 강화하고, 새로운 시장기회를 창출하는 성과도 거두었다.

소비자들의 참여를 적극적으로 활용하는 또 하나의 사례가 'LEGO Ideas' 플랫폼이다. LEGO는 전 세계 레고 팬들이 자신만의 창의적인 레고 세트 아이디어를 제출하고, 커뮤니티의 지지를 받아 실제 제품으로 출시될 수 있는 기회를 제공하기 위해 2008년부터 이 참여형 플랫폼을 운영하고 있다. 팬들이 디자인한 레고 모델을 웹사이트에 제출한 후 10,000명의 지지를 얻으면 레고의 공식 검토 대상이 된다. 레고의 제품 개발팀이 해당 아이디어의 상업적 가능성, 브랜드 적합성 등을 평가하여 제품화 여부를 결정한다. 제품화가 결정되면 아이디어 제안자에게 1%의 로열티를 주는 것으로 알려져 있다. 이 플랫폼을 통해 다수의 제품이 출시되었으며, 그 중 'NASA 아폴로 새턴 V', '트리 하우스', '프렌즈 센트럴 파크' '빅뱅이론' 등은 베스트셀러 반열에 올랐다. 특히 2017년 출시된 아폴로 새턴 V는 출시 1년 만에 100만 개 이상 팔리는 성과를 거두었다. 레고사는 이 플랫폼 운영을 통해 다양한 개발 아이디어를 수집함으로써 제품 다양성을 높이고, 팬들의 참여를 활성화함으로써 브랜드의 가치를 높이는 효과를 얻고 있다.

레고사의 팬 참여 프로그램은 진화하여 '변화 만들기(Build the Change)' 프로그램[76]도 운영되고 있다. 이 캠페인은 아이들이 더 나은 미래에 대한 희망과 아이디어를 표현할 수 있는 기회를 제공한다. 아이들은 LEGO 블록과 기타 창의적 재료를 이용해 현실 세계의 문제를 해결하기 위한 자신의 아이디어를 표현한다. 이 놀이 과정이 학습효과를 가져온다. 레고사는 어린이들의 목소리를 대변하고, 그들의 아이디어와 비전을 활용해 실질적이고 의미 있는 변화를 촉진하는 것이 사명이라고 밝히고 있다. 아래의 사진이 아이들이 낸 아이디어들이다. 식물을 옮길 수 있는 카트, 수상 쓰레기를 회수하는 보트, 미래의 학교 모습 등 다양한 지속가능성 이슈에 대한 아이디어를 표현하고 있다. 레고사는 이 프로그램을 활성화하기 위해 다양한 기관들과 협력하고 있다. 런던의 자연사 박물관과 협업하여 오늘날의 새가 공룡처럼 멸종되지 않도록 어떻게 보호할 것인가에 대해 아이디어를 내게 한다. 선구적인 레코

76 레고사 홈페이지(www.lego.com)

딩 아티스트, 프로듀서, 자선가, 패션 디자이너 및 기업가로 이름난 퍼렐 윌리엄스가 설립한 비영리 단체인 'YELLOW'와도 협업하여, 아이들이 다양한 창의적 아이디어를 내고 공유할 수 있도록 한다. 2021년 영국 글래스고에서 열린 COP26(유엔 기후변화 회의)에서 6,000명 아이들의 목소리를 담은 '더 나은 세상을 만들기 위한 지침서'를 발간하여 많은 회의 참석자들에게 자극을 주었다. 레고사는 고객들의 참여를 이끌어 내는 다양한 프로그램을 통하여 상업적 성과를 내는 데 도움을 받는 동시에, 지속가능성 이슈를 고객들이 이해하고 해결책을 고민하게 하는 활동을 통하여 자사의 지속가능 전략을 고객들과 효과적으로 연계하고 있다. 자사만의 프로그램도 있지만 과제와 관련된 다양한 기관들과 적극적으로 협업함으로써 그 성과를 키우고 있음을 주목할 필요가 있다. 고객은 더 이상 구매를 통해 자사에게 경제적 가치를 주는 대상에 그치지 않는다. 이들은 기업이 추구하는 사명을 전파하는 대사이며 가치 창출에 참여하는 협력자가 될 수 있다. 고객이 그런 역할을 하게 만들고 지원하는 것이 기업의 역할일 것이다.

**그림38. '변화 만들기(Build the Change)' 프로그램의 아이들 작품**

# 지역사회와 함께 짓는 신뢰의 집

## 공동체 동행

*- **창신/나이키 OEM** 리더십 인터뷰 중 -*

*“해외 각 사업장에서는 지역사회와 함께 하는 맞춤형 사회공헌 활동을 펼치고 있습니다. 창신은 일회성 나눔이 아닌 지역사회와 함께 지속가능한 미래를 만들어가고자 합니다.*

*인도네시아 렉사자야 법인은 Garut 지역사회 활성화를 위해 교육, 위생, 환경 등의 다양한 분야에서 CSR 활동을 진행하고 있습니다. 첫 번째, 창신은 주민들을 위한 기술 교육 프로그램을 운영하고 교육 시설 인프라를 구축하여 지역사회에 교육의 기회를 제공하고 있습니다. 두 번째, 위생 프로그램을 운영하며 사회적 약자에 해당하는 어린이와 임산부를 위한 건강 캠페인을 진행하고, 주민들에 건강과 위생에 대한 의식을 고취시키고 있습니다. 세 번째 환경 캠페인의 일환으로 지역학교에 환경 교육을 진행하고 있으며 지역사회 숲 복원 사업 등 환경을 위해 지방정부와 적극 협력하고 있습니다. 마지막으로 적절한 인프라와 기금을 마련하여 지역 개발과 종교 활동 지원에 힘쓰고 있습니다.*

*또한 베트남 법인은 지역사회 주민과 임직원 가족을 위해 매년 20여 명의 대상자를 선정하여 무료 백내장 수술을 지원하고 있습니다. 베트남 법인은 소재지의 동나이 병원(대학병원급 종합 병원)과 협력하여 2001년부터 2024년까지 514명을 대상으로 무료 수술을 지원하였고 수술 이후에도 사후관리를 위해 정기검진을 지속적으로 진행하고 있습니다. 또한 사랑의 집 짓기 베트남 법인은 임직원과 가족, 지역사회 주민의 주거환경 개선을 위해 사랑의 집 짓기 프로그램을 진행하고 있습니다. 매년 5~10채의*

*집 짓기를 목표로 2002년부터 시작하여 총 172채 집을 지어 전달하였습니다. 창신은 사랑의 집 짓기를 통해 지역사회 주민과 임직원의 가족이 안정적인 환경에서 편하게 생활할 수 있도록 지원하고 있습니다.*

*이와 같은 상생 활동에 우리 지역사회 주민들은 창신을 긍정적인 기업으로 인식하고 있으며 앞으로도 창신이 지역사회와 더욱 좋은 관계를 유지하기 위해 지역 주민들의 취업 기회와 양질의 교육 환경을 제공하고 지역 환경 개선 등 기업의 사회적 책임에 최선을 다할 것이라고 믿습니다. 이를 위해 창신은 주요 이해관계자의 의견을 듣고 이를 반영하여 지속가능경영 정책을 수립할 예정입니다.*"

글로벌 제조업체인 창신의 다양한 해외 사업장들 사례는 지역사회와의 관계를 단순한 기부나 단발적 CSR이 아닌, 장기적이고 상호 호혜적인 파트너십으로 전환해가는 과정을 보여준다. 지역의 보건, 교육, 환경, 주거 등 삶의 기본 조건을 함께 개선하는 활동은 단순한 사회공헌을 넘어 '지속가능한 공동체'를 함께 짓는 방식이다. 특히 지방정부 및 병원과의 협업, 인프라 구축, 주민 의견 반영 등 다자 협력 접근을 통해, 창신은 지역사회로부터 신뢰받는 기업으로 자리매김하고 있다. 이는 글로벌 공급망에서 기업이 '경제 주체'를 넘어, '공공 파트너'로 기능할 수 있다는 가능성을 실증하는 사례다.

## Q. 기업들은 사업장이 위치한 지역사회와의 우호적인 관계를 형성하는 것이 매우 중요하다. 특히 글로벌 운영을 하는 기업의 경우 다양한 국가와 지역사회와의 관계관리를 잘 해낸 사례는 어떤 것이 있으며, 그 시사점은?

인도 케랄라의 플라치마다(Plachimada) 마을은 2000년에 운영을 시작한 코카콜라 병입 공장으로 인해 환경 운동의 중심지가 되었다. 마을 주민들은 공장이 가동된 이후, 우물이 말라가고 사용 가능한 물이 오염되고 독성이 강해졌다고 주장했다. 또한, 공장에서 나온 폐기물이 비료로 농부들에게 배포되었으나, 이후 이 비료가 유해 물질을 포함하고 있음이 밝혀졌다. 이 문제에 대응하여, 주민들은 2002년 4월 22일 공장 입구를 봉쇄하는 항의 운동을 시작했다. 2002년 3월에 실시된 수질분석에서는 해당 지역의 물이 음용, 가정용, 농업용으로 부적합하다고 판정되었다. 코카콜라는 음용수를 트럭으로 공급하고 빗물 저장 프로그램을 도입하는 등 문제를 해결하려 했으나, 시위는 계속되었다. 이 운동은 국제적인 관심을 끌었고, 결국 2004년 공장이 폐쇄되었다. 2017년, 힌두스탄 코카콜라 베버리지(Hindustan Coca-Cola Beverages)는 해당 공장의 운영을 재개할 계획이 없다고 밝히면서, 인도의 대법원은 모든 항소를 기각했다.

플라치마다 사건은 코카콜라가 환경 및 지역사회 문제를 해결하기 위해 더 적극적인 대응을 해야 할 필요성을 깨닫게 했다. 특히, 물자원을 책임감 있게 관리하지 않을 경우 기업의 평판과 운영 지속가능성이 얼마나 위태로워질 수 있는지를 보여주는 사례로 작용했다. 2005년 이후, 코카콜라는 전 세계적으로 물 자원 관리를 강화하기 위해 'Water Stewardship' 프로그램을 도입했다. 이 프로그램은 플라치마다 사건에서 얻은 교훈을 바탕으로 설계되었고, 지역사회와 환경에 긍정적인 영향을 미치기 위해 사전 예방적 접근 방식을 채택했다. 그 프로그램에는 물 사용을 20% 이상 줄이는 목표가 설정되어 있고, 사용한 물을 정화하여 지역사회와 자연으로 되돌리는 물 자원 재생, 지역사회에 깨끗한 물과 농업용수를 지원하는 활동이 들어있다.

이 사건은 코카콜라가 단순한 생산 효율성을 넘어 환경과 지역사회의 요구를 이해하고 대응해야 한다는 점을 상기시켰다. "물은 빌려 쓰는 자원이며, 다시 돌려줘야 한다"는 책임 있는 물 자원 관리 철학을 확립하는 계기가 되었다. 코카콜라는 'Water Stewardship' 프로그램을 통해 사용한 물의 100%를 자연과 지역사회에 되돌리는 목표를 달성했고, 지역사회의 신뢰를 회복함으로써 글로벌 평판을 회복할 수 있었다.

유니레버는 저개발국의 사회문제 중 영양실조 문제, 특히 저개발국의 많은 젊은 여성들의 철분 결핍으로 인한 빈혈 문제에 주목했다. 나이지리아는 그 중 대표적인 나라로 가임기 여성의 절반가량이 빈혈로 고생하고 있었다. 회사는 이 문제를 풀기 위해 크노르 제품 중 철분이 다량 함유된 고형 수프를 개발했다. 나이지리아 사람들이 많이 먹는 스튜를 요리할 때 뿌려서 먹을 수 있도록 고안한 상품이다. 그리고 2015년에 성인 여성과 십대 소녀들에게 스튜를 만들 때 철분이 풍부

한 녹색 채소들을 스튜에 첨가하라고 권장하는 캠페인을 벌였다. 그러나 나이지리아 사람들은 녹색 채소를 넣으면 음식 맛이 떨어진다고 생각해 전통적인 방식대로 스튜를 만들 뿐, 행동을 쉽게 바꾸지 않았다. 이에 유니레버는 광고를 통해 스튜에 채소를 첨가하는 것이 얼마나 쉽고, 음식 맛을 높이는지 부각시켰다. 나이지리아 인기 가수인 예미 알라드(Yemi Alade)가 출연한 뮤직비디오를 제작했는데, 예미 알라드가 "넣고, 휘젓고, 섞어라(Toss, Stir, Crumble)"라는 노랫말을 귀에 쏙쏙 들어오도록 전달하였다. 스튜에 크노르 고형 수프를 넣으라고 직접적으로 광고한 캠페인은 아니지만, 녹색 채소를 넣는 행동은 철분이 다량 함유된 고형 수프 판매에 영향을 미치는 간접 광고 효과를 얻을 수 있다. 뮤직비디오에는 대부분 녹색 채소를 넣는 장면이 나오고 고형 수프를 넣는 장면은 아주 잠깐 나온다. 유니레버 로고는 화면에 보이지도 않는다. 계몽형 동영상에 가깝지만, 이 광고를 본 사람들은 크노르 고형 수프에 좀 더 관심을 가지게 된다.

문제 해결에는 항상 검증이 필요하다. 캠페인을 시작하면서 유니레버는 두 마을을 대상으로 실험했다. 한 마을에서는 채소가 빈혈 예방에 얼마나 중요한지 캠페인을 벌였고, 다른 마을에서는 캠페인을 전개하지 않았다. 그 결과 메시지를 전달한 마을에서는 스튜를 만들 때, 채소를 첨가한 사람과 고형 수프를 첨가한 사람의 수가 각각 41%, 28% 증가했다. 그러나 다른 비교 마을은 기존과 같은 수준이었다.

이처럼 다양한 노력을 전개한 결과 크노르 큐브 제품은 나이지리아에서 네슬레를 제치고 조미료 시장의 선두 브랜드가 되었다. 소비자 선호도 조사에서도 60%를 기록했다.[77] 유니레버는 나이지리아에서의 성공을 기반으로 이어 케냐에서도 자매 브랜드인 로이코(Royco)를 내놓고 유사 캠페인을 벌였다. 미얀마, 필리핀으로도 확대하였다.

지역사회의 문제를 효과적으로 해결하기 위해서는 시민단체나 NGO와의 협력이 필요한 경우가 많다. 하지만 일반적인 기업과 시민단체 또는 NGO와의 관계는 CSR 차원에서의 기부행위에 머물러 있다. 그러나 넷 포지티브 기업은 시민사회의 협력자을 적극적으로 찾는다. 이들이 준비한 프로그램을 실행하는 데 중요한 역할을 하기 때문이다. 유니레버도 그러했다. 회사는 대외적인 협력 활동을 건강, 위생, 식품, 영양, 생계 등에 집중했다. 그리고 그 실행을 위해 옥스팜, 세이브더칠드런, 유니세프, 유엔세계식량계획(World Food Program) 등 몇몇 글로벌 NGO와 전략적 협력관계를 맺어갔다. 또한 운영하는 협력 예산의 25%를 지역 차원의 운동에 활용하게 하고 이를 특정 브랜드와 연계한 캠페인을 진행함으로써 지역사회의 발전을 도왔다. 라이프부이의 '손 씻기 캠페인'과 도메스토스의 '안전한 화장실 제공 캠페인' 등이 그러했다. 후자의 캠페인을 통해 3,000만 명이 안전하고 위생적인 화장실을 사용하게 되었다. 기업의 운영방식을 정말로 바꾸고 싶으면, 협력관계를 기업의 기본적인 활동이나 전략과 연계해야 한다는 점을 이해해야 한다.

77 "Knorr Cube leads seasoning market in Nigeria", Brand Spur, April 16, 2017

NGO와 기업의 관계는 우호적이지 않은 경우가 많다. NGO는 흔히 기업의 주주총회에 참석하여 여러 문제를 지적하고 따지며 경영진을 압박한다. 유니레버의 경우도 그런 경우가 있었고, 그때마다 폴먼은 NGO가 요구하는 이상의 더 큰 계획을 제시하곤 했다. 앞서 옥스팜에게 공급망 실사를 맡긴 사례도 같은 맥락이다. NGO는 유니레버의 이런 대응을 활용하여 다른 기업들에게도 적극적인 요구를 했다. 유니레버도 완벽하지는 않았지만 이런 관계 형성을 통해 서로 신뢰를 구축하고, 공동의 문제 해결을 위해 협업할 수 있었다.

넷 포지티브 기업은 지역사회와 깊은 관계를 만들어 간다. 그리고 이를 위해 여성 커뮤니티나 단체와 협업한다. 유니레버 베트남 지사는 아이들의 치아 위생교육을 위해 학교에 치과 진료 트럭을 보냈다. 더 많은 아이와 가족이 참여하도록 하기 위해 100만 명의 회원을 가진 여성단체와 협력했고, 10년 동안 700만 명의 어린이가 진료를 받았다. 그 덕분에 10세 미만의 충치발생률은 60%에서 12%로 크게 줄었다.

인도의 '샤크티(Shakti)' 프로그램도 여성인력을 참여시켜 지역사회에 공헌한 성공 사례다. 이 프로그램은 저소득층 여성을 직판 사업자로 채용하여 상품 판매 채널로 활용했다. 이 프로그램으로 13만 6,000명의 인도 여성에게 일자리를 제공했으며, 이를 통해 마을과 가족 안에서 여성의 지위 상승과 가구소득 25% 상승 효과도 있었다.

성공적인 지역사회와의 관계 형성을 위해 기업은 지역사회의 요구와 문화를 깊이 이해하고, 이에 기반한 맞춤형 솔루션을 제공해야 한다. 그 솔루션은 장기적이고 지속가능한 협력 모델로 구축되어야 한다. 또한, 지역사회와의 소통 시 문제와 진행상황, 결과를 투명하게 공유하여 신뢰를 쌓아야 한다. 환경적 책임을 다해 지역사회에 환경적 피해를 주지 않고, 지역 경제에 실질적인 기여를 해야 한다. 마지막으로, 지역사회, NGO, 정부, 비영리 단체 등 다양한 이해관계자와의 협력을 통해 문제를 해결하는 다자 간 협력 모델을 추구해야 한다. 이러한 요인들은 지역사회와 기업이 상호 이익을 얻으며 장기적으로 발전할 수 있는 기반을 제공한다.

2-3-4

# 피날레의 울림

## 성과에 맞는 인정과 보상

## The Grand Finale

Accountability, Rewards, and Recognition

**Q. 자사의 지속가능경영 활동을 다양한 사업장과 외부 이해관계자들이 잘 실행하고 있는지 모니터링하는 효과적인 방법은? 그리고 그 결과의 활용은 어떻게 하나?**

나이키의 지속가능경영 이야기는 한 편의 드라마다. 한때 공급망 문제로 거센 비판을 받았던 이 기업이, 이제는 지속가능경영의 아이콘이 됐다. 나이키는 과거의 실패를 발판 삼아, 글로벌 기업이 어떻게 책임을 다하고 신뢰를 되찾을 수 있는지를 보여주고 있다. 1990년대, 나이키는 아시아 하청 공장에서 발생한 아동 노동과 비윤리적 근로 환경 문제로 언론의 집중 포화를 받았다. 소비자들은 분노했고, 브랜드의 이미지도 크게 흔들렸다. 하지만 나이키는 여기서 주저 앉지 않았다. "더 나은 세상을 위해, 더 나은 우리가 되자!"는 다짐과 함께, 지속가능경영을 전면에 내세웠다.

나이키는 지속가능경영 활동이 전 세계 공급망과 사업장에서 제대로 실행되는지 효과적으로 모니터링하기 위해 혁신적인 시스템을 도입했다. 나이키의 접근 방식은 단순한 감독이 아니라, 데이터 기반의 통합적 관리와 이해관계자와의 실시간 소통을 중심으로 한다.

**1. 명확한 기준 설정:** 나이키의 행동 강령(Supplier Code of Conduct)

모니터링의 첫 단계는 기준을 명확히 세우는 것이다. 나이키는 공급업체와 사업장이 반드시 지켜야 할 행동 강령을 수립했다. 이 강령은 공정 노동, 근로 조건 개선, 환경 보호 등의 기준을 상세히 명시하고 있으며, 모든 협력업체는 이를 준수해야 한다. 나이키는 강령을 단순히 전달하는 데 그치지 않고, 정기적으로 각 사업장을 방문하여 기준 준수 여부를 철저히 점검한다.

**2. 정량적 데이터 관리:** MAP 시스템으로 투명성을 확보하다.

나이키는 제조지표(MAP: Manufacturing Index and Sourcing Assessment Tool)를 통해 사업장과 협력업체의 지속가능경영 활동을 점수화했다. 탄소 배출량, 물 사용량, 근로 조건 등 다양한 데이터를 수집하고 이를 점검함으로써, 모든 사업장의 성과를 투명하게 평가한다. MAP 시스템은 단순한 모니터링 도구를 넘어, 문제를 조기에 발견하고 신속히 해결할 수 있는 실질적인 기반을 제공한다.

### 3. 실시간 모니터링: 투명한 데이터 관리(NIKE Sustainable Supply Chain Transparency Initiative)

나이키는 공급망 관리를 위해 첨단 디지털 플랫폼을 도입했다. 이 플랫폼은 전 세계 협력업체에서 실시간 데이터를 수집하고, 이를 중앙에서 분석할 수 있도록 설계되었다. 문제가 발생하면 즉각 알림을 보내고, 빠른 조치를 통해 지속가능경영 활동이 중단되지 않도록 한다. 이런 체계는 단순히 나이키 내부의 운영 효율성을 높이는 데 그치지 않고, 이해관계자들에게 신뢰를 제공한다.

### 4. 성과와 보상: 실적을 인정받는 협력업체

모니터링 결과는 보상과 연결된다. 행동 강령을 철저히 준수하고 뛰어난 성과를 낸 협력업체는 나이키와의 계약을 우선적으로 유지하며, 추가적인 인센티브를 제공받는다. 이러한 보상 체계는 협력업체들에게 지속가능경영 목표를 실천하는 동기를 부여하며, 나이키의 공급망 전반에서 윤리적 기준을 확산시키는 데 기여한다.

### 5. 성과의 공유: 신뢰와 투명성의 문화

나이키는 모든 사업장과 이해관계자들에게 성과를 공유하며, 지속가능경영 활동의 중요성을 강조한다. 매년 발간되는 지속가능경영 보고서는 사업장 별 성과를 투명하게 공개하며, 전 세계 소비자들에게 나이키의 책임감을 보여주는 중요한 자료가 된다.

나이키는 이러한 공급망 관리 방식을 통해 2020년까지 전체 공급망에서 탄소 배출량을 10% 이상 줄였고, 윤리적 기준을 준수하지 못하는 협력업체를 90% 이상 줄이는 데 성공했다. 나이키의 접근은 단순한 관리 시스템이 아니다. 그들의 모니터링 체계는 데이터와 기술, 인간 중심의 소통이 결합된 훌륭한 운영 모델이다. 나이키는 행동 강령, 실시간 모니터링, 성과 기반 보상 시스템을 통해 전 세계 사업장이 동일한 목표를 향해 나아가도록 만든다. 이 과정에서 이해관계자들은 나이키의 비전과 가치를 직접 경험하며, 그 신뢰는 더욱 깊어진다. 나이키의 사례는 지속가능경영의 모니터링이 어떻게 기업의 성공과 연결될 수 있는지를 보여주는 좋은 본보기다.

'데이터를 통한 목표관리'를 가장 잘하는 회사가 유니레버다. 그 특징은 다음과 같다.[78] 첫째, 'Unilever Sustainability Performance Data'에 1995년부터 환경 데이터를 시작으로 온실가스 배출, 물, 폐기물, 커뮤니티 등 총 61개의 환경, 사회 분야 데이터를 축적하고 공개하고 있다. 리더십의 변화나 평가기관에서 취합하는 데이터가 바뀌면 데이터 추적에 큰 변화가 있는 경우가 많은데 유니레버는 점차 데이터 범위를 넓혀 꾸준히 추적하고 공개하고 있다. 둘째, 자사의 제품

78 "유니레버(7): 측정이 시작이다", 서진석 (2020. 12. 08) 내용을 정리

이 생산되고 소비되는 전 과정, 즉, 원재료 단계에서 소비 단계까지 환경 영향을 측정하기 위해 노력했다. 자사 영역에서의 환경 영향 측정은 상대적으로 용이하다. 그러나 이는 전체 환경 영향에서 1~3% 수준에 불과하다. 대부분의 환경 영향은 원재료 생산 단계와 소비 단계에서 이루어지는 데 유니레버는 이에 대한 측정에도 나섰다. 셋째, 유니레버는 실증적 성과를 검증하는 데이터를 만들었고, 이를 통해 내부 및 외부 이해관계자를 설득했다. '손 씻기 캠페인'의 경우 캠페인을 전개하면 아동들이 손을 씻는 횟수가 증가할 것이고, 따라서 설사 발생이 줄어들 것이라는 점을 쉽게 짐작할 수 있다. 그러나, 이러한 막연하고 검증되지 않은 예상 성과로는 내 외부 이해관계자들의 확고한 지지를 얻어내기 어렵다. 이 회사는 인도 뭄바이에서 2007년 ~2008년에 2,000개 가구를 대상으로 시행한 무작위 비교 실험 결과, 라이프부이 비누로 손을 씻은 실험 참자가들의 설사 발생률은 25% 감소했고, 급성 호흡기 질환 발병률은 15%, 눈병 발병률은 46%가 각각 줄었다는 것을 확인하고 활용했다. 넷째는 사회적-환경적 성과와 경제적 성과를 결합하여 측정하기 위한 노력을 했다. 성장과 지속가능성이라는 두 가지 다르게 보일 수 있는 목표를 추구하는 성과를 함께 측정했다. 다섯째, 목표를 얼마나 달성하고 있고 또 달성하지 못하고 있는지를 일목요연하게 보여주고, 이에 대한 데이터를 매년 정기적으로 대외적으로 공표하여 투명성을 제고했다. 여섯째, 주요 데이터에 대해 실시간 모니터링 하는 시스템을 구축했다. 1995년부터 제조 현장에서 환경 효율성 데이터를 관리하고, 2014년부터는 제조 현장에서 측정, 모니터링 및 타겟팅(MM&T, Metering, Monitoring and Targeting) 시스템을 운영하고 있다. 이를 통해 제조 현장의 손실과 낭비를 줄이는 효과를 얻고 있다.

마이크로소프트도 자사의 지속가능경영 활동이 자체 사업장과 외부 이해관계자들에 의해 효과적으로 실행되고 있는지 효과적으로 모니터링 하고 있다. 2030년까지 탄소 네거티브, 워터 포지티브, 제로 웨이스트 기업이 되겠다는 명확한 목표를 설정하였다. 이를 달성하기 위해 각 사업장과 부서별로 구체적인 핵심 성과 지표(KPI)를 도입하여 성과를 측정하고 있다. 또한 '마이크로소프트 Cloud for Sustainability'라는 지속가능성 데이터를 수집, 분석, 보고하는 플랫폼을 운영하고 있다. 이를 통해 다양한 사업장의 에너지 사용량, 탄소 배출량 등을 실시간으로 모니터링하고, 문제 발생 시 신속하게 대응할 수 있다. 우수한 지속가능경영 성과를 낸 부서나 개인을 대상으로 '지속가능성 어워드'를 수여하여 공식적으로 인정한다. 이를 통해 조직 내에서 지속가능경영의 중요성을 강조하고, 모범 사례를 공유하여 전사적인 참여를 유도하여 직원들의 동기 부여와 지속가능경영 활동의 내재화를 촉진하고 있다.

마이크로소프트가 운영하는 'Microsoft Cloud for Sustainability'는 내부목적 만이 아니라, 지속가능경영을 추구하는 기업들이 관련 데이터를 수집, 분석, 보고하는 플랫폼으로 이용할 수 있도록 서비스하고 있다. FL스미트(FLSmidth)는 140년 전통을 자랑하는 덴마크의 글로벌 엔지니어링 기업으로, 광업과 시멘트 산업을 위한 첨단 솔루션을 제공하는 독보적인 기업이다. 그러나 광업과 시멘트 산업은 전 세계 탄소 배출량의 10~12%를 차지하는 거대한 환경적 부담을 안고 있다. MissionZero는 FL스미트가 설정한 야심 찬 목표로, 2030년까지 제로 배출과 제로 폐기물을 달성하겠다는 비전을 담고 있다. 이는 단순히 자사 운영을 탄소 중립으로 전환하는 것을 넘어, 고객이 지속가능한 광산과 시멘트 공장을 구축할 수 있도록 돕는 것을 포함한다. FL스미트는 장비와 시설의 수명이 40년 이상인 현실을 직시하며, "지금 행동하지 않으면 미래의 지속가능성은 불가능하다"는 점을 강조한다. 이들은 현재의 기술과 데이터를 활용하여 즉각적인 개선을 이루고, 향후 더 나은 기술과 솔루션을 도입해 지속가능성을 확대하려 하고 있다.

지속가능성의 핵심은 데이터를 정확히 이해하고, 이를 바탕으로 실행 가능한 통찰력을 도출하는 데 있다. FL스미트는 'Microsoft Cloud for Sustainability'를 도입하여 다음과 같은 혁신적인 접근법을 실현하고 있다. 마이크로소프트의 Sustainability Manager를 통해 에너지 사용, 탄소 배출, 폐기물 데이터를 자동으로 수집하고, 이를 시각적으로 분석하여 실시간으로 성과를 측정하여, 데이터 기반의 의사결정을 지원한다. 또한 효율적인 대시보드를 개발하여 모든 데이터를 제품 단위와 시설 단위로 세분화하여 보여준다. 이를 통해 현재 성과를 평가하고, 개선이 필요한 부분을 명확히 파악할 수 있다. 그리고,

IoT와 AI 기술을 활용해 장비와 공장의 성능을 최적화하는 데이터 중심 서비스 모델로 전환하고 있다. 이 모델은 고객이 문제가 발생하기 전에 이를 예측하고 대응할 수 있도록 지원한다.

마이크로소프트는 FL스미트의 지속가능성 여정을 지원하는 핵심 파트너로, AI, IoT, 디지털 트윈 기술을 기반으로 한 솔루션을 제공하여 FL스미트가 지속가능성 데이터를 더 잘 이해하고 활용할 수 있도록 돕는다. 마이크로소프트와 FL스미트는 서로의 전문성을 결합하여 산업 내 지속가능성을 이끄는 혁신을 창출하고 있다. 마이크로소프트는 IT와 기술 전문가로서, FL스미트는 광업 및 시멘트 전문가로서 서로의 강점을 극대화한다. 또한, 양사는 신뢰와 가치를 공유하는 파트너로서 단순히 기술적 지원을 넘어, 지속가능성에 대한 공통된 비전과 가치를 공유함으로써 FL스미트가 고객들에게 신뢰를 심어주는 데도 중요한 역할을 한다. 양사의 협력은 단순한 개선을 넘어 광업 및 시멘트 산업의 근본적인 변화를 목표로 한다. 2030년까지 고객의 배출량을 56% 줄이는 데 필요한 장비와 솔루션을 제공할 계획이다. 데이터를 기반으로 에너지 소비와 자원 사용을 최적화하여 운영효율성도 높인다. 전체 가치사슬의 지속가능성을 높임으로써, 고객뿐 아니라 고객의 고객에게도 환경적, 경제적 가치를 제공한다. 더 적은 자원으로 운영이 가능한 공장을 통해 이전에는 접근하기 어려웠던 신규시장을 개척할 수도 있다.

FL스미트는 MissionZero라는 혁신적 비전을 통해 광업과 시멘트 산업에서 지속가능성의 새로운 표준을 세우고 있다. "우리는 기술 회사이지만, 또한 사람 회사이기도 합니다." 이 한마디는 FL스미트가 지속가능성을 단순한 목표가 아닌, 산업과 사회를 변화시키는 핵심 가치로 여긴다는 점을 잘 보여준다. 마이크로소프트와의 협력은 이러한 여정을 가속함으로써 글로벌 산업의 변화를 선도하는 좋은 사례가 만들어질 것으로 기대된다.[79]

지속가능경영을 여정으로 생각한다면 "과연 자사가 올바른 길로, 정상적인 속도로 가고 있는지? 그리고 같이 여행하는 일행이 잘 따라오고 있는지? 이동장치의 성능과 연료, 물품에는 문제가 없는지?" 점검하는 일이 기본이다. 그 결과에 따라 방향과 속도를 조정하거나 필요한 조치를 할 수 있다. 점검해야 할 지표(KPI)와 그 지표 계산에 필요한 데이터를 측정하고 활용하는 것이 중요함을 알 수 있다. 빅 데이터를 활용한 다양한 분석과 AI 활용이 강조될수록 체계적이고 정확한 원천 데이터의 중요성은 더욱 강조된다. 한편, 측정한 데이터의 해석과 활용은 온전히 해당 기업의 몫이다. 데이터 값이 정상인지 이상인지의 판단도 운영기업의 기준에 근거해야 하고, 그 판단에 따른 조치도 해당 기업의 규정과 매뉴얼에 따라야 한다.

그럼 지속가능경영의 추진 성과에 대한 인정과 보상은 어떻게 하는 것이 좋은가? 이 질문에 대해 정해진 답은 없는 것 같다. 각 기업의 전략, 문화, 평가보상 체계에 따라 다르게 운영되어야 할 문제다. 유니

79 마이크로소프트 Homepage

레버는 USLP 추진 성과를 평가에 반영은 하였으나, 이를 보너스 제도로 연결하지는 않았다. 넷 포지티브 관점을 지닌 직원들에게 목적과 사명이 핵심적인 목표이지 인센티브가 아니다고 보았다. 특히 고위임원은 회사 안팎의 다른 동료들과 비교할 때 공정한 수준의 보수를 받는 한, 금전적인 보너스가 동기요인이 되지 않는다고 판단했다. 성과가 우수한 직원은 보너스가 아니라 승진시키거나 더 많은 책임을 맡기거나 기본급을 올리는 보상을 했다. 하지만 폴먼 임기 후반에 이사회의 권유로 임원들에 대한 인센티브 제도가 도입되었다.

나델라 취임 후 마이크로소프트는 성공은 혼자서 잘해야만 되는 것이 아니라 다른 사람을 통해 동기부여 받고 함께 일하면서 목표 결과를 이뤄내는 것이며 이를 통해 보상을 받는 것이라고 재정의했다. 이 변화의 3가지 목적은 협업을 통한 더 나은 결과(Impact) 창출, 학습하고 성장하고 더 나은 결과를 위해 피드백 수렴, 결과(Impact)에 연계된 보상에 있다. 기본적으로 성과보상에 대한 철학 즉, 고성과 조직을 지속적으로 창출하고 강화하면서 이에 상응하는 보상을 한다는 철학은 유지하되, 회사가 지향하고 있는 문화나 전략적 방향에 맞춰 협업을 촉진하며, 성장과 개발을 유도하고 그에 따른 보상을 할 수 있는 방향으로 재설계했다. 각 팀 별로 배정된 성과급을 팀장의 권한으로 팀원들에게 배정하게 하고 있다.

우수한 기업의 경우 성과급 지급 이외에 우수한 임직원들을 발탁 승진시키는 동기부여를 하고, 그에 따라 기본처우가 개선되는 제도 운영은 공통적으로 하고 있다. 공급망 관리에서도 성과에 연동한 혜택을 부여하고 있다. 우수 협력업체에게 장기적인 공급을 보장하거나 물량을 늘려주는가 하면, 부진한 업체에게는 개선계획을 요구하거나 그것도 안 되는 경우 거래를 중단하는 조치도 하고 있다. 결국 객관적이고 투명한 평가 데이터의 중요성을 알 수 있고, 평가 결과의 활용은 각 기업의 전략과 문화, 인재상에 걸맞게 독창적으로 운영하는 지혜가 필요함을 알 수 있다.

에필로그

# 앙코르

## 모두를 위한 지속가능한 미래

The Encore

A Sustainable Future for All

에필로그
1

# 모두 함께하는 교향곡 만들기

## 세대와 세상을 잇는 이야기

## A Symphony for Generations

Connecting Worlds and Generations Together

## 제주의 바다에서 울려 퍼졌던 해녀의 노래

- ***제주 해녀 커뮤니티*** *인터뷰* -

대한민국의 가장 남쪽 끝, 제주 바다에는 오랜 시간 이어져 온 또 하나의 선율이 있었다. 바로 해녀의 숨소리였다. 산소통 하나 없이 오직 숨과 감각, 몸의 리듬에 의지해 바다에 몸을 맡긴 해녀들은 무분별한 해산물 채취를 피하며 자연과 조화를 이루었다. 그들은 단지 생계를 위한 노동자가 아니라, 가족과 마을, 그리고 생태계를 함께 돌보며 살아온 공동체의 지혜를 지닌 존재들이었다.

*"이 해녀복이요. 내가 여덟 살 때부터 서른이 될 때까지 입었던 거예요."*

88세 해녀 어르신이 낡고 얇은 흰 천으로 된 해녀복을 꺼내며 그렇게 말씀하셨다. 단 한 벌. 사계절 내내 눈이 오나 비가 오나, 이 옷 하나로 물질을 하셨다고 했다. *"물이 차가운 건 참을 수 있었어요. 그런데 물에서 나와 육지 바람을 맞을 땐 살이 쪼개지는 기분이었지요."*

가장 추운 12월과 1월은 몸 채취의 철이었다. 눈보라가 치는 날에도 바다로 나가야 했다. 하루 종일 물가에 머물러도 실제 물속에서 일할 수 있는 시간은 고작 한 시간 남짓이었다. 나머지 시간은 얼어붙은 몸을 녹이고 다시 바다에 들어갈 준비를 하는 데 쓰였다.

그럼에도 해녀들은 물질을 멈추지 않았다. 임신 중에도 물속에 들어갔고, 만삭인 상태에서 양수가 터지면 손을 흔들어 고깃배를 불렀다. 배 위로 올라온 해녀는 생선칼로 탯줄을 자르기도 했다. 그렇게 아이와 산모는 짧고도 긴 여정을 함께했으며, 열흘 남짓 쉬고 다시 바다로 돌아가야 했다. 삶은 결코 멈춰주지 않았기 때문이다.

하지만 해녀들의 문화는 단지 생존만을 의미하지 않았다.

그들의 노동에는 공동체의 철학이 녹아 있었다. *"7월, 8월, 9월은 물질 안 가요. 그땐 소라 산란기라, 소라가 자랄 시간을 줘야 해요."* 해녀들은 자연의 리듬을 존중하며 자발적으로 물질을 멈췄다. 산소통 없이 자신의 숨이 닿는 만큼만 해산물을 채취했고, 탐욕보다 절제와 균형을 앞세웠다. 더 많이 잡은 해녀는 힘들었던 해녀에게 해산물을 나눠 주었다. *"나 혼자 잘 살자는 게 아니라, 우리 함께 잘 살자. 상생하자는 거지."*

이 정신은 교육으로도 이어졌다. 해녀들은 '학교 바당'이라는 바다 구역을 지정해 그곳에서 채취한 미역을 팔아 마을에 학교를 세웠다. 자신만의 삶이 아닌, 다음 세대를 위한 삶이었다. 그것이 바로 해녀 정신이었다.

2016년, 이 삶과 문화는 유네스코 인류무형문화유산에 등재되었다. 이는 단지 독특한 직업적 기술이나 해양 생태 지식 때문만은 아니었다. 해녀 공동체가 오랜 세월 동안 지켜온 자연 친화적 가치와 상생의 공동체 정신이야말로 오늘날 국제 사회가 주목하는 지속가능한 삶의 방식이었기 때문이다. 자연이 허락한 만큼만 취하고, 생명의 리듬을 따라 자발적으로 멈추며, 그것을 나누고 다음 세대를 위해 남기는 삶의 방식. 그 철학은 글로벌 사회가 배워야 할 소중한 자산이 되었다.

하지만 지금, 해녀들의 평균 연령은 78세를 넘겼고, '아기 해녀'로 불리는 이도 58세였다. 젊은 세대는 이제 그들의 이야기를 무대 위에서 전하고, 조용한 노래 한 곡으로 그 삶을 세상에 들려주고 있다.

*"해녀로서, 여성으로서, 어머니로서 자부심을 느끼며 살아가셨으면 좋겠습니다."*

이 말처럼, 해녀의 노래는 지금도 제주의 파도 속에, 숨결 속에, 그리고 다음 세대의 기억 속에 울려 퍼지고 있다.

해녀 공동체의 삶은 결국 이렇게 말하고 있다.

지속가능성이란 거대한 전략이 아니라, 평범한 사람들의 비범한 일상과 연대 속에 존재한다고.

그리고 제주 바다에서 울려 퍼진 이 노래는, 우리가 어디에서든 어떻게 함께 살아갈 것인가를 조용히 묻고 있다.

### Q. 지속가능경영은 다음 세대를 위해 미래를 준비하는 일과 연결되어 있다. 이와 관련된 일을 주도하고 더 넓은 시장으로 확대하기 위해 각 사가 해야 할 활동은?

저명한 교향악단들이 본업인 연주를 충실히 준비하는 것에 더하여 공통적으로 하는 활동이 지역사회의 다양한 이해관계자들을 참여할 수 있는 프로그램을 활성화하는 것이다. 정기 연주회 이외로 형식에 얽매이지 않은 작은 연주회, 지역주민이 참여하는 합창단, 무용단과의 협연, 음악과 악기를 배울 수 있는 다양한 교육 프로그램 운영 등이 그 예이다. 그 중 학생들과 젊은 연주자들을 교육하고 지원하는 프로그램은 미래의 연주자를 키우고 발굴하는 중요한 프로그램이다. 베를린 필의 경우 카라얀 재임기부터 수석급 연주자들이 학생 연주자들을 지도하는 '관현악 아카데미(Orchestra-Academy)'를 마련한 이래로 이 프로그램을 통해 입단하는 연주자도 생겼다. 물론 이 아카데미를 거쳐간 연주자들은 굳이 베를린 필이 아니더라도 다른 악단에 채용되는 경우가 많아서, 관현악단 입단을 목표로 하는 연주자들의 등용문이 되고 있다.

기업도 창업을 권유하고, 창업자를 발굴, 지원하는 활동을 통해 자사 문화를 젊고, 창의적이고, 도전적이며, 협력의 가치를 중시하도록 만들 수 있다. 아울러 신사업과 기술, 사업 모델을 발굴하는 사업상의 목적도 달성할 수 있다. 흔히 사내 벤처 캐피털(CVC) 펀드를 조성하여 운영하지만, 그 운영에 있어 각 사의 사명 및 주요 사업과 어떻게 연계하는지에 다소 차이가 있다. 지속가능경영의 대표기업인 파타고니아(Patagonia)는 2013년부터 "틴 쉐드 벤처스(Tin Shed Ventures)"라는 창업 투자 펀드를 만들어 운영하고 있다.[80] 이 펀드는 모회사인 파타고니아와 마찬가지로 "지구를 구하는 사명"에 집중하여, 토지, 물, 공기, 생물 다양성 등 기후 위기에 대응할 수 있는 체계적이고 글로벌로 확장 가능한 솔루션을 제공하는 스타트업에 투자하고 있다. 주요 투자 분야는 파타고니아의 주력사업과 연결된 재생농업과 의류 관련 분야다. 이 중 식품관련 사업은 파타고니아의 식품 사업을 담당하는 파타고니아 프로비전스(Patagonia Provisions)의 전문가들과 연계하여 심사한다. 의류 관련 사업은 원자재 조달과 생산, 유통, 사용 후 제품의 처리까지 다양한 영역에 대한 혁신적 솔루션을 제시하는 사업에 투자한다. 또 하나의 영역은 환경오염에 대한 솔루션 분야다. 이 펀드가 제시하는 투자의사 결정의 기준에도 그 사명이 담겨 있다. 전략적 정합성, 공동투자 지향, 환경보호 및 수익성 효과, 품질, 근본적 문제해결과 확장가능성, 비 유해성, 회사가 운영되는 곳의 사람과 지역사회 적합성 등이 그것이다.

대표적인 투자 사례는 다음과 같다. 부레오(Bureo)는 폐 어망을 업사이클링하여 나일론 소재, 모자 창 소재, 스케이트 보드, 선글라스 테로 만들어 판매하고 있다. 파타고니아의 의류, 모자 소재로 공급하고, 일부 완제품은 파타고니아 매장에서 판매되고 있다. 트로브(Trove)는 온라인 재사용 물품 교환 플랫폼을 운영한다. 파타고니아는 트로브와

80 Tin Shed Ventures 홈페이지(tinshedventures.com) 내용을 정리

협력하여 파타고니아의 수선된 옷이 이곳에서 교환되게 하고, 트로브의 고객들이 파타고니아 매장에서 헌 옷을 구매하거나 교환할 수 있게 한다. 터서스(Tersus)는 액체 이산화탄소를 사용하여 물 소비량을 혁신적으로 줄이는 방식으로 직물과 의류를 처리하는 사업 모델을 가지고 있다. 당연히 파타고니아의 의류 생산/소비 공정과 연계되는 사업이다. 파이브(Fibe)는 가장 많은 농업 폐기물의 하나인 감자줄기에서 섬유를 추출하는 기술기업이다. 퍼레니얼 펀드(Perennial Fund)는 농부들이 재생농업으로 전환하는 데 필요한 금융 서비스를 하는 사업이다. 이 외 유해한 물질을 포집하여 자원화 하는 기술기업에 투자함으로써 파타고니아 전체 공급망에서의 개선기회를 협업을 통해 찾고 있다.

스타트업의 성장을 효과적으로 지원하는 또 다른 대표기업이 구글이다. 구글은 "Google for Startups"와 "Google Ventures(GV)"를 활용한다.[81] Google for Startups는 구글이 전 세계 스타트업의 성장을 지원하기 위해 2011년에 시작한 프로그램이다. 이 프로그램은 스타트업이 구글의 자원, 네트워크, 그리고 우수 사례를 활용하여 성장할 수 있도록 다양한 지원을 한다. 전 세계 6개 주요 도시(마드리드, 상파울루, 서울, 텔아비브, 도쿄, 바르샤바)에 '캠퍼스'라는 이름의 스타트업 허브를 운영하고 있다. 이곳은 스타트업이 협업하고, 네트워킹 하며, 다양한 이벤트와 프로그램에 참여할 수 있는 공간이다. 구글은 특정 분야나 지역의 스타트업을 대

81 Google for Startups (startup.google.com)와 google Ventures (gv.com) 홈페이지 내용을 정리

상으로 맞춤형 멘토링과 기술 지원을 제공하는 액셀러레이터 프로그램을 운영한다. 또한 초기 스타트업을 위한 종합적인 교육 세션으로, 구글 애즈, 애널리틱스, 유튜브, 구글 클라우드 등 다양한 제품 관련 트레이닝을 제공한다. 스타트업 커뮤니티와의 네트워킹도 활발히 진행된다. 구글의 벤처 캐피털 부문인 GV(Google Ventures)는 인터넷, 소프트웨어, 하드웨어, 생명과학, 헬스케어, 인공지능, 교통, 사이버 보안, 농업 등 다양한 분야의 스타트업에 투자해 왔다. 대표적인 투자 사례로는 Uber, Nest, Slack, Flatiron Health 등이 있다. 이 두 조직은 독립적으로 운영되며, 직접적인 연계나 협업 구조는 공식적으로 알려진 바 없지만 창업 생태계를 지원하는 구글의 목적에 맞춰 나름의 역할을 충실히 하고 있다.

유니레버도 창업 생태계를 지원하기 위해 2개의 프로그램을 운영하고 있다. "Unilever Foundry"와 "Unilever Ventures"가 그것이다. Unilever Foundry는 스타트업과의 협업을 통해 혁신적인 솔루션을 발굴하고, 파일럿 프로젝트를 통해 새로운 기술과 아이디어를 테스트하는 플랫폼이다.[82] 협업이 가능한 분야는 탄소중립, 재생농업, 순환포장, 신소재, 소비자 경험 심화, 과학적 발견의 가속 등이다. 이 분야에 관련된 유니레버 다양한 브랜드들의 이슈 해결에 도움이 될 스타트업 제안을 선발하여 해당 브랜드와 협업할 기회를 제공하는 것이 특징이다. 파운드리의 프로세스는 'Pitch→ Pilot→ Partner'의 3단계로 운영된다. 유니레버에서 제시한 분야에 스타트업들이 파운드리를 통해 아

82 Unilever Foundry 홈페이지(theunileverfoundry.com) 내용을 정리

이디어를 제안한다(Pitch). 그 중 전략적 방향성에 도움이 될 만한 아이디어를 가진 기업을 선정해 파일럿 프로젝트를 시작한다(Pilot). 내부의 브랜드 또는 솔루션 전문가들이 스타트업의 기술과 사업 모델을 기반으로 협력전략을 수립하고, 실제 브랜드와 협업과제를 수행한다. 스타트업 입장에서는 접근하기 쉽지 않은 글로벌 브랜드와 파일럿 프로젝트를 하게 된다. 파일럿 프로젝트가 성공하면 유니레버는 스타트업 기업과 파트너십을 맺고 투자를 늘려 프로젝트의 규모를 키우는 식이다(Partner). 스타트업 기업은 프로젝트에 참여해 초기 자금과 마케팅 전문가들로부터 3개월간의 멘토링을 받는다. 이를 통해 스타트업은 자신들의 브랜드, 마케팅 전략, 제품 로드맵을 개발할 수 있다. 실제 프로젝트의 전 과정은 모니터링 되고 성과가 검증되면 그 성과가 지속되도록 사업에 확대 접목시킨다. 2014년 Foundry가 설립된 이후 400개가 넘는 협력 프로젝트가 진행되었으며, Foundry에서는 지분이나 지적재산권을 요구하지 않고 순수히 파일럿, 공동연구, 공동개발 기회를 스타트업 들에게 제공한다. 유니레버에 필요한 혁신의 피를 수혈하고, 스타트업 입장에서는 글로벌 브랜드와의 파일럿을 통한 레퍼런스를 확보하는 귀한 기회를 얻게 된다. Olapic, Gametize, Vidsy, Next Billion, aLavadeira, Digital Genius 등이 이 프로그램을 거친 대표적인 기업이다. 이 중 Olapic은 사용자 생성 콘텐츠(UGC)를 활용한 마케팅 플랫폼을 제공하는 기업으로, 2016년 폰트 전문기업 Monotype에 1억 3천만 달러에 인수되었고, 2020년에는 다시 Social Native에 인수되어 지금도 운영되고 있다.

Unilever Ventures는 유니레버의 기업 벤처 부서로, 2000년에 설립되었다. 유니레버가 혁신적인 기업 및 스타트업과 협력하여 미래의 소비자 요구와 지속가능한 혁신을 충족시키기 위하여 설립되었다. 주력하는 분야는 뷰티 및 웰빙 관련 신흥 브랜드, 소비자 경험을 향상시키고 상거래를 변화시키는 서비스와 기술, B2B/엔터프라이즈 기술 등이며, 지속가능성 중심의 투자를 하고 있다. Unilever Ventures의 특징은 지속가능한 소비, 사회적 책임, 그리고 환경에 대한 영향을 최소화하는 스타트업에 집중한다는 점이다. 이러한 가치에 맞는 스타트업은 유니레버의 브랜드와 함께 협력하여 더 넓은 시장에 지속가능한 솔루션을 제공할 수 있다. 또한 Unilever Ventures는 Unilever Foundry와 협력하여, 실제 비즈니스에 적용하여 검증된 스타트업의 혁신적인 기술과 아이디어에 투자한다. 유니레버의 글로벌 시장 경험과 전문성, R&D 역량, 네트워크를 스타트업에 지원함으로써 이들의 성장과 확장을 돕는다. Olapic, Vidsy, aLavadeira 등이 대표적 사례다. 유니레버가 스타트업을 지원하는 특징은 선발된 사업아이디어를 자사의 글로벌 브랜드와 협업을 통해 실제 파일럿 테스트를 할 수 있게 열어준다는 점이다. 자사의 강점과 플랫폼을 더욱 적극적으로 제공하는 좋은 사례로 볼 수 있다.

에필로그
2

# 지속가능성 오케스트라 이끌기

## 다양한 이해관계자 협력

## Leading the Sustainability Orchestra

Engaging Relevant Interest Groups

**Q. 자사의 범위를 넘어서 지속가능성 오케스트라를 지휘하는 일은 많은 시간과 노력, 자원 투입이 필요하다. 이 활동을 효과적으로 하기 위해서 필요한 것은 무엇인가?**

"공연장에서 맞이하는 청중은 기껏해야 2000명 정도지만, 음반과 영상물로는 수십 수백만 명을 맞이할 수 있다." 베를린 필하모닉의 헤르베르트 폰 카라얀이 한 말이다. 카라얀은 재임기간 중 이 말을 적극 실천했다. 현대음악을 제외하고 웬만한 관현악 레퍼토리를 거의 녹음했다. 베토벤 교향곡 전집만 해도 본인이 녹음한 것이 여섯 종류나 되고,

클라우디오 아바도 녹음 두 종류, 사이먼 래틀이 낸 베를린 필 자체 레이블까지 열 종류에 달한다. 카라얀은 영상물도 활발히 출시했다. 베토벤과 브람스 교향곡 전집, 차이콥스키 후기 교향곡(4-6번) 등 굵직한 것에서부터 각종 서곡이나 협주곡, 송년 음악회 실황 등 굉장히 많은 수의 영상물들이 비디오 테이프, LD, DVD 등으로 활발히 나왔다. 아바도와 래틀도 카라얀만큼은 아니지만 음반과 병행해 종종 영상물을 내놓았다. 2014년부터 본격적으로 베를린 필 자체 레이블이 출범했고, 이전에 이미 출시된 바 있는 마태 수난곡 영상물을 포함하여 요한 수난곡 영상물, 래틀의 슈만 교향곡 전집도 제작되었다. 이 외에도 다양한 지휘자의 연주와 투어영상이 계속해서 베를린 필 레이블을 통해 출시되었다.

2008년에는 음반과 영상물의 한계를 뛰어 넘는 서비스가 사이먼 래틀의 주도로 시작되었다. 인터넷을 이용해 공연 실황 영상을 실시간 스트리밍으로 제공하는 '디지털 콘서트 홀'이 그것이다. 악단의 실시간 공연과 녹화 영상을 비롯해 아티스트 인터뷰, 다큐멘터리 등을 볼 수 있다. 전 세계에서 베를린필의 음악을 쉽게 즐길 수 있도록 한다는 데서 출발한 이 서비스는 유료이긴 하지만 클래식 음악 저변 확대가 주 목적이며 클래식 음악의 문턱을 낮추는 '디지털 창문' 역할을 하고 있다고 설명한다.

음악계의 저변을 넓히는 활동 이상으로 기업의 지속가능경영의 확산은 인간의 삶의 질에 훨씬 큰 영향을 미칠 수 있다. 선한 목적으로 출발한 한 기업의 지속가능경영이 자사 울타리를 넘어 더욱 큰 가치로 세상에 전달되게 만들어야 한다. 자사의 시도를 성공 사례로 만들기 위해 내부 임직원, 협력업체, 지역사회, NGO의 공감과 참여가 필요하다는 것을 살펴보았다. 이제 그 범위를 넘어 더 큰 가치를 만들기 위해서는 속한 산업 전체와 이종 산업, 나아가 대상 국가 정부와의 협력으로 범위를 넓혀야 한다. 사실 의류 산업의 노예노동이나 화학 산업의 플라스틱 폐기물 같은 쟁점이 있으면 어느 한 회사의 이미지가 나빠지는 것에 그치지 않고 업계 전체가 영향을 받는다. 따라서, 이러한 공통의 문제해결을 위해 산업부문 전체의 참여와 협력이 필요하다. 이를 위해서는 공감할 수 있는 목표가 제시되어야 하는데 그 후보가 될 만한 몇 가지를 폴먼은 자신의 책 『넷 포지티브』에서 다음과 같이 제시하고 있다.[83]

1. **업계 전반의 운영 개선하기**: 폴먼이 2009년 창립을 주도했던 소비자 포럼(CGF)에서 400여개 업체가 참여하고 있다. 인권이나 까다로운 문제를 논의하고 해결책을 찾는 것은 무척 어렵다. 하지만 운영 효율성을 획기적으로 개선할 수 있는 프로젝트는 매끄럽게 진행된다. 선적 팔레트의 크기를 표준화한 것이 그 사례다. 트럭운송 효율을 58% 개선함으로써 탄소배출을 획기적으로 줄일 수 있었고 이러한 혜택은 모든 업체가 누리게 된다.

83 "넷 포지티브"의 관련 내용을 재정리

2. **영향력이 가장 큰 문제와 씨름하기**: 에너지 의존도가 높은 부문의 회사들이 모여 저탄소 솔루션과 개발 로드맵을 마련하기 위한 협업이 필요하다.

3. **모범사례 공유하기**: 식품 및 농업계는 육지면적의 40%, 담수의 70%를 사용하며, 전체 온실가스의 3분의 1을 배출한다. 이 문제를 해결하기 위해 만들어진 글로벌 농업기업 동맹 (GAA)은 문제해결에 도움되는 모범사례 발굴과 공유를 위해 노력하고 있다.

4. **충분한 비중의 기업 참여와 행동강령 준수**: 부문 전체의 혁신을 주도할 만큼(최소 총 가치사슬의 25%)의 기업 참여와 이들이 실천할 공동의 행동강령 제정과 실천이 필요하다.

5. **초기에 해결 기술 개발과 사업 모델 테스트**: 예를 들면 친환경 풍력발전이 확대되면서 오래된 화력 터빈은 폐기된다. 엄청난 물량이 쏟아져 나오기 전에 이 낡은 블레이드를 처리하고 재활용하는 기술을 개발해야 한다. 또한 소비재 부문의 제품용기 및 포장 재사용하는 사업 모델도 테스트를 통해 현장적용이 필요하다.

위에서 산업 전반에 걸친 협력이 필요한 목표 몇 가지를 살펴봤다. 업계 내 성공적인 협력이 가능하려면 다음 몇 가지는 꼭 필요한 것 같다. 우선, **문제의식의 공유와 그 해결을 통해 창출되는 가치에 대한 공감**이 필요하다. 다음으로, 공동의 기술개발이나 사업 모델 테스트를 통해 **자사가 얻을 효익과 리스크 감소 효과**가 충분히 커야 한다. 마지막으로, 협업 과정에서 **투명성과 신뢰**가 보장되어야 한다.

협력의 범위를 키워 나가다 보면 정부와의 협력이 필요한 과제도 많다. 하지만 이 관계를 맺어가는데 있어서 상당한 주의가 필요하다. 안정되지 않은 정권과의 협력이 어려울 수도 있고, 인권과 부패 문제로 지적 받는 정부와의 협력이 문제를 야기할 수도 있다. 하지만 비정치적 분야에서 국민의 삶의 질과 인권을 개선할 수 있는 협력은 적극 추진할 필요가 있다. 유니레버가 인도에서 벌인 손 씻기 캠페인, 위생적 화장실 보급 캠페인, 나이지리아에서의 영양개선 프로그램, 그리고, 비사업 분야에서 베트남 정부의 연금제도, 세무 조사관 훈련, 짝퉁 퇴치 지원 등은 좋은 사례다. 하지만 모든 시도가 성공할 수는 없다. 넷 포지티브 기업은 누가 권력을 잡든 바람직한 일이 올바른 방향으로 실행될 방법을 찾는다.

에필로그
3

# 진정성과 일관성을 담은 연주

## 신뢰구축

## Authentic Communication and Transparent Engagement

Building Trust

### Q. 지속가능경영의 중요한 기본전제는 진정성이 실린 활동이어야 한다는 점이다. 이를 위한 활동과 소통의 방법은?

2015년 9월 18일, 미국 환경보호청(EPA)은 폭스바겐(Volkswagen)이 디젤 차량의 배출가스 테스트를 조작했다는 사실을 폭로했다. 문제는 단순한 조작을 넘어, 전 세계적으로 1,100만 대 이상의 디젤 차량이 배출가스 규제를 위반하면서 판매되었고, 이 사실을 폭스바겐이 알고 있으면서도 은폐했다는 것이었다. 배출가스 테스트에서 NOx(질소산화물) 수치를 낮추는 소프트웨어가 차량에 설치되어 실험실 환경에서는 정상적인 배출가스 수치를 기록했지만, 실제 도로에서는 규제치보다 최대 40배 이상 많은 배출가스를 내뿜었다. 소비자들이 신뢰했던 차량들이 환경에 심각한 영향을 미치고 있었다는 사실은 폭스바겐 브랜드를 단숨에 붕괴시켰다.

사건이 터지자, 당시 CEO였던 마틴 빈터코른(Martin Winterkorn)은 사과 대신 "문제의 차는 이미 판매가 중단되었고, 이를 해결할 계획을 세울 것"이라는 공식 성명을 발표했다. 그러나 이 성명은 진정성이 결여되어 있었으며, 책임 회피와 시간 끌기로 비춰졌기 때문에 소비자와 언론의 분노를 샀다. 더 큰 문제는 폭스바겐이 사건 발생 초기부터 소통을 피하고 사실을 왜곡하려 했다는 점이다. 2014년에는 이미 일부 내부 직원들이 이 문제를 인식하고 있었지만, 최고 경영진은 이 문제를 알지 못했다고 주장했다. 회사는 기술적 실수나 의도적 조작을 부인하고 회피하기에만 급급했다. 2015년 9월 22일에야 회사는 조작을 위해 1,100만 대 차량에 소프트웨어 설치했음을 인정했다. 하지만 9월 23일 CEO 빈터코른은 사임하면서도 본인은 이 사실을 알지 못했다고 주장했다.[84] 진정성 있는 대응이 늦었던 만큼, 고객과 투자자들의 신뢰는 이미 크게 훼손된 뒤였다. 사건 발생 후 1개월 동안 폭스바겐의 시가총액은 약 40%가 날아갔다. 또한, 회사는 313억 유로

84 “VW 'dieselgate' fraud: Timeline of a scandal”, European Data News Hub

이상의 법적 비용과 보상금을 부담했다.[85] 폭스바겐은 이후 친환경 자동차와 전기자동차 개발에 집중하면서 차츰 브랜드의 위상을 회복했지만 이에는 엄청난 노력과, 투자, 시간이 소요됐다. 기업이 쌓은 브랜드의 신뢰가 한 순간에 무너질 수 있고, 이를 다시 회복하는 데는 진정성 담긴 노력과 투자, 많은 시간이 소요됨을 알 수 있다.

'바른 목적', 경쟁력 있는 '사업 전략', 사업을 올바르게 경영할 수 있는 '경영 능력' 이 세 가지가 지속가능경영을 위한 '필요조건'임을 살펴봤다. 디젤게이트는 이 세 조건이 모두 어긋나서 생긴 필연적 사건이었다. 결과는 브랜드와 기업에 대한 신뢰의 추락이다. 신뢰가 떨어진 기업은 고객의 선택을 받기 어려워지고, 정상적인 가격을 책정하기도 어렵다. 또한 협업의 기회도 줄어들게 되고 다양한 비용 상승 압력도 받게 된다. 결국 지속가능경영의 충분조건인 생존부등식(가치>가격>비용)도 견고하게 유지하기 어려워져 생존의 위협을 받게 된다. 반면 브랜드의 신뢰가 구매 결정, 충성도, 소비자 만족도에 긍정적 영향을 미친다는 다양한 연구가 있다. 2024년 Edelman Trust Barometer[86]에 따르면 88%의 소비자가 신뢰를 중요한 구매 기준으로 응답하고 있다. 84%의 소비자는 브랜드의 가치와 공감할 때 구매한다. 그리고 53%의 소비자는 신뢰하는 브랜드를 다른 사람에게 권할 것이며, 브랜드가 실수하거나 잘못된 행동을 한다고 비난받을 경우에도 신뢰

85 "Volkswagen says diesel scandal has cost it 31.3 billion euros", Reuters

86 edelman.com

하는 고객의 55%는 그 브랜드를 계속 구매하겠다고 한다.

그럼 신뢰를 만드는 방법은 무엇일까? **(1) 고객 중심의 관점에 진정성을 담아야 한다.** 고객의 요구에 부응하는 경제적, 사회적 가치 제공이 필요하다. 이를 위해서 일관된 품질과 서비스를 제공해야 한다. 그리고, 그 저변에 기업과 브랜드가 약속한 사회적 가치와 책임을 진심을 담아 지켜야 한다. 고객과 시장, 지역사회가 공감할 수 있는 계획을 제시해야 한다. 자사에게 필요한 것보다 고객과 시장에게 필요한 것을 먼저 생각하고, 옳은 일을 하도록 최선을 다해야 한다. **(2) 개방에 기반한 투명성을 실천해야 한다.** 투명성은 솔직함과 개방의 실천이다. 대부분의 기업들은 회사의 내부 사정들을 공개하는 것을 경계한다. 법무나 홍보의 관점에서 좋지 않은 소식이나 정보가 대외적으로 공개되면 법적 책임을 지거나 평판이 떨어질 수 있다고 생각하기 때문이다. 그러나 수많은 눈이 살피는 현 환경에서 감추는 것은 좋은 전략이 아니다. 감추면 신뢰를 쌓기 어렵고, 연대와 학습의 기회도 놓치게 된다. 고객과 다양한 이해관계자가 알고 싶어 하는 것을 공개하는 것이 문제해결의 계기가 될 수 있다. 투명성을 유지하기 위해 개방성이 필요하다. 다양한 방식으로 추정하는 환경 및 사회적인 영향 관련 데이터의 경우 전문기관의 검증이 꼭 필요하다. 앞서 살펴봤듯이 유니레버가 공급망 실사를 NGO인 옥스팜에 맡긴 것도 개방을 통해 객관성과 투명성을 유지한 사례로 볼 수 있다. 개방적인 모습을 보임으로써 자사를 공격하던 기관을 도움을 주는 협력자로 바꿀 수 있음을 기억하자. (3) **실행 일관성을 유지해야 한다**. 진정성이 담긴 계획의 실천에는 일관성이 담기게 된다. 일관성이 흔들리는 경우는 계획에 진정성이 담겨 있지 않거나, 조직 전반에 이 계획이 공유되지 못한 결과다. 경영진이 한 약속이 실무부서에서 지켜지지 않거나, 경영진 스스로 언행일치가 되지 않을 때 진정성을 의심받게 된다. Washing의 의혹을 받는다. 공격적인 수준의 목표를 하루 아침에 달성할 수 없다. 한 걸음씩 나아가는 과정에 리스크와 난관이 있어도, 리더가 바뀌어도 변함없이 도전하고 실천하는 모습을 보여야 한다. 위기 상황에서 일관성이 흔들리는 경우가 많다. 팬데믹 기간 중 기업의 본심이 드러나는 경우가 많았다. 많은 직원을 정리해고 하고 정부로부터 보조금을 받은 기업이 고액의 배당과 임원 보너스 잔치를 벌인 경우가 있었다. 그런가 하면 본업을 뒤로 두고 손 소독제를 만든 명품회사, 마스크를 만든 IT 장비회사, 산소호흡기를 만든 자동차와 화학회사가 있었다. 이 차이는 무엇일까? 각 기업의 중심에 진정성이 담긴 가치체계가 있는지와 리더들의 솔선수범, 그리고 그에 동의하는 조직문화가 있는지의 차이일 것이다.

지속가능경영의 성공과 확산을 위해 다양한 이해관계자와의 소통과 투명한 협력이 중요하다. 소통의 목적은 기업과 브랜드에 대한 '신뢰' 구축이다. 이를 위해서는 고객 중심의 진정성, 개방에 기반한 투명성, 실행의 일관성이 요구된다. 신뢰하는 브랜드는 고객의 선택을 받는다. 브랜드가 실수하더라도 고객들이 브랜드를 보호하고 응원한다.

개방을 통한 투명성 제고 노력이 새로운 협력관계를 형성하고 또 이를 성공으로 이끄는 가능성을 높일 수 있음을 주목하자.

에필로그
4

# 기술의 힘 활용하기

## 지속가능성 실현을 위한 도구

## Harnessing the Power of Technology

Tool for Sustainability

**Q. 경영 현장을 위협하거나 기회를 제공하는 새로운 기술이 활발히 등장하고 있다. 지속가능경영의 성공을 위해 새로운 기술을 바라보는 관점과 활용 가능성에 대한 견해는?**

2015년 7월 30일 케냐 나이로비 국립공원 인근 나뉴키 마을.[87] 태양열로 구동하고 인터넷 카페 역할까지 하는 컨테이너 안에 나델라 회장이 있었다. 마이크로소프트 파트너인 마윙구(Mawingu, 스와힐리어로 '클라우드'를 의미) 네트웍스는 시골 공동체에 저렴한 인터넷 서비스를 제공한다. 학생과 학부형 모두가 지식에 접근할 길을 열어준 서

87 『히트 리프레시』, 사티아 나델라, 제4장 해당 내용을 정리

비스였다. 실제로 단 1년 만에 학생들의 시험 점수가 크게 올랐다. 카페 안에서 나델라 회장은 크리스 바라카와 이야기를 나눴다. 작가이자 교사인 바라카는 돈을 벌기 위해 카페의 인터넷을 사용한다. 카페에는 잠시 일을 멈추고 농작물 가격을 확인하는 농부들도 있었다. 10여 명밖에 되지 않는 사람들은 나델라가 마이크로소프트 핵심 제품인 윈도우 10의 출시를 그곳에서 축하하고 있는 것을 알지 못했다. 마이크로소프트는 케냐 나뉴키 같은 가난한 시골 지역이 웹에 접속할 수 있도록 'TV 유휴 채널(white space, TV 채널들 사이의 사용하지 않는 광대역 통신망)'을 활용하는 인터넷 접속 기술을 개발했었다. 비용은 저렴하지만 속도는 빠른 기술이었다. 윈도우 10 자체를 널리 알릴 수 있을 뿐만 아니라 지리적 혹은 사회경제적 위치와는 상관없이 누구나 윈도우 10을 활용할 수 있음을 알릴 수 있었다. 나델라는 기술이 변화를 이끌고 경제성장의 기회를 실례로 보여주는 동부 아프리카가 마이크로소프트의 새로운 사명과 문화를 가장 잘 설명해주는 곳이라고 생각했다. 예전처럼 TV 카메라를 동원하지는 않았다. 하지만 기술이 절망적인 빈곤과 희망의 간극을 메울 수도 있는 아프리카의 외딴 시골 농부를 포함해 모든 소비자가 처한 상황을 이해하고 싶은 마이크로소프트의 열망을 보여주고 싶었다. 새로운 문화적 사고를 수용함으로써 더 많이 귀를 기울이고 더 많이 배우는 동시에 더 적게 말할 수 있는 좋은 기회였다.

유니레버의 USLP 73개 세부 과제 중 가장 난제는 물 사용을 획기적으로 줄이는 과제다. 2019년 기준으로 자체 공정에서의 제품 1톤 당 물 사용량은 2008년 대비 47%나 줄였다. 하지만 생산에서 소비되는 물은 제품 라이프사이클 전체 사용량의 1%에 불과했고, 약 15%는 원료생산을 위한 농업용수로, 85%는 소비단계에서 사용되었다. 유니레버는 공장 안의 혁신만으로는 물 문제를 해결할 수 없으며, 물을 적게 사용하는 제품 혁신과 농업용수 절감 방안이 필요함을 파악했다. 유니레버는 물 사용을 줄일 수 있는 제품 개발에 집중했다. 헤어케어 제품인 'The Good Stuff', 'Love Beauty and Planet'과 건식 세탁 스프레이 'Day2', 세탁세제 'Sunlight'가 개발되어 출시됐다. The Good Stuff은 머리를 헹구지 않고 관리하는 것으로, 1회 사용할 때마다 머리 감는 시간만큼 물을 절약하여 1병당 460리터의 물을 절약할 수 있는 제품이다. Love Beauty and Planet은 컨디셔너를 작은 분자로 쪼개서 빨리 씻겨 나가도록 하여 머리 헹구는 시간을 줄이는 제품이다. Day2 제품은 악취를 제거하고 옷의 모양과 부드러움을 복원하여 다리미질한 효과를 냄으로써 방금 세탁한 옷의 모양, 느낌, 냄새를 되살려준다. Day2는 세척 횟수를 줄여줌으로써 Day2 한 병을 통해 60리터의 물을 절약할 수 있다. 2016년에 남아프리카공화국에서 출시한 Sunlight 제품은 비누 거품을 더 빨리 분해하는 SmartFoam 기술을 통해 만들어졌다. 이를 통해 세탁 시 사용하는 물을 최대 절반까지 줄이고 있다. 소비자의 습관을 바꿔야만 물 사용을 획기적으로 줄일 수 있는데, 이를 돕기 위해 신제품을 개발하고 제공하는 것은 기업의 몫이다.

농산물 생산 단계에서 물을 절약하기 위해 유니레버는 이미 사용되고 있는 기술을 적용했다. 식품 원료로 많이 쓰이는 토마토 재배 시 어떻게 물 사용을 줄일 것인가 하는 것이 고민이었다. 보통 농작물에 스프링클러를 통해 물을 주는데, 그럴 경우 모든 밭을 적셔야 하기 때문에 많은 물이 소요된다. 이에 대한 대안으로 점적 관개(drip irrigation) 시스템을 찾았다.[88] 점적 관개 시스템은 줄지어 선 채소를 따라 작은 구멍이 뚫린 고무 호스를 설치한 후 물을 천천히 흘려보냄으로써 원하는 곳에만 물을 주는 방식이다. 이렇게 하면 물의 낭비를 30~40% 줄일 뿐만 아니라 수확량을 늘릴 수 있다. 다른 곳에 물을 주지 않음으로써 잡초가 덜 자라고, 상대적으로 덜 습해 세균성 질병을 줄여 살균제 사용을 최대 50%까지 줄일 수 있다. 다만, 점적 관개 시스템은 설치 비용이 많이 드는 단점이 있다. 이에 유니레버는 크노르 파트너십 기금(Knorr Partnership Fund)을 만들어 점적 관개 전환 자금 일부를 지원했다.

마이크로소프트와 유니레버의 사례는 **신제품이나 서비스에 기술이 사용**되는 사례들이다. 이 기술들은 자체 개발인 경우도 있지만 많은 경우 이미 사용되고 있거나 파트너사나 스타트업들과의 협업을 통해 활용할 수 있는 기술이 많다. 지속가능 전략 추진을 위한 깊은 고민을 통해 나올 수 있는 결과로 볼 수 있다.

또 다른 기술의 활용분야는 기업의 **지속가능성 목표를 관리하는**

88 "Unilever & Sustainable Agriculture: Water (2009)", Unilever Homepage

**도구**로서의 역할이다. 기업의 탄소 배출량, 물 소비량, 폐기물 처리 등을 실시간 분석하고 추적하는데 AI와 IoT, 센서, 블록체인, 데이터 분석 기술이 필요하다. 이를 통해 정립된 모델을 활용하여 예측분석을 시행함으로써 환경적인 리스크를 파악하고 대응할 수 있다.

**협업과 커뮤니케이션을 위한 플랫폼**으로도 기술이 활용된다. 다양한 이해관계자들—소비자, 공급업체, NGO, 정부 등—과의 협력은 지속가능경영을 성공적으로 이끌어내는 핵심 요소이다. 기술 기반의 플랫폼을 통해 다양한 이해관계자들이 지속가능성 목표를 공유하고 협력할 수 있다. 예를 들어, 디지털 플랫폼을 활용한 공급망 협력은 공급업체와의 소통을 강화하고, 지속가능한 재료를 공동으로 개발하는 데 도움이 된다. 블록체인 기술은 공급망에서의 투명성을 높여주며, 각 기업이 자신들의 지속가능성 정보를 정확하게 공유하고 협업할 수 있게 해준다. 유니레버, 나이키, 지멘스, 이코랩, 마이크로소프트 등이 이 목적에 맞는 플랫폼을 적극 사용하고 있고, 특히 마이크로소프트는 다양한 고객사들이 쓸 수 있는 클라우드 기반 플랫폼 서비스를 하고 있다.

### Break-through 기술

연구도 중요한 시도다. 개선 수준이 아니라 엄청난 점프가 필요한 과제 해결을 위해서는 획기적인 신기술이 필요하다. 산업화의 역사에서도 증기기관, 전기, 컴퓨터와 통신 기술, 정밀화학 및 바이오 분야의 큰 발명이 인간의 삶을 크게 변화시켰다. 현재 진행중인 AI 분야의 발전도 산업구조와 인간의 삶을 크게 변화시키고 있는 것을 보고 있다. 당면한 환경문제 해결을 위해 탄소 포집과 저장 및 활용(Carbon Capture Utilization and Storage), 배터리를 비롯한 에너지저장 장치, 수소 연료화, 수소 환원 제철 등 획기적인 기술개발을 위한 도전이 지속되고 있다. 양자 컴퓨팅, 인공지능, 로봇, 우주항공에 대한 연구개발도 활발하다. 이처럼 혁명적인 기술을 먼저 개발하는 기업이 확실한 경쟁우위를 구축할 수 있으니, 그 리스크가 크지만 인센티브도 충분히 큰 경주다. 하지만 모든 기업이 이 경주에 출전할 수도 없고, 그럴 필요도 없다. 각 기업은 출전할 경주가 어딘지, 출전하는 목적이 무엇인지, 그리고 감수할 위험이 어느 정도이며 감당할 수 있는지 잘 판단하고 뛰어들어야 한다. 자사가 신기술 개발의 주인공이 되어야 하는 경우도 있지만 개발된 기술을 언제, 어떻게 잘 활용하는지에 따라 메달권에 들 수도 있다. 나델라는 인간과 기술이 함께하는 성장을 고민하여 다음과 같은 간단한 방정식을 제시했다.

### (교육 + 혁신) × 기술 사용 강도 = 경제성장

교육에 경제 전반, 무엇보다 해당 국가나 지역이 비교우위를 점하는 분야에 적용된 혁신을 더하고 여기에 시간의 흐름에 따른 기술 사용 강도를 곱하면 경제성장이나 생산성 향상이라는 결과가 나온다. 기업의 관점을 대입하여 기술의 활용 문제를 고민해 볼 수도 있겠다. 지속가능 문화에 충만한 학습된 인력이 있는지, 도전 목표 달성을 위한 혁신 시도를 장려하는지, 열린 생각을 가지고 문제해결을 위해 기술을 찾아 적용하는 시도가 활발한지 스스로 질문을 던질 필요가 있다. 기술에 대한 자사의 입장을 정할 때는 다시 원점으로 돌아가서 스스로 물어야 한다. 우리는 왜 사업을 하는가? 우리가 가진 사명은 무엇인가? 추구하는 지속가능경영에 합치되고 필요한 기술인가? 활용할 자사 역량이 준비되어 있나?

에필로그
5

# 지속가능 교향곡에 참여하기

## A Call to Action

지속가능경영은 주주가치 극대화를 목표로 하는 전통적인 경영 모델이 지닌 문제를 해결하려는 노력에서 비롯되었다. 기업들은 단기적인 이익 추구에 집중하면서 환경적, 사회적 책임을 소홀히 했다. 이는 자원 고갈, 환경 파괴, 사회적 불평등 등의 심각한 문제를 야기했고, 이로 인해 기업의 장기적인 생존에도 부정적인 영향을 미쳤다. 뿐만 아니라 자본주의 제도에 대한 신뢰와 지지도 심각하게 흔들렸다. 지속가능경영은 이에 대한 해결책을 찾는 노력이 결집된 것이다. 기업의 경영에서 성장과 사회적 책임 두 마리 토끼를 모두 잡을 수 없다는 전통적인 기업관을 뒤집는 지속가능경영의 성공 사례들이 싹트고 있다. 이제 이 싹을 잘 가꾸어 꽃 피우고 울창한 숲으로 가꾸어 나가는 것이 우리 모두가 할 일이다.

지속가능경영이 성공하기 위해서는 필요조건과 충분조건을 충족해야 한다. 필요조건으로는 바른 목적, 경쟁력 있는 사업 전략, 수립한 전략을 실행하여 성과를 낼 수 있는 경영 능력이다. 충분조건은 생존부등식(가치>가격>비용)을 충족시키는 것이다. 고객에 제공하는 가치가 사회적 비용을 포함한 총비용보다 충분히 커야 한다. 폴먼이 주장한 '넷 포지티브' 기업의 조건과 같다. 사회적 책임을 다하면서 경제적으로도 지속가능한 성장을 이뤄내야 한다. 지속가능경영에 진심인 기업들은 전통적인 기업경영 원칙을 뒤집는 모험을 해야 한다. 주주이익 보다는 다양한 이해관계자 이익을, 단기 성과 보다는 장기적 성과를, 경쟁 보다는 협력을 통한 상생을 추구하는 도전을 해야 한다. 진정성을 담아 이러한 모험을 하는 기업이 아직 많지 않고, 당연히 그 성공 사례도 흔하지 않다. 이들 기업은 축하와 지지를 받아야 할 대상들이다.

반면, 지속가능경영을 시행하지 못하고 있는 기업들이 대다수다. 이들은 여전히 단기적 이익에 집중하고, 사회적 책임과 환경적 가치를 충분히 고려하지 않는 경영을 하고 있다. 이런 기업들은 결국 소비자와 이해관계자들의 신뢰를 잃게 되고, 장기적인 경영 안정성과 지속성을 확보할 수 없다. 디젤게이트와 같은 사례는 기업이 지속가능성을 무시한 결과 심각한 재무적, 사회적 타격을 입게 된 전형적인 사례다. 하지만 기업이 저지른 많은 문제는 기업의 손으로 해결할 수 있는 문제이기도 하다. 망가진 자본주의의 한구석을 도려내고 치유하면 건강한 자본주의를 회복할 수 있지 않을까? 수술이 필요할 수도, 복약과 재활이 필요할 수도, 생활습관의 변화가 필요할 수도 있다. 다행인 것은 치유가 가능하다는 것을 보여주는 새로운 사례가 생기고 있고,

그것을 가능하게 하는 활용가능한 기술과 인프라, 인력, 도구도 있다. 기업들이 변화하게 만들려면 단순한 비판을 넘어, 지속가능경영을 실천하도록 촉구하고, 투명한 소통과 책임 있는 행동을 요구하고, 지속가능경영을 실천하는 여정을 시작할 수 있도록 도와야 한다.

기업의 지속가능경영은 개별 기업의 노력만으로는 온전히 실현되기 어렵다. 주주 가치 극대화라는 전통 경영 모델의 한계를 넘어선 지속가능경영은 업계 전체의 적극적 협력이 필수적이다. 소비재 포럼(Consumer Goods Forum)은 이 분야의 선도적인 사례이다. CGF는 전 세계 주요 소비재기업과 유통기업 CEO들이 모여 공동의 목표를 설정하고, 산업 전반의 표준을 정립해 변화를 이끌어낸다. 과거 식품 안전 분야에서 글로벌 표준을 성공적으로 구축하고 이행하여 업계 신뢰를 높인 것처럼, CGF는 현대판 노예제도 근절 등 지속가능성을 위한 새로운 기준을 제시하며 전체 산업의 책임 있는 동참을 유도하고 있다. 이는 기업 주도 협력의 중요성과 가능성을 명확히 보여주는 것이다.

CGF는 전 세계 소비재와 유통 산업의 주요 기업들이 모여 지속가능경영을 위한 공동의 목표를 설정하고 실행하기 위해 설립되었다. 그 기원은 1953년까지 거슬러 올라가지만, 현재의 재단은 2009년 파리에서 비영리 조직으로 공식 출범했다. CGF는 소비재와 유통 산업을 대표하는 유일한 글로벌 기구로, 경쟁 이전에 회원사들이 비즈니스 효율성을 높이면서 지구와 사람들을 위한 긍정적인 변화를 이끌도록 돕는 독특한 사명을 가지고 있다. 이러한 설립은 2000년대 초반 글로벌화, 기술 발전, 소비자 기대 변화(투명성 요구 증대), 규제 강화 등 소비재와 유통 산업의 중대한 변화에 대한 대응을 위해 이루어졌다. 이러한 변화는 협력을 단순한 가치를 넘어 필수적인 것으로 만들었고, CGF는 "더 나은 비즈니스를 통한 더 나은 삶(Better Lives through Better Business)"이라는 공유된 비전을 바탕으로 업계 전반의 발전을 이끄는 매개체가 되었다.

CGF의 운영 방식은 최고 경영진의 강력한 리더십과 산업 전반의 협력을 기반으로 한다. 전 세계 70개국 400개 이상의 회원사 CEO들이 참여하며, 이들 기업의 총매출은 4조 6천억 유로에 달한다. 인권분야를 주도하고 있는 글로벌 유통회사 IGA의 CEO 존 로스(John Ross)는 CGF에 대해 "이곳은 세계의 영향력 있는 무대이다. 이곳에는 이사회에 속한 글로벌 CEO들이 있으며, 이들이 움직이면 산업 전체가 따라 움직인다"고 설명하며, CGF가 산업에 미치는 막강한 영향력을 강조했다.

CGF는 단순히 논의에 그치지 않고 '말이 아닌 행동'에 중점을 둔다. 50명 이상의 제조 및 유통 부문 CEO들로 구성된 이사회는 엄격한 반독점 규정을 준수하며, 상업적으로 민감한 정보는 공유하지 않는 대신 산업 전체에 영향을 미치는 주요 의제에 대해 사전 경쟁적(pre-competitive) 논의를 통해 합의를 이끌어낸다. 또한 재단 내부에 '행동 연합(Coalitions of Action)' 및 '가속화 영역(Acceleration Areas)' 을 운영한다. CGF는 기후 전환, 식품 폐기물, 산림 보전, 건강한 삶, 인권, 플라스틱 폐기물, 데이터 기반 가치 사슬 등 구체적인 도전 과제에 집중하는 전문적인 활동을 전개한다. 이들은 해당 분야의 표준을 설정하고, 모범 사례를 공유하며, 글로벌 전략을 현지 상황에 맞게 적용하도록 지원한다. CGF는 파리에 본부를 두고 있으며, 워싱턴 D.C., 싱가포르, 도쿄, 상하이에 지역 사무소를 운영하여 전 세계적인 범위에서 지역 맞춤형 실행을 지원한다.

CGF는 다양한 핵심 분야에서 구체적인 성과를 창출하며 지속가능 경영의 본보기가 되고 있다. 재단의 가장 대표적인 성공 사례 중 하나는 식품 안전 분야이다. 존 로스는 "전 세계적으로 CGF는 식품 안전에 대한 표준을 설정했다. 이 표준은 현지 수준에서 채택되고 문화적으로 적절하게 번역되었으며, 그 결과가 모니터링되고 있다"고 언급했다. 이를 통해 식품 산업 전반의 안전성과 신뢰도를 향상시켰다. 현대판 노예 제도 및 인권개선 활동도 활발히 일어나고 있다. 2015년 CEO 이사회가 '강제 노동에 반대하는 최초의 사회적 결의(Social Resolution Against Forced Labour)'를 발표하며 이 문제에 대한 확고한 의지를 표명했다. 2020년에는 인권 연합(Human Rights Coalition, HRC)을 공식 출범시키고 "Silence Is Unacceptable" 캠페인을 전개하며 강제 노동 근절 노력을 가속화했다. 특히, '피플 포지티브 팜유 프로젝트(People Positive Palm Oil Project)'와 같은 활동을 통해 말레이시아 팜유 산업 내 강제 노동 문제를 해결하고 기업의 인권 실사 시스템 구축을 지원하는 성과를 내고 있다. 기후 전환 및 산림 보전을 위한 노력도 활발히 하고 있다. CGF는 '넷 제로(Net Zero)' 캠페인의 공식 '가속기(Accelerator)' 역할을 하며, 탄소 솔루션 허브를 출범시켰다. 또한, '산림 긍정 연합(Forest Positive Coalition of Action)'을 통해 상품 생산으로 인한 산림 파괴와 전환을 종식시키기 위한 집단적 행동을 주도하고 있으며, 기업들이 시간 목표가 정해진 실행 계획을 수립하고 진행 상황을 투명하게 보고하도록 독려한다. 플라스틱과 식품 폐기물 감소를 위한 활동도 벌이고 있다. 포장재에 대한 '골든 디자인 원칙(Golden Design Rules)'을 개발하여 플라스틱 폐기물 감소 및 재활용률 증가를 위한 실용적인 지침을 제공하고, 이를 전 세계적으로 이행하도록 독려하고 있다. 또한 CGF 이사회는 식품 폐기물 감소 결의안을 승인하고, 식품 폐기물 및 손실 프로토콜을 채택했으며, 관련 성공 사례집을 발간하는 등 식품 낭비 문제 해결에도 적극적으로 기여하고 있다.

이처럼 CGF는 소비재 산업 내에서 CEO들의 강력한 리더십과 협력을 바탕으로 인권, 환경, 사회적 책임 등 다양한 분야에서 구체적인 표준을 설정하고 실질적인 변화를 이끌어내며, 지속가능경영의 중요한 성공 모델을 제시하고 있다. 이는 개별 기업을 넘어 산업 전반이 함께 나아갈 때 더 큰 가치를 창출하고 지속가능한 미래를 만들어갈 수 있음을 명확히 보여주는 사례이다.

지속가능경영은 기업만의 과제가 아니다. 소비자, 협력업체, 경쟁사, 지역사회, NGO, 국가 등 모든 이해관계자가 공감하는 목표를 향해 함께 나아가야 한다. 이해관계자들이 적극적으로 목소리를 내고, 가이드라인을 제시하고, 변화의 유인을 제공하고, 참여하고, 응원하고, 제안해야 한다. 지속가능경영을 통해 지구의 미래를 지키기 위한 노력에 모두가 동참해야 하며, 각자의 위치에서 행동을 통해 변화를 일으켜야 한다. 그 중 지속가능경영에 가장 큰 영향을 미치는 이해관계자는 정부와 국제기구, 금융기관, 소비자다.

**정부와 국제기구**는 지속가능경영을 위한 기본 틀을 설정하고, 이를 준수하도록 유도하고 강제하는 역할을 한다. 규제는 기업이 자발적으로 지속가능성을 추구하지 않을 경우에도, 이를 필수적으로 고려하도록 하는 강력한 도구로 작용한다. 2015년 채택된 파리기후협정은 지구 평균 온도 상승을 1.5도 이하로 제한하기 위해 전 세계적으로 온실가스 배출을 감축하도록 규정했다. EU의 탄소국경조정제도(CBAM)는 탄소배출이 많은 기업들이 저탄소 기술을 적용하도록 유도하고 있다. EU의 CSRD, CSDDD는 지속가능경영 관련 정확한 공시와 체계적 공급망 관리를 요구하고 있다. 규제를 통한 방향 제시와 이를 충족하지 못한 경우에 부과하는 페널티는 기업이 지속가능경영의 길로 들어서게 하는 중요한 역할이다. 규제기관이 처한 상황과 역할, 영향력에 따라 규제의 내용, 시기, 강도는 차이가 있을 수 있다. 하지만 그 내용이 자사에 유리하게 제시되기만 기다리거나 로비를 하는 것은 책임 있는 기업의 자세가 아니다. 오히려 요구하는 기준을 뛰어 넘는 목표를 설정하고 선제적으로 준비하는 기업이 나중에 웃을 확률이 높다.

**금융기관의 책임 있는 투자와 금융 서비스**도 중요하다. 2020년 세계 최대 자산운용사인 블랙록 (BlackRock)은 지속가능성을 투자 전략의 중심에 두고, ESG 기준을 충족하지 못하는 기업에 대한 투자 제한을 선언한 바 있다. 이를 필두로 많은 투자사와 금융기관이 이 흐름에 동참함으로써 기업의 ESG 경영을 가속한 효과가 있었다. 지속가능한 프로젝트를 지원하기 위한 자금을 조달하는 녹색채권(Green Bonds)은 2022년 기준 전 세계 발행 규모가 6,000억 달러를 초과하며, 금융시장에서 주류 자산으로 자리 잡고 있다. 지속가능성을 강조하는 기업들은 녹색채권 발행을 통해 더 낮은 비용으로 자금을 조달하며, 경쟁력을 강화할 수 있다. 사회적, 경제적, 정치적 상황에 따라 이 흐름의 강도가 달라질 수는 있지만 대세는 변화되지 않을 것이다. 기업 입장에서의 선제적 대응이 필요한 이유다.

**소비자의 의식 있는 소비와 브랜드 선택**은 지속가능경영을 유도하는 가장 큰 힘이다. 의식 있는 글로벌 기업들의 노력에도 불구하고 팜유로 인한 환경파괴와 인권 문제를 해결하지 못하는 이유는 아직 더 싼 원료를 구매하는 중국과 인도 기업의 구매 물량이 압도적으로 크기 때문이다. 이들이 선택을 바꾸지 않는 것은 아직 그러한 구매 관행을 문제시하지 않는 다수의 소비자와 수요처가 있기 때문이다. 의식 있는 소비자의 선택이 Tony's Chocolonely를 네덜란드 1위 초콜릿 브랜드로 일어서게 했고, 글로벌 브랜드들이 책임 있는 조달 관행에 동참하게 만들었다. 한 사람 소비자의 힘은 약하지만, 소비자의 결집된 힘은 막강하고, 기업의 변화를 이끌어 내는 가장 강력한 힘이 된다. 이들이 구매의 주체이지만 브랜드를 지키거나 배척할 수 있는 주체이기도 하기 때문이다.

이외 협력업체, 경쟁사, 지역사회도 중요한 역할이 있다. 협력업체는 공감하는 원청업체를 선택하고 이들의 지속가능경영 노력에 적극 동참할 수 있다. 가이드라인을 선제적으로 지키고, 개선과 혁신 아이디어를 적극 제안하고 실현시키는 데 앞장설 수 있다. 경쟁사는 건강한 경쟁을 하는 동시에, 업계공동의 이슈 해결을 위해 협력함으로써 다양한 이해관계자들에게 더 큰 가치를 제공할 수 있다. 지역사회는 지역 내 사업장이 지속가능경영으로 나아갈 수 있도록 감시자, 참여자, 협력자, 후원자 역할을 해야 한다.

지속가능경영은 더 이상 선택이 아니라 필수다. 아직 많은 기업이 가는 길은 아니지만, 우리 모두가 같이 가야만 하는 길이다. 여러분이 선택하는 직장, 브랜드, 제품과 서비스가 어떤 원료, 협력업체, 가치관과 문화를 가진 기업에 의해 만들어지고 준비된 것인지 꼼꼼히 살펴보라. 오늘날의 개인은 더 이상 정보를 혼자 알고 활용하는 고립된 주체가 아니라, 이를 엄청난 범위와 속도로 파급할 수 있는 도구를 가진 막강한 파수꾼이자 옹호자이다.

이제 곳곳에서 울리기 시작한 지속가능성의 화음을 더 크고 아름다운 교향악으로 만들어 온 세상에 울려 퍼지게 하려면 어떻게 해야 할까? 지속가능한 화음을 연주하는 악단의 문화, 기업의 가치와 문화가 소비자, 협력업체, 지역사회, 국가, 이 세상에 확산되게 해야 하지 않을까? 여러분의 관심과 인정, 동참, 응원, 지혜로운 선택이 이를 가능하게 하는 열쇠다. 이 확산과 변환에는 많은 시간과 노력이 필요하다. 우리가 사는 지구, 국가, 지역사회가 회생불능 상태에 빠지기 전에 지금이라도 지속가능경영을 위한 도전이 대세가 되어야 한다. 우리 후손들에게 회복된 지구와 환경, 사회를 물려줘야 한다. 그게 아니라면 최소한 지속가능경영의 노력이 활발한 건강한 자본주의를 물려줘야 하지 않을까? 이 일은 기업과 정부, 금융기관, NGO 만이 아니라 우리 모두의 관심과 생각, 선택에 달려 있다. 결국 소비자 한 사람 한 사람의 목소리와 요구가 모아졌을 때 변화가 일어난다. 독자 여러분의 이해와 동참과 용기가 필요한 이유다.

## 함께 만드는 교향곡
### 세대와 세상을 잇는 이야기

- ***아트 페스티벌 디렉터*** *인터뷰* -

2005년, 덴마크에서는 안데르센 탄생 200주년을 기념하며 아주 특별한 문화 프로젝트가 열렸다. 예술가이자 기획자인 윌 야야(Will Yaya)는 전 세계 200명의 아티스트를 한자리에 모아 '동화의 나라'를 새로운 방식으로 재해석하는 여정을 이끌었다. 각국의 예술가들은 안데르센의 오래된 동화를 각자의 언어로 해석하고, 자신의 시선으로 다시 그려냈고 그 결과 200개의 작품이 모여 하나의 거대한 교향곡처럼 완성되었다.

무대는 화려한 미술관도, 전통적인 전시장도 아니었다. 코펜하겐의 라우셋 옥센할렌(Råhuset Oksenhallen), 과거 도축장이었던 600제곱미터의 이 공간은, 이 프로젝트를 통해 상상력과 이야기의 공간으로 다시 태

어났다. 사람들은 동화 속을 거니는 듯, 오래된 벽돌 위에 투영된 새로운 메시지를 마주했다. 또 허닝(Herning)에서는 2차 세계대전 시기의 폐허가 된 벙커가 몰입형 예술 공간으로 바뀌어 기억과 환상, 미래가 교차하는 감각의 미로를 선사했다.

예술은 버려진 공간에도 숨을 불어넣을 수 있다는 것을, 협업은 오래된 이야기를 다시 살아나게 할 수 있다는 것을, 그리고 상상력은 다음 세대를 위한 가능성으로 이어진다는 것을 증명해냈다.

그리고 20년 뒤, 2025년 9월 대한민국 제주에서 또 하나의 새로운 실험이 시작되었다. 이번에도 디렉터는 윌 야야(Will Yaya)였고, 그는 공동 디렉터 제시카(Jessica Lee, 저자)와 함께 지역과 세계를 잇는 다리 역할을 했다. 제시카는 지속가능경영 컨설팅 경험과 인류학자의 시각을, 야야는 수십 년간 쌓아온 글로벌 아트 페스티벌 기획 노하우를 접목했다. 지역 디렉터 홍경수, 동광리 청년회, 동광분교 문화체험실 등 지역 주민들도 설치부터 철거까지 모든 과정에 함께하며 제주 최초의 글로벌 지속가능 문화예술 축제를 만들어냈다.

제주는 한라산, 용암동굴, 독특한 화산 지형, 해녀 문화, 그리고 4·3의 역사까지, 무려 다섯 차례 유네스코에 등재된 세계 유일의 섬이다. 이러한 유산은 단순한 보존의 대상이 아니라, 예술적 상상력을 불러일으키는 무대가 되었다. 실제로 이번 페스티벌은 생태적으로 중요한 동백동산 람사르 습지 먼물깍에서 시작되었다.

첫 무대에서는 두바이 환경기후변화청의 피터 패링턴(Peter Farrington, 캐나다), 에린 맥기 페럴(Erin McGee Ferrell, 미국 켄터키), 레니로페즈(Lenny Lopes, 브라질), 그리고 윌 야야(Will Yaya, 스페인)가 중심이 되어, 제주와 서울에서 온 아이들과 보호자 25명과 함께 습지를 배경으로 라이브 페인팅 퍼포먼스를 펼쳤다. 단순한 붓질이 아니라 세대를 잇고 문화를 넘는 교류의 리듬이 되었다.

둘째 날에는 100여 점의 업사이클링·자연 소재 작품이 전시되었다. 첫날 참여했던 글로벌 아티스트들이 전시에 합류했고, 러시아 대표 루이자 알바스토바(Luiza Albastova), 아랍에미리트 대표 루크니 아메드 알와드히(Rukni Ahmed Al Awadhi)가 새롭게 참여했다. 국내에서도 이성근, 이진형, 노경주, 류승구, 정민제를 비롯한10여 명의 작가가 자연을 주제로 혹은 버려진 자연 소재를 업사이클링하여 작품을 선보였다. 버려진 커뮤니케이션 케이블, 와인 코르크, 아이스크림 나무막대, 제주 해양 폐기물, 사용한 못, 헝겁 조각 등이 각자의 새로운 예술 언어로 태어났다. 특별 섹션에서는 사우디, 카타르, 아랍에미리트가 참여한 아랍 문화 체험존이 열렸고, 어린이들은 Sensee의 점자·볼록 컬러링북으로 촉각과 색을 함께 경험했다.

셋째 날, 마마뜰 올리브가든에서는 디렉터들과 동광리 청년회가 함께 준비한 글로벌 잔치가 열렸다. 이번 잔치는 단순한 만찬이 아니라, 제주와 스페인의 협업을 기념하는 특별한 자리였다. 요리부터 세팅까지 모두가 직접 손을 보탰고, 올리브나무를 함께 심은 뒤 어른과 아이 할 것 없이 한데 어울렸다. 테이블 위에는 야야가 준비한 스페인 타파스와 동광리 청년회의 제주 흑돼지 BBQ, 소머리 수육이 함께 올랐고, 마당에서는 제기차기 같은 민속놀이가 이어졌다. 음식과 놀이가 한데 어우러진 순간, 각국의 대표들과 아티스트들이 한 목소리로 "오물락!"을 외쳤다.

"오물락"은 제주 방언으로, 먹을 것이 귀하던 시절 어머니들이 자식에게 좋은 음식을 한입에 쏙 넣어 먹으라던 사랑의 표현이다. 이제는 모두가 건배사처럼 외치며 문화를 나누고, 하나가 되는 상징이 되었다. 국경과 언어를 넘어선 그 순간, 모두가 하나의 문화 교향곡이 되었다.

페스티벌의 마지막은 끝이 아니라 시작이었다. 아티스트와 참가자들은 모여 피드백을 나누며 다음 해를 기약했다. 짧은 준비 기간 동안 부족한 점도 많았지만, 모두가 "일단 시도해보자"는 마음으로 Learning by Doing을 실천했다. 그 과정에서 많은 배움이 있었고, 세계 각국의 참여자들은 각자의 자리로 돌아가 **제주 지속가능예술 축제(Jejue Art for Earth)**의 앰버서더로서 역할을 이어가는 중이다.

덴마크의 오래된 도축장이 상상력의 무대로 탈바꿈했던 것처럼, 제주의 습지와 마을은 이제 전 세계를 연결하는 교향곡의 무대가 되었다.

예술은 잊힌 습지에도 숨을 불어넣을 수 있다.
협업은 작은 마을을 세계와 연결할 수 있다.
상상력은 아이들의 손끝에서 미래의 언어로 태어난다.

이것이 바로 **'함께 만드는 교향곡'**이다. **'Thriving Together'라는 여정도 마찬가지다.**

**기업과 사람, 시스템과 문화가 함께 새로운 조화를 이루는 것. 시대와 세대, 전통과 혁신이 서로의 목소리를 듣고 화음을 맞출 때, 비로소 진정한 지속가능성이 태어난다.** 과거 도축장도, 전쟁의 흔적도, 그리고 오래된 동화도 모두 **'다시 시작될 수 있는' 가능성**이다. 그 가능성은 **사람을 통해, 공동체를 통해, 그리고 함께하는 이야기로 이어질 때 현실이 된다.**

**우리는 이 책의 끝에서, 다시 시작을 이야기한다. 함께 만드는 교향곡. 세대를 잇고 세상을 잇는 작은 음표 하나가 또 다른 교향곡을 만들어갈 것이다.**

∞

# THRIVING TOGETHER
# 문화로 완성하는 지속가능경영의 심포니

2025년 11월 05일 | 제1판 1쇄 인쇄
2025년 11월 11일 | 제1판 1쇄 발행

지 은 이 최동욱, 이정민
발 행 인 이민동
발 행 처 (주)서울경제경영출판사

주 소 03767 서울특별시 서대문구 신촌로 205, 201호
전 화 02) 313-2682
팩 스 02) 313-8860
등 록 1998년 1월 12일 제5-63호

ISBN -979-11-6282-143-5 (93320)
정가 23,000원